Georg Plasger

Glauben heute mit dem Heidelberger Katechismus

Vandenhoeck & Ruprecht

Bibliografische Information der Deutschen Nationalbibliothek

Die Deutsche Nationalbibliothek verzeichnet diese Publikation in der Deutschen Nationalbibliografie; detaillierte bibliografische Daten sind im Internet über http://dnb.d-nb.de abrufbar.

ISBN 978-3-525-55044-1
ISBN 978-3-647-55044-2 (E-Book)

www.v-r.de

Printed in Germany.

Druck und Bindung: Hubert & Co, Göttingen
Gedruckt auf alterungsbeständigem Papier.

V&R

Inhalt

Vorwort 7

Einleitung 9

Kapitel I
Gottes-Erkennen – oder: Wie können wir recht von Gott reden? 13

Kapitel II
Die Bibel als Heilige Schrift – oder: Woher kommt unser Wissen? 27

Kapitel III
Wissen, Für-Wahr-Halten und Vertrauen – oder: Was ist „glauben"? 41

Kapitel IV
Sünde – oder: Ist der Mensch schlecht? 55

Kapitel V
Gerechtigkeit – oder: Gottes Weg der Erlösung 70

Kapitel VI
Christus und wir Christen – oder: Anteil erhalten 85

Kapitel VII
Der gerechte Mensch – oder: Gerecht werden und leben . 100

Kapitel VIII
Schöpfung glauben – oder: Trost und Auftrag 115

Kapitel IX
Heiliger Geist – oder: Mit Christus verbunden 129

Kapitel X
Die Kirche glauben – oder: Gabenorientiert leben 143

Kapitel XI
Taufe und Abendmahl – oder: Vergewissert leben 157

Kapitel XII
Das Gebet – oder: Lehre uns beten 171

Kapitel XIII
Dankbarkeit – oder: Mit Lust und Liebe gute Werke tun . 185

Kapitel XIV
Hoffnung – oder: Der Zukunft Gottes heute vertrauen .. 199

Vorwort

Der Heidelberger Katechismus ist in der Vergangenheit vielen Menschen vor allem in reformierten Gemeinden begegnet – aber ich bin nicht sicher, ob es auch immer zu einem Gespräch gekommen ist. Bei mir selber war es so, dass ich damals im Konfirmandenunterricht zwar viele Fragen auswendig lernte, aber ein wirkliches Kennenlernen (doch) erst wesentlich später stattfand; als Konfirmand fehlte mir vermutlich die Reife, um die ganze Fülle des Katechismus aufnehmen zu können. Gleich in meinem ersten Semester 1981/82 an der Kirchlichen Hochschule Wuppertal hörte ich bei meinem späteren Doktorvater Prof. Dr. Jürgen Fangmeier eine Vorlesung über den Heidelberger Katechismus – und seither hat mich dieser alte Text nie wieder losgelassen.

Allerdings glaube ich, dass es Hilfestellungen braucht, um die Potentiale des Textes für die Gegenwart zu heben. Das Buch, das rechtzeitig zum 450. Jubiläum des Heidelberger Katechismus 2013 erscheint, verfolgt genau diese Absicht.

Bei der Erstellung des Buches haben mir viele Menschen geholfen. Der Rektor der Universität Siegen hat mir durch die Gewährung eines Forschungssemesters die Zeit gegeben, das Buch schreiben zu können. Von den Studierenden in Siegen, die mir in den Lehrveranstaltungen, auch zum Heidelberger Katechismus, gute Impulse gegeben haben, habe ich viel mitnehmen können. Ich danke vielen Gemeindegliedern der ev.-ref. Kirchengemeinde Neunkirchen, die mich zu Recht immer wieder nötigen, elementar zu reden. Insbesondere aber möchte ich denen danken, die durch Mit- und Korrekturlesen viele Unklarheiten beseitigen konnten: Den Freunden Christoph Heinrich und Frauke Thees sowie den Mitarbeitenden am Lehrstuhl für Systematische Theologie in Siegen Sarah Huland-Betz, Julian Enners, Patricia Fröse und Kerstin Scheler.

Die Mitarbeiter und Mitarbeiterinnen des Verlages Vandenhoeck und Ruprecht, insbesondere Silke Hartmann und Jörg Persch, haben das Projekt sehr hilfreich begleitet. Und jetzt hoffe ich, dass der Titel des Buches hier oder dort auch eingelöst wird.

Siegen, im April 2012 Georg Plasger

Einleitung

Glauben heute mit dem Heidelberger Katechismus – allein der Titel kann für manche Ohren klingen wie etwas, was gar nicht zusammen zu passen scheint: Kann ein im Jahre 2013 bereits 450 Jahre alter Text für die Gegenwart des christlichen Glaubens hilfreich sein? Skepsis scheint angebracht: Das Weltbild im 16. Jahrhundert hatte mit den heutigen naturwissenschaftlichen Erkenntnissen wenig gemeinsam. Fraglose Autoritäten früherer Zeiten gibt es heute nicht mehr – aber schreibt ein Katechismus nicht zu sehr vor, was und wie jeder einzelne zu glauben hat? Und haben sich Erkenntnisse in Sachen des Glaubens nicht über Jahrhunderte hin auch weiterentwickelt?

Das vorliegende Buch vertritt die Auffassung, dass die Bedenken zwar nachvollziehbar, keineswegs aber angemessen sind. Denn der Heidelberger Katechismus kann auch heute noch dazu verhelfen, dass Menschen ihren Glauben verstehen und dass sie sprachfähig, mündig werden im Glauben.

„Unsere Brüder auf dem Festland haben ein Büchlein, dessen Blätter nicht mit Tonnen Gold zu bezahlen sind.“ So begeistert klangen englische Delegierte, als sie von der Dordrechter Synode 1618/19 zurückkehrend über den von ihnen neu entdeckten Katechismus berichteten. Mit der Dordrechter Synode wurde der Heidelberger Katechismus Bekenntnisschrift in vielen reformierten Kirchen – und entfaltete von dort aus eine ungeheure Wirkungsgeschichte. Noch bis weit in das letzte Drittel des 20. Jahrhunderts hinein mussten z. B. deutsche Konfirmanden große Teile des Katechismus auswendig lernen (und wer weiß, vielleicht ist es sogar noch heute hier oder da der Fall). Aber gleichzeitig ist auch festzustellen, dass zu Anfang des 21. Jahrhunderts jedenfalls auf die Breite gesehen der Heidelberger Katechismus die selbstverständliche und dominierende Rolle weder im kirchlichen Unterricht noch im gemeindlichen Leben spielt – und es auch nicht zu erwarten ist, dass das Rad der Geschichte zurückgedreht wird.

Die Absicht dieses Buches

Wir leben heute in einer großen Glaubenspluralität – auch in unseren Gemeinden. Nicht alle halten dieselben Aussagen für richtig; die einen halten beispielsweise die Jungfrauengeburt für unbedingt glaubwürdig, wohingegen andere mit ihr große Mühe haben und sie für ein Glaubenshindernis halten. Diese Pluralität hat auf der einen Seite ihre unbedingten Vorteile – sie macht deutlich, dass es in der evangelischen Kirche kein normierendes Lehramt gibt, welches die Inhalte vorschreibt. Aber gleichzeitig leiden auch viele Menschen darunter, dass es zu wenig an gemeinsamen Glaubenserkenntnissen gibt und dadurch die Gefahr besteht, dass alles gleich gültig ist und dadurch gleichgültig wird. Viele Gemeindeglieder wissen gar nicht mehr, was sie glauben – und können dann oft auch auf ausdrückliche Fragen hin kaum mehr sagen, was denn evangelische Grundaussagen sind. Das belastet auch die Gespräche im Dialog mit Angehörigen anderer Religionen oder genauer: Das verhindert solche Gespräche nicht selten, weil Christen und Christinnen nicht auskunftsfähig sind.

In der Reformationszeit sind deshalb Katechismen eingeführt worden, um hier die Glaubensbildung zu stärken – und sowohl der Kleine Katechismus Martin Luthers wie der Heidelberger Katechismus haben hier vielfach Hilfestellung geben können; sie sind die wohl bekanntesten Katechismen der Reformationszeit. Und heute stehen die beiden Katechismen für die beiden reformatorischen Strömungen: Luthers Kleiner Katechismus für die lutherische Kirche und Theologie – und der Heidelberger Katechismus für die reformierte Theologie. Aber gedacht war der Heidelberger Katechismus ursprünglich als ein die Konfessionen verbindender Text.

Zur Entstehung des Heidelberger Katechismus

In der Kurpfalz gab es zur Zeit der Herrschaft Friedrichs III. (1559–1576) auseinanderdriftende konfessionelle Tendenzen. Friedrich III., den die calvinische Abendmahlsauffassung überzeugt hatte, zielte insgesamt auf eine die lutherische und reformierte Theologie einenden Text. Zum Hauptverfasser berief Friedrich III. den Melanchthonschüler Zacharias Ursinus (1534–1585); sein Textentwurf wurde dann wohl in einem Gremium, dem der Kurfürst zumindest zeitweise angehörte, zur Endredaktion gebracht (wobei die genaue Textentstehung bis heute nicht abschließend geklärt ist). In den Fragen und Antworten kann man nicht selten lutherische und reformierte Anliegen verbunden sehen. So klingt die Frage nach dem Trost in Frage 1 eher lutherisch, die Antwort eher reformiert – oder anders gesagt: An ganz vielen Stellen kann man die Einflüsse Melanchthons, der selber als ein Grenzgänger zwischen Luther und Calvin zu sehen ist, spüren. Allerdings hat der Katechismus diese konfessionsverbindende Rolle nie spielen können, weil schon bald konfessionelle Lutheraner (u.a. der streitbare Hamburger Pastor Joachim Westphal) gegen solch einen die aus ihrer Sicht lutherische Position verwässernden Text heftig polemisierten. Und so kam es dazu, dass der Heidelberger Katechismus heute nur für die reformierte Position steht. Dabei ist festzustellen, dass einige klassische Aussagen, die für die reformierte Theologie angeblich charakteristisch sind, im Katechismus fehlen – so etwa die von Johannes Calvin hochgeschätzte doppelte Prädestinationslehre.

Der Aufbau des Katechismus ist klar: Der ersten Frage, die als Summe des ganzen Textes zu sehen ist, folgen drei Abschnitte: Von des Menschen Elend (Frage 3–11), Von des Menschen Erlösung (Frage 12–85), Von der Dankbarkeit (Frage 86–129).

Der Heidelberger Katechismus als Gesprächspartner

Diesem alten Text – so lautet die jetzt wiederholte Grundthese dieses Buches – ist es zuzutrauen, dem aufgeklärten Menschen der Gegenwart zu einem wichtigen Gesprächspartner zu werden. Es ist deshalb auch nicht die Absicht, den Katechismus zu kommentieren und ihn gleichsam monologisch einzubringen – deshalb werden auch nur Teile des Katechismus aufgenommen und oft in anderer Reihenfolge als der Katechismus sie selber bietet. Stattdessen ist es vielmehr das Ziel, ihn zu vierzehn für jeden Christen und jede Christin grundlegenden Fragen und Themen ins Gespräch zu bringen. Dazu erschien es mir nötig, zu jedem dieser vierzehn Kapitel eine Hinführung zu formulieren, die die mögliche Tragweite und möglicherweise auch die Pointe des Katechismus deutlich macht – auch angesichts der grundlegenden Horizonte, die sich hinter diesen Themen zeigen.

Auch wenn der Verfasser dieses Buches selber der reformierten Konfession angehört und dies auch nicht zu verbergen trachtet, so vertritt er doch die Auffassung, dass der Heidelberger Katechismus konfessionsverbindend zu sehen ist. In diesem Sinne sind auch die zahlreichen Bezüge zur Theologie Martin Luthers zu sehen, die in Deutschland vielfach (mehr oder minder ausgesprochene) theologische Norm zu sein scheint: Nicht polemisch, sondern als Erhellungsbeitrag.

Das Ziel des Buches ist erreicht, wenn es zu einem Gespräch zwischen den Lesenden und dem Heidelberger Katechismus kommt. Die Absicht des Buches ist es hingegen nicht, dem Katechismus in allen Teilen zuzustimmen – an manchen Passagen im Buch wird auch vom Verfasser Kritik am Katechismus vorgenommen (dem einen vielleicht zu wenig, der anderen schon zu viel): Gesprächspartner nehmen sich dann ernst, wenn sie einander auch Anfragen stellen können.

Wir brauchen in unseren Kirchen Menschen, die Auskunft geben können „über die Hoffnung, die in euch ist“ (1 Petr 3,15). Wenn der Heidelberger Katechismus in der Lage ist, Menschen im Glauben zu stärken und ihnen Zusammenhänge zu erhellen (und ich gehe davon aus), dann könnte es in wunderbarer Weise gelingen, dass ein 450 Jahre alter Text auch Menschen heute zu glauben hilft.

Kapitel I
Gottes-Erkennen – oder: Wie können wir recht von Gott reden?

Das Wort „Theologie“ kommt aus dem Griechischen und heißt übersetzt: Rede von Gott. Und eine Einführung in die Theologie ist also eine Einführung in die Rede von Gott. Was aber ist unter Gott zu verstehen? Einerseits würden wir wahrscheinlich in Deutschland eine für viele Menschen plausible Definition finden können, nach der mit Gott etwa „der Allmächtige“ oder „die über alles stehende Macht“ gemeint sei. Und nicht selten verbreitet ist dabei die Auffassung, als verbinde diese Vorstellung auch verschiedene Religionen miteinander, weil doch alle an denselben Gott glauben würden – nur eben anders. Andererseits aber wirft eine solche Kurzbeschreibung auch Fragen auf: Woher weiß ich, dass die verschiedenen Religionen denselben meinen? Und woher weiß ich, dass es überhaupt so etwas wie Gott gibt? Allein aus der Tatsache, dass es verschiedene Religionen gibt, ist ja noch nicht wirklich etwas über die Existenz (eines?) Gottes ausgesagt. Und ob es richtig ist, sich Gott als allmächtig zu denken, ist zunächst auch unklar – denn auch hier stellt sich die Frage, woher eine solche Aussage kommt.

Gottesbeweise sollen Gottes Existenz mindestens plausibel machen

Immer wieder ist in der Geschichte der Menschheit versucht worden, das Vorhandensein (eines) Gottes objektiv festzustellen. Die Gottesbeweise sind als solche Versuche zu beschreiben, hier die Existenz Gottes als notwendig oder zumindest denknotwendig zu behaupten oder zu fordern. Die Gottesbeweise lassen sich auf wenige Grundmodelle zurückführen. Thomas von Aquin (1225–1274) suchte mit einem Rückschlussverfahren die für alle einsichtige Existenz eines höheren Wesens plausibel zu machen, weil für ihn alles, was auf der Erde geschieht, mit dem Schöpfer verbunden ist – und Ziel ist es, diese Verbindungen zu verstehen. Sein in Aufnahme des griechischen Philosophen Aristoteles entwickelter Weg setzt bei irdischen Gegebenheiten ein, z. B. bei der Bewegung. Thomas von Aquin fragt zurück nach der Ursache für diese Bewegung und dann immer weiter zurück nach der Erstbewegung – und landet beim Erstbeweger. Man nennt diesen Weg den „kosmologischen bzw. kausalen Gottesbeweis" (weil aus dem Kosmos heraus erkenntnismäßig nach dem jeweiligen Grund zurückgefragt wird). Thomas von Aquin entwickelte aber auch noch den teleologischen Gottesbeweis, der von der Schönheit und Komplexität der Welt auf einen intelligenten Urheber zurückschließen lässt (teleologisch heißt, dass auf einen Plan, ein Ziel geschlossen werden kann). Übrigens ist die Argumentation der heute vielfach diskutierten Lehre vom „Intelligent Design", die sich gegen die Evolutionstheorie wendet, mit dieser letzten Denkweise sehr verwandt, weil auch sie von den Gegebenheiten dieser Welt auf einen intelligenten Schöpfer folgert.

Ein ganz anderer Gottesbeweis wird Anselm von Canterbury (1033–1109) zugeschrieben – umstritten ist allerdings, ob Anselm tatsächlich Gott beweisen wollte. Seine Argumentation wird jedenfalls als „ontologischer Gottesbeweis" gefasst. Zwei Sätze werden zusammengenommen. Erstens ist Gott nach Anselm der, über den hinaus nichts Größeres gedacht werden kann. Und zweitens ist etwas, das tatsächlich existiert, größer als etwas, was es nur möglicherweise gibt. Weil es nichts Höheres als Gott geben kann, muss Gott auch existieren, weil seine Nichtexistenz weniger wäre als seine Existenz (und dieses „Dasein" hat dem Gottesbeweis seinen Namen gegeben).

Der Königsberger Philosoph Immanuel Kant (1724–1804) hat alle Gottesbeweise radikal kritisiert, weil sie mit den Mitteln der Vernunft auf eine der menschlichen Vernunft nicht zugängliche Welt schließen würden – das aber übersteige die menschliche Vernunft. Zwar möchte auch er nicht auf den Gottesgedanken ganz verzichten, ja er hält ihn für moralisch unverzichtbar, weil Gott als Garant einer für alle geltenden Moral denknotwendig sei. Aber Kant bleibt stehen bei der Forderung, dass es einen Gott geben müsse; er will Gott nicht „beweisen".

Gottesbeweise haben das Ziel, die Existenz Gottes als notwendig oder doch zumindest als plausibel deutlich zu machen. Aber man wird ihnen gegenüber sagen müssen, dass sie ihre Blütezeit hinter sich haben. Im 18. Jahrhundert wurde in den gelehrten Kreisen heftig um ihre Gültigkeit gerungen. Aber heute spielen sie in den aktuellen Diskussionen keine herausragende Rolle – Immanuel Kants Kritik wird (jedenfalls im evangelischen Bereich) weithin zugestimmt.

Muss Gottes Existenz plausibel sein, um an ihn glauben zu können?

Ist aber die Intention der Gottesbeweise, Gott plausibel machen zu wollen, nicht dennoch wichtig? Denn nach wie vor ist die Existenz Gottes für viele Menschen nicht einleuchtend, und ein modernes Weltbild, das vor allem naturwissenschaftlich bestimmt ist, kommt ohne Gott oder Gottesbezug aus – scheinbar mühelos. Dass Gott für viele Menschen tatsächlich nicht notwendig ist, zeigt beispielsweise die „Allgemeine Bevölkerungsumfrage der Sozialwissenschaften" aus dem Jahre 2008, die vom GESIS-Leibniz-Institut für Sozialwissenschaften durchgeführt wurde[1]. Nach ihr verstehen sich in den alten Bundesländern ca. 20 Prozent der Einwohner als atheistisch („es gibt keinen Gott") oder nihilistisch („Ob es einen Gott gibt, weiß ich nicht"), in den neuen Bundesländern sind es ca. 65 Prozent, insgesamt in Deutschland 30 Prozent. Nun kann man daraus natürlich schlussfolgern, dass insgesamt 70 Prozent der Menschen und

---

[1] Die Zahlen entstammen der „Allgemeinen Bevölkerungsumfrage der Sozialwissenschaften" (ALLBUS 2008); vgl. GESIS – Leibniz-Institut für Sozialwissenschaften, Allbus 2008. Allgemeine Bevölkerungsumfrage der Sozialwissenschaften. Datenhandbuch 2008, Studien-Nr. 4600, Köln 2009, 438.

damit die Mehrheit der deutschen Bevölkerung die Existenz Gottes oder eines höheren Wesens für gegeben erachten – angesichts des in Deutschland sehr schwachen Kirchenbesuchs vielleicht sogar eine überraschend hohe Zahl. Sie macht jedenfalls deutlich, dass die Existenz Gottes oder eines wie auch immer gearteten höheren Wesens mehr Menschen einleuchtet als Menschen in Deutschland ihren christlichen Glauben praktizieren.

Und dennoch stellt sich die Frage, ob es bei der Gotteserkenntnis sinnvoll ist, zunächst bei der allgemeinen Plausibilität seiner Existenz einzusetzen. So verfahren die Gottesbeweise in ihrer Struktur: Kann es einen Gott geben, so lautet dort die erste Frage. Wichtig ist beim Gottesbeweis nicht, ob ein spezifischer Gott „herauskommt", sondern es wird mehr die Frage nach der Gottesexistenz im Allgemeinen gestellt. Und in einem zweiten Schritt folgt dann, wie der von den christlichen Kirchen bezeugte Gott hinzukommt – gleichsam als Spezialfall eines allgemeinen Gottesverständnisses.

Gotteserkenntnis als Gottesbekenntnis

> Was ist dein einziger Trost im Leben und im Sterben? (Frage 1)
>
> Dass ich mit Leib und Seele im Leben und im Sterben nicht mir, sondern meinem getreuen Heiland Jesus Christus gehöre. Er hat mit seinem teuren Blut für alle meine Sünden vollkommen bezahlt und mich aus aller Gewalt des Teufels erlöst; und er bewahrt mich so, dass ohne den Willen meines Vaters im Himmel kein Haar von meinem Haupt kann fallen, ja, dass mir alles zu meiner Seligkeit dienen muss. Darum macht er mich auch durch seinen Heiligen Geist des ewigen Lebens gewiss und von Herzen willig und bereit, ihm forthin zu leben.

Auffällig ist, dass der Heidelberger Katechismus nicht so beginnt. Nun könnte das daran liegen, dass im 16. Jahrhundert die Existenz des „christlichen Gottes" so selbstverständlich war, dass es hier nichts zu problematisieren gab. Aber das erklärt keineswegs alles. Denn wenn man nur die Frage und Antwort 1 nimmt, wird deutlich, dass hier anders vorgegangen wird. Der Frage: „Was ist dein einziger Trost im Leben und im Sterben?“ folgt als Antwort zunächst: „Dass ich mit Leib und Seele im Leben und im Sterben nicht mir, sondern meinem getreuen Heiland Jesus Christus gehöre.“

Das Wort „Gott“ kommt in der ganzen ersten Frage und der dazu gehörenden Antwort gar nicht vor. Und scheinbar ist es auch gar nicht nötig, hier eine Definition Gottes an den Anfang zu stellen. Der Katechismus fängt vielmehr mit einer Frage an, die es nicht zulässt, die Frage nach Gott rein intellektuell zu stellen. Eine Zuschauerperspektive ist im Katechismus nicht angesagt. Damit wird deutlich: Von Gott im Sinne des Katechismus kann gar nicht „neutral“ geredet werden. Und weil ein Gottesbeweis immer einen „objektiven“ Charakter hat und unabhängig von jeweils meinem Glauben gilt, gibt es im Heidelberger Katechismus keinen Gottesbeweis. Ja, es wird nicht einmal die Existenz Gottes angesichts möglicher Einwände plausibel gemacht.

Also kann man nur subjektiv von Gott reden? Nicht selten ist zu hören, dass jeder Mensch sein eigenes Gottesbild habe und schon deshalb keine allgemeingültigen Aussagen über Gott gemacht werden können. Wer nur die erste Frage des Heidelberger Katechismus im Ohr hat, könnte auf die Idee kommen, dass genau das hier gemeint ist: „Was ist für *dich* der rechte Lebensweg? Was ist *dein* Lebensentwurf?“ Und dann könnte ein subjektives Bekenntnis eines einzelnen Menschen folgen, der darüber informiert, woran dieser Mensch sein Herz hängt. Aber auffällig ist, dass die Antwort bereits mit dem ersten Satz die Perspektive geradezu umkehrt. Auf die Frage nach *meinem* Trost im Leben und im Sterben folgt die Antwort, dass ich *nicht mir* gehöre, sondern Jesu Christi Eigentum bin. Wenn die Frage so zu verstehen ist, welchen Lebensentwurf ein Mensch sich wählt, ist die Antwort im ersten Satz fast als Zurückweisung zu sehen: „Nicht Deine Wahl ist entscheidend, sondern Gottes.“ So verstanden klingt die Antwort sehr schroff. Und man könnte sie verstehen als Verneinung des Menschen: Nein, Dein Lebensentwurf ist nicht wichtig. Aber dieser Eindruck ist bei genauerem

Hinsehen genau das Gegenteil der Aussagen im Heidelberger Katechismus. Denn die Aussage, dass ich nicht mir gehöre, ist nicht von außen über mich gesprochen, sondern ist als Bekenntnis des Glaubens ja gerade mein Bekenntnis. Menschen *müssen* das nicht bekennen, sondern der Heidelberger Katechismus bietet mit dieser doppelten Formulierung eine Hilfestellung an, die im christlichen Glauben liegende Spannung zu formulieren.

Die Spannung besteht darin, dass wir einerseits von Gott immer nur subjektiv und ohne Objektivitätsanspruch reden können, weil er nicht einfach nachweisbar ist.

Andererseits reden wir aber immer dann, wenn wir von Gott reden, nicht nur über uns und unsere Erfahrungen, sondern bekennen den, der Himmel und Erde geschaffen hat, der in Jesus Christus Mensch geworden ist und die Welt niemals loslässt, sondern sie ans Ziel führt. Wir bekennen also den, der die irdische Wirklichkeit erst ermöglicht, der die objektivste Größe schlechthin ist. Und es ist wichtig, beides im Blick zu haben: Gott als Gegenüber, der nicht abhängig ist von unserem Glauben und Bekennen. Und uns als die, die von Gott nur subjektiv reden können, weil wir unsere Wirklichkeit nicht überschreiten können. Das Bekenntnis verbindet unser subjektives Bekennen und die unser Bekennen weit übersteigende Wirklichkeit Gottes. Der Katechismus bindet also die Gotteserkenntnis an das Bekenntnis, sich in der Hand Jesu Christi zu wissen.

Gotteserkenntnis ist eine Beziehungsaussage

Grundlegend wichtig ist, dass im Heidelberger Katechismus von „meinem" Herrn Jesus Christus geredet wird. Denn damit wird deutlich, dass Gotteserkenntnis immer eine Glaubensaussage ist. Die ganze Reformation hat betont, dass die christliche Botschaft vom Kommen Gottes nur dann recht gehört und nur dann wirklich verstanden wird, wenn ich sie als „pro me" und also als „für mich" geschehen glaube. Ohne diese „existentielle" Dimension ist das Bekenntnis der Zugehörigkeit zu Gott nicht möglich – und ist also nach Auffassung des Heidelberger Katechismus auch keine Gotteserkenntnis möglich. Natürlich ist Gott nicht auf diese existentielle Ebene zu beschränken. Und manchmal hat es auch eine Form des Heilsegoismus gegeben, nach dem das „Ich" allein im Mittelpunkt stand und alles andere aus dem Blickfeld geriet. Der Heidelberger Katechismus ist aber nicht ein individuelles Glaubensbekenntnis, in dem jemand seinen ganz persönlichen Glauben dokumentiert hat. Sondern es ist ein Text, der von der Kirche, von der Gemeinde und also von vielen gesprochen werden soll – vielleicht sogar gemeinsam: Es ist ja ein gesprochenes Bekenntnis und geschieht vor und mit anderen. Es bleibt dann aber dabei, dass jeder einzelne und jede einzelne sein bzw. ihr Glaubensbekenntnis spricht – aber das gemeinsam. Inwiefern das „gemeinsam" wichtig für den Glauben ist, wird später thematisiert werden. Im Vordergrund steht hier zunächst die Erkenntnis, dass Gotteserkenntnis eine Glaubensaussage ist und damit auch eine Beziehungsaussage.

Glaube thematisiert die Beziehung zwischen Gott und Mensch. Und außerhalb dieser Beziehung kann gar nicht recht von Gott gesprochen werden. Das Spannende ist, wie in den Sätzen des Heidelberger Katechismus der Charakter der Beziehung von Gott und Mensch gesehen wird. Die Frage nach dem einzigen Trost im Leben und im Sterben setzt auf die Beziehung des Menschen zu Gott. Deutlich inhaltsleerer aber vielleicht heute leichter sagbar drückt sie aus: „Woran glaubst Du?" Das Subjekt des Glaubens ist hier der Mensch. Und wenn auf die Frage die Antwort lauten würde: „Ich glaube an Gott", dann ist „Ich" das Subjekt und „Gott" das Objekt. Der Katechismus antwortet aber bekanntlich anders. Und man merkt ihm an, wie sehr er in der Beziehung zwischen Gott und Mensch die Aktivität Gottes betont: In seinem Eigentum befinde ich mich, er hat mich erlöst. Karl Barth hat in einer Auslegung zur ersten Frage des Heidelberger Katechismus sogar sagen können: „Das entscheidende Sätzlein in diesem langen Satz lautet: Ich bin Jesu Christi eigen. Alles Übrige ist nur Explikation dieser Worte."[2] Ist das ein Ausdruck der Heteronomie, der Fremdherrschaft? Von außen gesehen vielleicht ja. In

[2] K. Barth, Die christliche Lehre nach dem Heidelberger Katechismus, München 1949, 24.

den Augen des Katechismus gerade keine „Fremd“-herrschaft, sondern eine Freiheitsaussage: Dem Befreier gehöre ich.

Bekenntnis zur Befreiungsgeschichte Jesu Christi

Der Heidelberger Katechismus erzählt schon in seiner ersten Frage eine Geschichte. Denn die Benennung des Eigentumsverhältnisses ist nicht als statische Situation zu beschreiben, sondern Ergebnis einer Geschichte, die konstitutiv für die Befreiung ist. Für den Katechismus ist der Weg Jesu Christi nur als Befreiungsgeschichte zu verstehen. Das wird im weiteren Verlauf des Katechismus noch breiter ausgeführt. Hier wird aber bereits deutlich, dass der Tod Jesu Christi am Kreuz fundamental positiv zu verstehen ist. Das stößt – nicht nur, aber auch in der Gegenwart – auf Verständnisprobleme: „Wie kann der Tod eines Menschen positiv zu verstehen sein? Ein Tod am Kreuz ist grausam und sonst gar nichts.“ Die Grausamkeit des Kreuzestodes Jesu wird vom Katechismus auch keineswegs geleugnet oder gar glorifiziert. Vielmehr sieht der Katechismus über die Grausamkeit des Todes hinaus auf den Effekt: Er ist als Befreiung des Menschen zu verstehen, weil Jesus Christus „mit seinem teuren Blut für alle meine Sünden vollkommen bezahlt und mich aus aller Gewalt des Teufels erlöst“ hat. Manche Ausdruckweise mag uns hier antiquiert vorkommen. So hat der Teufel als Personifizierung des Bösen weithin ausgedient. Und dass ein Lösegeld für meine Sünden bezahlt wurde, ist zumindest keine geläufige Rede- und Vorstellungsweise. Der Katechismus greift hier biblische (1. Petrus- und 1. Johannesbrief) und in der Geschichte der Kirche breit diskutierte Vorstellungen vom Lösegeld und der Befreiung aus der Gewalt des Teufels auf. Deutlich ist für alle diese Vorstellungen: Das scheinbare Ende am Kreuz ist nicht das letzte Wort über Jesus Christus. Das dachten allerdings zum Beispiel zunächst die Jünger Jesu und konnten deshalb auch die Auferstehung Jesu Christi anfangs nicht glauben. Weil Jesus Christus aber als Auferstandener bezeugt wird, konnte der Tod am Kreuz nicht mehr nur eine Niederlage sein. Und schon im Neuen Testament zeigen sich verschiedene Deutungen des Todes Jesu. Sie haben bei aller Unterschiedlichkeit eine Gemeinsamkeit: Der Tod Jesu Christi am Kreuz ist „für die Menschen" geschehen, uns zugute. Die im Neuen Testament und in der Geschichte der Kirche entstandenen Deutungen versuchen mit verschiedenen Begrifflichkeiten und Vorstellungen, dieses „für uns" so zu sagen, dass die grundlegende Veränderung, die dies für Gott und die Menschen bedeutet, zum Ausdruck kommt. Was ist diesen Vorstellungen gemeinsam? Dass die Menschen sich in einer misslichen Situation befunden haben: In der Gewalt des Bösen, in der Herrschaft der Sünde. Das aber ist eine Aussage der Vergangenheit, weil bekannt wird, dass sie aus dieser Situation herausgeholt, befreit worden sind.

Der Katechismus hat keine Situation des Menschen vor Augen, in der sich dieser frei für einen Gott oder eine Religion entscheiden könnte. Das, so viel jetzt nur an dieser Stelle, wäre eine Verkennung der Situation des Menschen. Er befindet sich aber auch nicht mehr in der Gefangenschaft, in der Gottesentfremdung. Sondern in der Gottesnähe. Weil Gott ihn nicht in der Gottesferne gelassen hat.

Vom Handeln Gottes ausgehen

Der Katechismus redet also zunächst gar nicht vom „Sein" Gottes, sondern von seinem Handeln. Wie Gott „ist", wird zunächst gar nicht thematisiert. Weder Gottes Allmacht noch seine Liebe stehen hier im Zentrum. Sondern es wird von Gottes Taten geredet. Im Vordergrund von Frage und Antwort eins steht die eben besprochene Befreiung durch den Tod Jesu Christi, es folgen aber weitere Handlungen Gottes, die betont werden: Gott „bewahrt mich" und macht mich „des ewigen Lebens gewiss und von Herzen willig und bereit, ihm forthin zu leben." Alles sind Ausdrücke von Gottes Handeln im Blick auf die Menschen. Damit wird ein ganz bestimmtes Denken über Gott deutlich. Wer Gott ist, wird deutlich aus seinen Handlungen, aus seinem Tun. Und nicht umgekehrt. Man könnte ja auch denken, dass Gott liebevoll handelt, weil er ein Liebender ist. Dann ist die Aussage, dass Gott ein Liebender „ist", die Grundaussage, aus der sein Handeln folgt. Interessanterweise argumentiert der Katechismus hier umgekehrt: Aussagen über Gottes „Sein“ sind nur Folgerungen aus seinem Handeln. Weil Gott mich befreit hat, ist Gott ein Befreier. Weil Gott die Menschen bewahrt, ist er ein Bewahrer. Und weil er die Menschen im Glauben gewiss macht, ist er ein Gewissmacher. Damit unterscheidet sich der Heidelberger Katechismus von Gottesvorstellungen, die genau andersherum denken. Die zuerst nach einer Definition Gottes suchen, um von dort aus sein Handeln zu beschreiben. Die zuerst Gottes Eigenschaften benennen – etwa: Gott ist allmächtig. Und dann daraus schließen: Also kann er auch alles. Und hat auch alles geschaffen. So ist es bei unserer Antwort aber gerade nicht. Zunächst einmal steht Gottes Tun im Vordergrund. Und warum geht der Katechismus diesen Weg? Ich sehe vor allem zwei Gründe:

Erstens weiß der Katechismus um die Gefahr, die solchen Allgemeinbegriffen innewohnt. Sie verursachen nämlich neue Probleme. Wer davon ausgeht, dass Gott allmächtig ist, muss sehr bald die Frage stellen: Wenn Gott allmächtig ist, warum lässt er dann all das Böse und Dunkle in der Welt zu? Gott wird gewissermaßen unter Zugzwang gesetzt, weil nach Lösungen gesucht wird, Gottes Allmacht denken zu können trotz des Leids in der von ihm geschaffenen Welt. Nun wird man die Frage auch dann stellen, wenn man so wie der Heidelberger Katechismus vorgeht. Aber sie stellt sich nicht im luftleeren Raum, ohne dass irgendetwas von Gott schon bekannt wäre. Und auch nicht so, als müsse Gottes Allmacht und Gottes Liebe in ein logisches Verhältnis gebracht werden. Der Katechismus ist deutlich zurückhaltender und muss deshalb nicht über Gottes Sein spekulieren.

Der zweite Grund ist aber wichtiger (und hängt mit dem ersten zusammen): Der Katechismus redet deshalb nicht zuerst vom Sein Gottes, sondern von seinen Taten, weil die Bibel das auch tut. Die Bibel erzählt im Alten und im Neuen Testament von Gottes Handeln. Gott erschafft die Welt und führt sein Volk Israel aus Ägypten in die Freiheit. Der Weg ins babylonische Exil wird im Alten Testament als Strafe Gottes verstanden, aus dem sie aber wieder durch Gott zurückgeführt werden. Im Neuen Testament steht das Kommen Gottes in Jesus Christus im Mittelpunkt. Der Heidelberger Katechismus folgt also biblischen Vorgaben.

Gott in Jesus Christus erkennen

Entscheidend ist, dass wir Jesu Christi eigen sind. Damit bereitet der Heidelberger Katechismus seinen besonderen christologischen Schwerpunkt bereits vor. Wenn er von Gott redet, dann redet der Katechismus immer von Jesus Christus. Deutlich wird das in der ersten Frage an zweierlei. Zunächst ist die Reihenfolge des Aufbaus anders als die meisten es klassisch kennen. Im in vielen Gottesdiensten sonntäglich gesprochenen Apostolischen Glaubensbekenntnis thematisieren die drei Teile zunächst Gott den Vater, dann den Sohn und dann den Heiligen Geist. In der Auslegung des Apostolikums, das einen Schwerpunkt im Katechismus bildet und für reformatorische Katechismen üblich ist, folgt der Katechismus dieser Reihenfolge. Aber die Antwort zu Frage 1 beginnt nicht mit Gott dem Vater, sondern mit Jesus Christus. Auch das ist ein Hinweis, dass kein allgemeines Gottesverständnis das Fundament bildet. Unsere Erlösung in Christus bildet den Ausgangspunkt für alle weiteren Gedanken. Dem Vater wird die Bewahrung zugeschrieben: „ohne den Willen meines Vaters kann kein Haar von meinem Haupte fallen“, heißt es. Bewahrung ist in der reformatorischen Theologie der Hauptakzent der Betonung des Schöpferhandelns Gottes; der heute häufig im Vordergrund des Nachdenkens stehende Aspekt der Entstehung der Welt war nur ein Nebenaspekt. Von der Schöpfung ist also in Frage und Antwort 1 des Heidelberger Katechismus erst aufgrund der Erkenntnis Gottes in Jesus Christus etwas auszusagen. Das ist für viele Menschen heute eher ungewöhnlich, weil das Schöpferhandeln Gottes das Allgemeinere und die christologischen Aussagen etwas Spezielleres zu sein scheinen; ja, nicht wenige Menschen haben heutzutage Mühe, die Christusaussagen auch nur annähernd so wichtig wie die Schöpfungsaussagen zu verstehen. Anders der Katechismus, der mit dem Christusgeschehen einsetzt. Aber es gibt noch eine zweite Auffälligkeit in unserer ersten Antwort im Blick auf die Christuserkenntnis. Denn es ist nicht nur so, dass die Reihenfolge mit Christus beginnt, selbst das Handeln des Vaters wie auch des Heiligen Geistes sind mit Christus eng verwoben. Jesus Christus bewahrt mich so, dass ohne den Willen meines Vaters im Himmel kein Haar von meinem Haupt fallen kann, heißt es im Blick auf das Schöpferhandeln Gottes. Und Jesus Christus versichert mich durch seinen Heiligen Geist des ewigen Lebens. Das Wirken des dreieinigen Gottes kann nicht einfach auf drei Personen aufgeteilt werden. Der christliche Glaube bekennt keine drei Götter, sondern das Handeln des dreieinigen Gottes. Am prägnanten Anfang des Katechismus erfolgen keine weiteren Ausführungen zur Dreieinigkeit; aber auch hier ist deutlich, dass Sohn, Vater und Geist gemeinschaftlich handeln. In Christus sehen wir das Wirken des Vaters und des Heiligen Geistes. Gott erkennen heißt für den Heidelberger Katechismus Gott im Wirken Jesu Christi zu erkennen.

Gotteserkenntnis ist lebenspraktisch

Es fehlt jetzt noch ein Aspekt, der für den Heidelberger Katechismus wichtig ist. Die Gotteserkenntnis ist kein theoretischer Akt, der Glaube kein intellektuelles Spiel. Sondern das ganze Leben des befreiten Menschen ist als Gottesbekenntnis zu verstehen. Am Schluss der ersten Antwort heißt es, dass Jesus Christus mich durch den Heiligen Geist von Herzen willig und bereit macht, ihm forthin zu leben. Das ganze Leben des Christen ist also als Antwort auf die göttliche Befreiung und Bewahrung hin zu gestalten. Im Aufbau des Katechismus wird hier später das Leitwort „Dankbarkeit" im Vordergrund stehen; deutlich ist jedoch schon hier, dass der Glaube nicht als rein innere Angelegenheit zu verstehen ist. Er dringt ins Leben. Er gestaltet unser Leben. Die Frage beinhaltet das Wort „Trost". Vielfach wird der christliche Glaube auch als Vertröstung verstanden, der vielleicht im Jenseits einen Ausgleich für das in diesem Leben Erlittene verheißt. Aber der Begriff des „Trostes" ist nicht mit „Vertröstung" gleichzusetzen. Zacharias Ursinus, der Hauptverfasser des Katechismus, hat in seiner lateinischen Vorfassung den Begriff „consolatio" verwandt – und der ist auch als Ermutigung zu übersetzen. Der christliche Glaube und darin eingeschlossen die Gotteserkenntnis sind Lebensermutigung – auch im Sterben.

Gottes Erkennen

Die Ausgangsfrage lautete, wie recht von Gott geredet werden kann. Das ist für die christliche Kirche und für jeden Christen und jede Christin eine entscheidende Frage. Und die Antwort des Katechismus lautet letztlich: Das ist nur im Vollzug des Glaubens möglich. Gotteserkenntnis ist keine allgemein plausible Angelegenheit. Der Katechismus formuliert hier also einen Zirkel, in den ich nicht einfach durch logische Schlüsse hineinkomme. Gotteserkenntnis ist nämlich nicht einfach so zu denken, dass ich als Subjekt etwas und in diesem Fall eben Gott erkenne, sondern Gotteserkenntnis ist zunächst einmal anders herum: Gott erkennt. Der Christ lebt in seiner Gotteserkenntnis davon, dass er von Gott erkannt ist. Und diese Erkenntnis seitens Gottes ist mehr als nur eine bloße Wahrnehmung des (erkannten!) Menschen, sondern umfasst seine Befreiung und Bewahrung. Erkennen ist mehr als nur ein intellektueller Vorgang. Im Hebräischen steht für das deutsche Wort „Erkennen" das Wort „jadah" – und ist immer schon Ausdruck einer innigen Beziehung. Wenn beispielsweise Mann und Frau einander erkennen, ist das Ausdruck einer ganzheitlichen Beziehung. Das ist letztlich auch die Auffassung des Katechismus im Blick auf die Gotteserkenntnis. Sie lebt davon, dass Gott den Menschen „erkennt" und der Mensch dieses Erkennen Gottes bekennt. Gotteserkenntnis lebt von Gottes Erkennen.

Es könnte jetzt gefragt werden, ob nicht der methodische Weg des Katechismus von gesellschaftlichen Voraussetzungen lebt, die heute nicht mehr gelten. Im 16. Jahrhundert war in Deutschland der christliche Glaube so dominant, dass andere Religionen kaum Platz hatten (und zum Teil im Blick etwa auf die Juden auch zumindest an den Rand gedrängt wurden). Wir leben heute in Mitteleuropa in einer zunehmend pluralen religiösen Landschaft. Muss man deshalb nicht zunächst ausgehen vom Phänomen „Religion" als solchem, bevor über Gott gesprochen werden kann? Und also voraussetzen, dass es sehr verschiedene Arten gibt, von Gott zu reden?

Der Katechismus hat gute Gründe, methodisch genau anders anzusetzen. Entscheidend ist für den Katechismus die Gewähr, zutreffend von Gott zu reden. Oder anders gesagt: So von Gott zu reden, dass nicht nur Gottes Dasein reflektiert wird, sondern Gottes spezifische Weise, den Menschen zu seinem Partner zu machen.

Das grundsätzliche Problem bei diesem Vorgehen könnte darin gesehen werden, dass kein äußerliches Plausibilitätskriterium angegeben wird. Aber das kann auch als Stärke verstanden werden, weil nicht der Mensch zum Kriterium Gottes wird.

Für den Heidelberger Katechismus ist dieser Weg der einzig mögliche, damit wir recht von Gott reden, damit wir, wenn wir „Gott" sagen, auch von „dem Gott" reden, der sich uns zu erkennen gegeben hat. „Gott" ist also kein Gattungsbegriff, bei dem durch ein hinzukommendes Adjektiv eine Unterart benannt werden könnte: der *christliche* Gott als Spezialfall neben anderen Spezialfällen wie etwa die Gottheiten im Hinduismus. Gott ist letztlich für den Katechismus ein Name, der nur im Bekenntnis zu ihm richtig erfasst wird: Jesus ist der Christus.

Kapitel II
Die Bibel als Heilige Schrift – oder: Woher kommt unser Wissen?

Zentrales Dokument für den christlichen Glauben ist die Bibel. Ein für nicht wenige Zeitgenossen altes Buch, das nach Auffassung Vieler auf die Herausforderungen der Gegenwart praktisch nicht eingeht. Ein Buch, welches Vorstellungen antiker Zeiten in sich trägt und auf den ersten Blick auch eben nur von früheren Ereignissen berichtet. Die Bibel ist eine Sammlung von Schriften und der jüngste Text ist vermutlich auch bereits 1900 Jahre alt.

Die einzelnen Schriften des größtenteils in hebräischer Sprache verfassten Alten Testaments entstanden etwa zwischen 1000 und 400 vor Christus (aber hier gibt es in der Wissenschaft keine letzte Klarheit) und wurden in wesentlichen Teilen etwa 200 vor Christus zusammengestellt. Die Schriften des Neuen Testaments entstanden nach weit verbreiteter Auffassung etwa zwischen 50 und 130 nach Christus und wuchsen im Wesentlichen bis zum Jahre 180 nach Christus zum Neuen Testament zusammen. Die einzelnen biblischen Schriften zeigen das Lokalkolorit des vorderasiatischen Raums; die Orte des Geschehens liegen vor allem im Bereich der heutigen Länder Ägypten, Israel, Libanon, Syrien und Türkei.

Es stellt sich in diesem Zusammenhang die Frage, inwiefern dieses alte Dokument für den christlichen Glauben der Gegenwart eine solch zentrale Rolle spielen kann.

Mögliche Gründe für die Autorität der Bibel

Vier Gründe für die Autorität der Bibel werden heute häufig gegeben.

Einmal werden nicht selten die „Schönheit der Bibel" und ihre hohe literarische Qualität genannt. Und wer die Bibel kennt und sie liest, wird in ihr Texte finden, die außergewöhnlich dicht und zum Teil sehr poetisch sind. Passagen, die einen von Herzen rühren können oder die zu Recht zur Weltliteratur gezählt werden. Zu denken ist im Alten Testament an die Psalmen, an die Erzählung von Ruth, an das Drama um Hiob, auch an die Passagen am Anfang der Bibel. Die Reihe könnte noch deutlich fortgesetzt werden. Und auch im Neuen Testament sind die Evangelien eine Gattung eigener Art; in den Briefen des Paulus finden sich nicht nur kluge Worte, sondern auch faszinierende Passagen – etwa das Hohelied der Liebe in 1 Kor 13. Und nicht wenige Menschen sind bis heute beeindruckt davon – zu Recht. Aber es fragt sich bei dieser Argumentation, ob damit die Bibel die oben angeschnittene zentrale Rolle spielen kann? Jedenfalls gibt es hier keine grundlegende Differenz zwischen anderen Texten der Weltliteratur und der Bibel.

Andere betonen die kulturelle Prägekraft der Bibel. Die europäische Kultur ist bis in viele Verästelungen hinein von den biblischen Erzählungen und Texten geprägt. Das gilt sowohl für die bildende Kunst, die Literatur und auch für die Musik. Michelangelos David gehört zu den großartigsten Skulpturen der Weltgeschichte und Rembrandts Bilder zu biblischen Szenen prägten Generationen von Menschen. Thomas Manns *Josef und seine Brüder* steht für eine Vielzahl an literarischen Werken, die den biblischen Stoff aufgearbeitet haben – und sowohl Johann Sebastian Bachs Kantaten wie Händels Oratorien erfüllen bis heute Kopf und Herzen vieler Menschen. Ohne die Bibel, die für die meisten Künstler mehr ist als nur eine Stoffsammlung, sind viele ihrer Werke gar nicht zu verstehen. Ja, ohne die Bibel wären auch wir in unserem Gewordensein durch viele Generationen hindurch nicht die, die wir heute sind. Die kulturelle Prägekraft der Bibel gilt. Aber auch die (zum Teil gegen die Kirchen erkämpften) Menschenrechte und die Vorstellungen von einem menschenwürdigen und sozialen Miteinander haben auch biblische Wurzeln. Aber reicht das alles aus, um der Bibel eine heutige Autorität zuzugestehen? Letztlich kann die Aussage der kulturellen Prägekraft der Bibel doch nur eine historische Autorität zuschreiben, aber keine aktuelle. Denn sie kann nur benennen, inwiefern sie Künstler vergangener Zeiten bewegt hat.

Manche betonen auch, dass die Bibel und ihre Texte direkt von Gott inspiriert seien, dass also der eigentliche Autor nicht die menschlichen Verfasser der jeweiligen biblischen Bücher waren, sondern Gott ihnen gleichsam die Worte diktiert hat. Wer davon ausgeht, für den ist die Bibel identisch mit dem Wort Gottes, weil alles in ihr von Gott selber stammt. Die Erforschung der Bibel in den letzten Jahrhunderten hat aber aufgezeigt, dass wir die verschiedenen biblischen Schriften nicht vorschnell harmonisieren dürfen. Denn es gibt Unterschiede – und manchmal auch deutliche Spannungen. So unterscheiden sich manche Angaben – ein Beispiel nur: Judas starb nach dem Matthäusevangelium, indem er sich erhängte, und nach der Apostelgeschichte durch einen Sturz. Auch gibt es manche Aussagen, von denen wir mit heutiger Auffassung sagen müssen, dass sie nicht haltbar sind. So wird in Genesis 3 von der Schlange gesagt, dass sie Erde fresse – eine aufgrund der Fortbewegungsart der Schlange vielleicht erklärbare, aber keineswegs naturwissenschaftlich zu haltende Behauptung. Daraus folgt aber: Wenn die Bibel nun mit dem Wort Gottes einfach identisch ist und manche Aussagen heute nicht (mehr) gelten, dann kann von Gott nur ausgesagt werden, dass er etwas Falsches gesagt habe, dass er für die Irrtümer der Bibel selbst verantwortlich sei. Das aber ist ein durchaus problematischer Gedanke.

Ein vierter und häufig geäußerter Grund für die Autorität der Bibel wird darin gesehen, dass auf die Erfahrungen der Autoren hingewiesen wird. Die biblischen Autoren hätten Gotteserfahrungen gemacht, die sie aufgeschrieben und uns weitergegeben haben. Und weil diese Erfahrungen eben auf Gott hinwiesen, seien sie auch für uns wichtig. Diese Auffassung hat den Vorteil, dass sie weder den Wortlaut der Bibel mit Gottes Reden gleichsetzt (so wie im dritten Fall) noch die Bedeutung der Bibel ohne

Gottes Reden sehen möchte (so in den ersten beiden Fällen). Aber auch diese Position hat – auch wenn sie häufig vertreten wird – ihre Tücken. Denn entscheidend ist dann nicht das, was in der Bibel geschrieben wurde, sondern das hinter dem Wortlaut der Bibel stehende Erlebnis oder die dahinter stehende Erfahrung, die Menschen gemacht haben. Wenn jemand die Bibel liest, ist dann nicht auf den direkten Inhalt zu achten, sondern immer ist zu fragen, welches Erlebnis oder welche Erfahrung zu diesen Aussagen geführt haben mag. Denn lange nicht immer ist in den biblischen Texten davon die Rede, dass Menschen besondere Erfahrungen gemacht haben. So sind die Briefe des Paulus vielfach argumentative Entgegnungen auf konkrete Herausforderungen oder auch im Blick auf grundlegende theologische Fragen – und wenn entscheidend ist, welche Erfahrung hinter den Sätzen des Paulus steht, dann ist das, was er sagt, nur als Mittel wichtig, um das eigentliche Erlebnis zu verstehen.

Wahrscheinlich gibt es diese vier Argumentationen auch in vielen Mischformen – und wohl auch noch andere Überlegungen, die besondere Funktion und Rolle der Bibel zu erklären. Es ist jedenfalls wichtig, sich dieser Frage zu stellen. In einer Zeit, in der in manchen Bereichen bereits zehn Jahre alte Erkenntnisse als völlig überholt gelten, steht die Bibel als wesentlich älteres Dokument dar – und gilt aus Sicht der Christen und Christinnen nicht als veraltet.

Die Rolle der Bibel im Heidelberger Katechismus

Der Heidelberger Katechismus entstand zu einer Zeit, als die historische Bibelkritik erst in sehr vorsichtigen Anfängen stand – von ihr findet sich im Katechismus keine Spur. Und grundsätzliche Anfragen an den prinzipiell hohen Stellenwert der Bibel gab es damals nicht, auch wenn es zwischen der römisch-katholischen und der evangelischen Kirche in der Frage des Stellenwertes der Bibel durchaus einen Dissens gab. Vielleicht auch deswegen ist im Heidelberger Katechismus keine eigene Frage zu finden, die direkt die Autorität der Bibel reflektiert – in manchen anderen Bekenntnisschriften gibt es allerdings durchaus solche Abschnitte.[1]

Gleichzeitig lässt sich sagen, dass der Katechismus eine Fülle von Hinweisen auf biblische Aussagen enthält – oder anders gesagt: Fast zu jeder Aussage wird auf eine Stelle aus der Bibel verwiesen; übrigens soll die Anregung dazu direkt auf den Pfälzer Kurfürsten Friedrich III. zurückgehen. Die Hinweise auf die Bibelstellen sind nicht im Sinne eines „Beweises" formuliert: In der Theologiegeschichte hat es immer wieder die Methode der „dicta probantia" (beweisende Worte) gegeben, d.h.: Jede Aussage wird mit einem Bibelzitat direkt begründet. Das Problem dabei ist, dass die biblischen Aussagen aus dem Zusammenhang gerissen werden können und nur als „Zitate" gebraucht werden. Im Heidelberger Katechismus sind es eher Hinweise als Belege – aber immerhin ist allein durch diese äußerliche Wahrnehmung bereits deutlich, dass die Bibel für den Heidelberger Katechismus eine deutliche Autorität hat.

„Woher weißt du das?"

> Woher weißt du das?
> (Frage 19)
>
> Aus dem heiligen Evangelium. Gott selbst hat es zuerst im Paradies offenbart, dann durch die heiligen Erzväter und Propheten verkündigen lassen und durch die Opfer und andere Bräuche des Gesetzes vorgebildet, zuletzt aber durch seinen einzig geliebten Sohn erfüllt.

Diese Frage wird explizit im Heidelberger Katechismus gestellt – es ist die Frage 19. In den Passagen vorher wurde die besondere Funktion Jesu Christi bedacht (dazu in diesem Buch später) – und jetzt taucht am Schluss die Frage auf: „Woher weißt du das?" Und die Antwort lautet: „Aus dem heiligen Evangelium". Es wird

[1] Beispielsweise im Hugenottischen Bekenntnis von 1559 oder im Schottischen Bekenntnis von 1560.

dann in der Frage 19 weiter erklärt, was denn genau das Evangelium ist. In diesem kleinen Satz ist aber das Verständnis auch der Autorität der Bibel aus der Sicht des Heidelberger Katechismus genau ausgedrückt.

Denn das, was im weiteren Verlauf der Frage 19 ausgeführt wird, ist gleichsam eine knappe Inhaltsangabe der Bibel: Das Alte Testament wird gekennzeichnet durch die Paradieserzählung vom Anfang der Bibel, Abraham, Isaak und Jakob als Erzväter, die Propheten und insgesamt die besondere Rolle, die das Gesetz als Weisung Gottes in ihm spielt. Und alles gipfelt im Neuen Testament, weil dort auf die Geschichte Jesu Christi verwiesen wird. „Woher weißt du das?“ findet seine Antwort also: „Aus der Bibel!“ Aber gleichzeitig ist zu sehen, dass das ja doch gar nicht die Antwort ist, die gegeben wird. Denn die hieß ja: „Aus dem heiligen Evangelium.“ Es ist also zu überlegen, in welcher Beziehung „Evangelium“ und „Bibel“ zueinander stehen.

Die Bibel verweist auf das Evangelium

Entscheidend für den Katechismus ist das Evangelium, das – so könnte man es sagen – den Inhalt der Bibel darstellt. Es ist nicht allein im Neuen Testament zu finden, sondern in der ganzen Bibel. Aber dennoch gibt es Unterschiede. Das Evangelium ist im Paradies *geoffenbart,* durch herausragende alttestamentliche Personen *verkündigt,* durch das Gesetz *vorgebildet.* Alle diese drei Worte verweisen darauf, dass es um das Verstehen und Erkennen geht. Im Kommen Jesu Christi ist es nach Auffassung des Heidelberger Katechismus *erfüllt.* Und das heißt, dass Jesus Christus mit dem Evangelium identisch ist, wohingegen die alttestamentlichen Texte auf ihn verweisen. Übrigens heißt es nicht, dass die neutestamentlichen Texte, die hier als solche gar nicht erwähnt werden, mehr sind als die alttestamentlichen Schriften. Denn auch sie können nur auf Jesus Christus und also das Evangelium verweisen; sie sind ja ebenfalls nicht identisch mit dem Sohn Gottes. Die Bibel ist also mit dem Evangelium nicht einfach gleichzusetzen. Sondern ihre besondere Funktion besteht darin, auf das Evangelium hinzuweisen, das für den Katechismus mit der Geschichte Jesu Christi zu identifizieren ist.

An diesen Formulierungen fällt zunächst einerseits auf, wie sehr das Alte Testament betont wird. Es gab mehrfach Zeiten in der christlichen Kirche, in denen das Alte Testament aus der Kirche verabschiedet werden sollte. Schon in der frühen Kirche im zweiten Jahrhundert nach Christus war der Reeder Marcion daran interessiert, das Alte Testament als problematisch zu kennzeichnen, weil es zuviel Irdisches enthalte. Und schließlich gab es in Deutschland im 20. Jahrhundert den Versuch der „Deutschen Christen“ zur Zeit des Nationalsozialismus, für die deutsche Kirche das jüdische Alte Testament durch die Edda, ein germanisches Heldenepos, zu ersetzen. Es gibt wohl viele einzelne Gründe, aufgrund derer manche Christen bis heute Mühe mit diesem Teil der Bibel haben – und man auch immer wieder von der Gegenüberstellung des zornigen Gottes des Alten Testaments zum gnädigen Gott des Neuen Testaments hört. Der Heidelberger Katechismus denkt hier anders: Das Evangelium ist eine Geschichte der Erlösung, die Altes und Neues Testament miteinander verbindet.

Andererseits liest der Heidelberger Katechismus das Alte Testament von der Geschichte Jesu Christi her. Es gibt in der Zeit seit dem zweiten Weltkrieg und dem Vernichtungsfeldzug gegen das jüdische Volk eine gute und sinnvolle Betonung der bleibenden Treue Gottes zu seinem Volk Israel. In vielen Kirchen ist das auch in Grundordnungen übernommen worden. Manchmal hat diese Betonung der bleibenden Erwählung des Volkes Israel dazu geführt, dass Christen und Christinnen Sorge haben, das Alte Testament zu stark von Jesus Christus her zu lesen; manche sprechen deshalb lieber von der hebräischen Bibel. Einige haben in diesem Zusammenhang die Befürchtung, es fände eine Vereinnahmung des Alten Testaments statt, wenn man die Einheit beider Testamente im Evangelium sieht: Eine dem Alten Testament selber fremde Perspektive werde dem Alten Testament gleichsam aufgenötigt. Der Heidelberger Katechismus geht diesen Weg nicht. Für ihn ist es die eine Befreiungsgeschichte Gottes, die ihren entscheidenden Akzent in Jesus Christus hat: Das Kommen Jesu Christi schließt das Alte Testament in seiner evangelischen Bedeutung für die Christen und Christinnen erst auf. Nicht, dass es kein Evangelium enthielte, wohl aber, dass das, was dort geoffenbart, verkündigt und vorgebildet ist, ihre Erfüllung im Kommen Jesu Christi findet, das der ganzen Welt gilt.

Die Bibel verweist auf das Gesetz

Woher erkennst du dein Elend? (Frage 3)

Aus dem Gesetz Gottes.

Was fordert denn Gottes Gesetz von uns? (Frage 4)

Dies lehrt uns Christus mit folgenden Worten: „Du sollst den HERRN, deinen Gott, lieben von ganzem Herzen, von ganzer Seele und von ganzem Gemüt. Dies ist das höchste und größte Gebot. Das andere aber ist dem gleich: Du sollst deinen Nächsten lieben wie dich selbst. In diesen beiden Geboten hängt das ganze Gesetz und die Propheten."

Eine ähnliche Frage wie die von Frage 19 findet sich in der Frage 3. Es heißt dort: „Woher erkennst du dein Elend?" Und die Antwort lautet: „Aus dem Gesetz Gottes." Frage und Antwort sind parallel zur Frage 19 konstruiert – und so könnte man jetzt vermuten, dass auch hier die Antwort in einem Verweis auf die Bibel besteht. Genau das ist richtig. Die Frage 4 folgert sofort: „Was fordert denn das göttliche Gesetz von uns?" und antwortet mit dem bekannten Doppelgebot der Liebe: Gottes- und Nächstenliebe sind die Summe des Gesetzes. Der Heidelberger Katechismus zitiert hier Matthäus 22 – und das ist eine Kombination aus alttestamentlichen Zitaten. Also ist auch hier wieder zu erkennen, wie sehr Altes und Neues Testament zusammengehören. In der Theologie gab es zuweilen die unglückliche Aufteilung: „Altes Testament = Gesetz" und „Neues Testament = Evangelium". Dem widerspricht der Katechismus, indem er beide Elemente – Gesetz und Evangelium – in beiden biblischen Teilen präsent sieht. Es ist hier nicht der Ort, ausführlich die Frage zu bedenken, was denn genau unter „Gesetz“ gemeint ist. Kurz nur soviel, dass das Gesetz einerseits den bleibenden Anspruch Gottes auf unser Leben verdeutlicht. Andererseits weiß der Katechismus auch darum, dass der Mensch nicht in der Lage ist, diesen Anspruch zu erfüllen.

Der Ort, an dem deutlich wird, was das Gesetz ist, was also Gott vom Leben der Menschen möchte, ist nach Auffassung des Katechismus die Bibel. Das Gesetz Gottes ist nicht eine allen Menschen durch ihr Gewissen mitgegebene Kenntnis um das, was gut und böse ist, es ist auch nicht mit bestimmten Moralvorstellungen bestimmter Zeiten zu identifizieren. Wer wissen will, was Gottes Wille ist, ist darauf angewiesen, sich an die Bibel zu halten. Gleichzeitig ist mit der Zusammenfassung des Doppelgebotes der Liebe deutlich, dass es nicht um einzelne Gesetze geht, die sich in der Bibel finden lassen. Das Gesetz Gottes ist nicht mit einzelnen auch in der Bibel dokumentierten Vorschriften gleichzusetzen. Die Bibel „ist“ ja nicht das Gesetz Gottes, sondern verweist darauf.

Gesetz und Evangelium oder: Gottes- und Selbsterkenntnis

Bei den Reformatoren wurde das Begriffspaar „Gesetz und Evangelium“ zu einer wesentlichen Verstehenshilfe der christlichen Botschaft. Dabei ist für Martin Luther entscheidend, dass wir auf die Gnade angewiesen sind, dass Gott uns rechtfertigt, weil er uns unsere Sünde vergibt. Unter „Gesetz“ verstand Luther alles das, was uns deutlich macht: Wir schaffen es in unserem Leben nicht, ein gottgefälliges Leben zu führen. Wir brauchen Gottes Vergebung. Auch die in der Bibel zu findenden Gebote zeigen uns vor allem, dass wir sie nicht erfüllen können – und damit erfüllen sie eine wichtige Aufgabe: Sie führen uns zum Evangelium hin, das wir brauchen. Und aus Sorge davor, dass man meinen könnte, durch das Tun der Gebote das Evangelium nicht mehr zu benötigen, ist Luther der Frage nach der Umsetzung der Gebote ins Handeln wenig bis kaum nachgegangen. Johannes Calvin hat Luther prinzipiell zugestimmt. Für ihn war aber die Erkenntnis, dass wir Sünder sind und also kein Leben führen, welches von Gottes- und Menschenliebe geprägt ist, kein Grund, die Gebote für das heutige Leben zu verabschieden. Im Gegenteil: Der „eigentliche" Sinn des Gesetzes besteht darin, dass wir es tun. Aber Calvin wusste auch: Selbst wenn wir die Gebote nur teilweise befolgen, so stehen wir doch immer in der Gefahr, uns schon damit vor Gott und den Mitmenschen besser darzustellen als wir in Wirklichkeit sind.

Der Heidelberger Katechismus zeigt in seinem Aufbau, wie sehr er beiden Reformatoren verbunden ist. Die eben bedachte Frage 3 beginnt mit dem Gesetz – und es folgt dann die Erkenntnis des Sünderseins. Und auf das Gesetz folgt das Evangelium. Das klingt nach Luther. Aber in seinem dritten Teil[2] bedenkt der Katechismus unter dem Thema „Dankbarkeit" den eigentlichen Sinn des Gesetzes. Und der besteht darin, den Menschen Hinweise zu geben, wie ein Leben aussieht, das sich an der Gottes- und Menschenliebe orientiert.

Deswegen sind die beiden Begriffe im Heidelberger Katechismus auch nicht zufällig gewählt. Sie dienen dazu, den wesentlichen Inhalt der Bibel kurz zu beschreiben. Gesetz und Evangelium verweisen auf Gottes Menschenfreundlichkeit ebenso wie auf unsere Unfähigkeit und Aufgabe.

… mehr als nur der Kopf

Nun ist es aber nicht so, dass jeder, der die Bibel so liest, begreift, dass es in ihr genau um diesen differenzierten Zusammenhang von der Zuwendung Gottes und unserer Abwendung geht. Dass also wir auch als Menschen des 21. Jahrhunderts einbezogen sind in diese eine Geschichte Gottes mit den Menschen. Man kann die Bibel lesen, ohne das Evangelium als „frohe Botschaft" zu hören. Man könnte jetzt an dieser Stelle Überlegungen anstellen, mit welcher Lesetechnik „mehr" herauszuholen ist – allerdings ist es die Auffassung des Katechismus, hier unser Können nicht zu überschätzen. Um nämlich die existentielle Bedeutung dessen zu erfassen, um was es in der Bibel wirklich geht, ist es nach Auf-

---

[2] Ab Frage 86. Siehe unten in Kapitel XIII.

fassung des Heidelberger Katechismus nötig, dass wir sie glaubend lesen. Ohne an dieser Stelle schon ausführlich zu bedenken, was „Glaube“ ist,[3] heißt das nicht: Den Verstand abzulegen. Glaubend die Bibel lesen heißt nicht, alles in ihr als Tatsachenbericht zu verstehen. Sondern glaubend die Bibel lesen heißt: Ohne den von Gott im Heiligen Geist geschenkten Glauben gibt es kein Vertrauen darauf, dass das Evangelium tatsächlich die Menschenfreundlichkeit *Gottes* ist. Jeder und jede kann wahrnehmen, dass die Bibel von der Menschenfreundlichkeit Gottes erzählt – und also genauer: Dass sowohl die Texte des Alten wie des Neuen Testaments das den Menschen zugewandte Handeln Gottes thematisieren. Diese Aussagen ohne den Glauben wahrzunehmen bedeutet: Sie als literarische Produkte der Verfasser früherer Zeiten zu hören und zu lesen. Im Glauben die Bibel zu lesen heißt also, sie zu lesen als Schriften, die von Gott reden.

Es bleibt dann natürlich die Frage, wie das geht. Wie können Menschen mit je ihrem begrenzten Verstand und nur menschlicher Vorstellungskraft tatsächlich von *Gott* und nicht nur von sich selbst erzählen? Theoretisch lässt sich diese Frage nicht beantworten – und hier ist jetzt wieder zu verweisen an den Zirkel, der am Schluss des ersten Kapitels benannt wurde: Das ist nur im Vollzug des Glaubens möglich.

Die Bibel steht also letztlich nicht für sich selber da. Sie übt eine notwendige Hilfsfunktion aus: Sie verweist uns an das Evangelium und kann es doch nicht bewerkstelligen, dass jeder Bibelleser oder jede Bibelleserin die verschiedenen Texte als „frohmachende“ Botschaft wahrnimmt. Dazu braucht es den guten Geist Gottes, und der Katechismus geht davon aus, dass Gott diesen reichlich austeilt.

Der Inhalt begründet die Autorität der Bibel

Was macht die Bibel zu diesem besonderen Buch, ja zentralen Buch der Christenheit? So lautete die Frage am Anfang des Kapitels. Und die Antwort lautet jetzt: Ihre Autorität liegt begründet

---

[3] Vgl. dazu Kapitel III.

in ihrem Inhalt. Weil sie von Gott erzählt, von der guten Nachricht und vom guten Handeln Gottes. Weil sie hinweist auf das Evangelium und das Gesetz Gottes. Weil sie uns nahe zu bringen versucht, dass es gut für uns ist, ja lebensnotwendig, unser Leben aus der in Jesus Christus erkennbaren Liebe Gottes zu nehmen. Aber die Bibel steht damit nicht isoliert da. Denn auch das gesamte Leben und Wirken der christlichen Gemeinden und Kirchen hat letztlich die gleiche Aufgabe wie die Bibel: Die Menschen hinzuweisen auf das Evangelium. Dazu braucht aber die Christenheit die Bibel – ohne sie würde sie das Evangelium nicht kennen. Dass die Bibel aber nicht nur von sich selbst, sondern tatsächlich von Gott redet, ist nur glaubend aussagbar möglich – und nicht von außen zu behaupten.

Damit unterscheidet sich der Katechismus von allen vier am Anfang genannten Gründen für die Autorität der Bibel.

Dass die Bibel von hoher literarischer Qualität ist, ist richtig – und immer wieder auch ein Grund, sich an der Schönheit biblischer Texte zu erfreuen und zu erquicken. Die Bibel steht hier in einer Reihe mit anderer Weltliteratur, überragt diese aber nicht. Man wird sogar auch sagen müssen, dass lange nicht alle Passagen der Bibel literarisch hochqualitativ sind.

Ebenfalls ist natürlich richtig, dass unsere westliche Kultur von der Bibel geprägt ist und wir große Bereiche nur verstehen, wenn wir um die Geschichten und Personen wissen, die aufgenommen und interpretiert werden. Nun kann aber nicht prinzipiell ausgeschlossen werden, dass die Prägekraft der Bibel aufhört und auch anderes kulturelle Entwicklungen stärker beeinflusst. Nach meiner Beobachtung ist zu konstatieren, dass zumindest die deutsche Kultur durch eine eher geringer werdende Rezeption biblischer Vorstellungen und Texte geprägt wird, weil die Bibel in der Gegenwart der Menschen immer weniger zum allgemeinen Bildungsgut gehört, auf das angespielt und das verarbeitet werden kann.

Die Verbalinspiration versucht, den Textbestand der Bibel durch ein Erklärungsmodell eines direkten göttlichen Eingreifens in den Literarprozess zu sichern. Was aber passiert dabei? Aus Sicht des Heidelberger Katechismus werden hier zwei zu differenzierende Ebenen identifiziert. Das Evangelium, so der

Katechismus, ist nicht identisch mit der Bibel, sondern wird von ihr bezeugt. Die Bibel ist menschlich, das Evangelium hingegen göttlich. Und deswegen ist es aus der Sicht des Katechismus auch theologisch legitim, das menschliche Zeugnis als menschliche Worte zu untersuchen. Ihren eigentlichen Horizont legt die Bibel aber erst dann frei, wenn sie vom Evangelium her gelesen wird – aber hier sieht der Katechismus keine Gleichsetzung. Die Bibel „ist" nicht einfach wortwörtliches Wort Gottes, sondern bezeugt dieses. Die Lehre von der Verbalinspiration hingegen setzt mit ihrer Identifizierung von Bibel und Wort Gottes die Bibel tendenziell in den gleichen Rang wie es der Islam mit dem Koran tut.

Der vierte Grund, der Bibel Autorität zu verleihen, ist der, der auf den ersten Blick dem Katechismus am nächsten zu stehen scheint. Auch hier wird gesagt, dass nicht der biblische Text das letzte Wort hat, sondern die dahinter stehende Erfahrung der Autoren. Aber der Katechismus geht diesen Weg nicht. Denn in der eben genannten Perspektive wird weniger auf den Inhalt dessen, was die biblischen Schriftsteller zu sagen haben, Wert gelegt, sondern darauf, welches Erlebnis oder welche Erfahrung dahinter steht. Diese Erfahrung ist aber je individuell und kann nicht einfach mit dem in Jesus Christus zu erkennenden Evangelium identifiziert werden. Anders als bei diesem Modell sagt der Katechismus, dass entscheidend nicht auf die Erfahrungen der Autoren, sondern auf das Evangelium Jesu Christi verwiesen wird. Dass die Autoren ihre Erfahrungen gemacht haben und diese irgendwie in den biblischen Texten zum Ausdruck kommen, ist nicht zu bestreiten; es sind ja menschliche Texte. Aber das für den Katechismus Entscheidende ist der in den Texten vorhandene Blick auf die Geschichte Gottes.

Die nicht autoritäre Autorität der Bibel

Was macht die Bibel so wichtig für den christlichen Glauben? Ihr Inhalt – so die Antwort des Katechismus. Ihr Inhalt ist der entscheidende Grund für die Autorität der Bibel. Aber wichtig ist, dass hier keine Verwechslung von Autorität und autoritärem Auftreten geschieht. Die Bibel ist nicht autoritär. Sie zwingt nicht.

Natürlich ist die Wirkungsgeschichte der Bibel auch von autoritären Zügen gekennzeichnet. Autoritär wurde die Bibel dann, wenn Menschen versuchten, sie in die eigene Hand zu bekommen – und nicht mehr gesehen haben, dass sie auch ihnen gegenübersteht. Weil ihr Inhalt letztlich nicht in eigene Kategorien zu fassen ist, weil Gott der Welt immer gegenübersteht. Autoritäre Wahrheitsansprüche nehmen die Mündigkeit der Lesenden und Hörenden nicht ernst. Die Bibel kommt aber anders daher. Sie nimmt gerade die Mündigkeit der Lesenden und Hörenden auf und sucht diese in ihre Perspektive einzubinden. Sie erzählt mit zuweilen schlichten menschlichen Worten – eine göttliche Geschichte, *die* göttliche Geschichte. Sie erzählt und berichtet und lädt uns ein, mit ihr den Weg Gottes staunend, dankend und motivierend wahrzunehmen. Darin besteht ihre Autorität.

Kapitel III
Wissen, Für-Wahr-Halten und Vertrauen – oder: Was ist „glauben“?

Der Begriff des „Glaubens“ ist schillernd. Einerseits bezeichnet er gleichsam die Gesamtheit des Inhaltes einer Religion – etwa dann, wenn vom christlichen Glauben oder vom muslimischen Glauben gesprochen wird. Und andererseits gehört „Glauben“ in den eher privaten Bereich und wird beispielsweise vom „Wissen“ generell unterschieden.

Glaube als subjektive Lebensäußerung

Gerade das Letztere hat viele Menschen dazu gebracht, den Glauben ganz in den individuellen und subjektiven Bereich hinein zu verorten. Zwei Beispiele stehen hier als Hinweise darauf, wie „Glauben“ häufig verstanden wird:

Die erste Beschreibung ist beim amerikanischen Schriftsteller und Zyniker Ambrose Bierce zu finden. In seinem „Wörterbuch des Teufels“ formuliert er unter dem Stichwort „Glaube: Dinge für wahr halten, für die es keine Parallele und keinen Beweis gibt und die jemand verkündet, der über kein Wissen verfügt.“[1] Nach Bierce ist Glaube im Wesentlichen negativ zu formulieren: *keine* Parallele, *kein* Beweis, *kein* Wissen. Oder anders gesagt: Objektive Gründe für den Glauben gibt es nicht, Glaubende halten sich an Dinge, die auf einer subjektiven Ebene für sie wahr sein

[1] Ambroise Bierce, Aus dem Wörterbuch des Teufels. Auswahl, Übersetzung und Nachwort von D.E. Zimmer, Frankfurt 1966, 42.

mögen. Glaube ist also rein subjektiv und damit ohne irgendein berechtigtes Wahrheitsanliegen.

Eine zweite kleine Annäherung. Der niederländische Theologe Harry M. Kuitert hat vor einigen Jahren ein Buch veröffentlicht, das in den Niederlanden schnell zum Bestseller geworden ist. Es ist ins Deutsche übersetzt worden mit dem Titel: „Ich habe meine Zweifel.“[2] Der niederländische Titel aber ist sprechender. Er lautet: De algemeen betwijfeld christelijk geloof[3] – die genaue deutsche Übersetzung davon lautet: „Der allgemein bezweifelte Glaube“. Der Buchtitel spielt an auf die bis vor einigen Jahren übliche Verlesung des niederländischen Glaubensbekenntnisses in den Gerefomeerde Kerken in den Niederlanden. Die Verlesung im Gottesdienst begann nach Vorgabe der Kirchenordnung sehr lange mit den Worten: „De algemeen ongetwijfeld geloof“, zu übersetzen mit: „Der allgemein unbezweifelte Glaube“. Und dann wurden für die Lehre der Kirche grundlegende inhaltliche Aussagen vorgetragen. Wenn Kuitert nun sein Buch mit dem Titel „Der allgemein bezweifelte Glaube“ versehen hat, geht er davon aus, dass nicht alle Menschen und vermutlich auch nicht alle Kirchenglieder alle Aussagen des Glaubensbekenntnisses unzweifelhaft akzeptieren. Vielmehr weiß Kuitert um den Menschen der Gegenwart, der sich unsicher ist in Bezug auf Inhalte des Glaubens: manches an Aussagen über Gott, Jesus Christus oder auch die Kirche wird in Frage gestellt. Es ist nicht mehr im Vordergrund, was die Aussage in der Kirche ist, sondern was der je einzelne Mensch für richtig oder auch weniger wichtig erachtet. Die Aussage lautet dann: „Ich glaube – aber die Frage ist: Was?“ Denn die Inhalte des Glaubens treten in ihrer Bedeutung in die zweite Reihe zurück, ja vielmehr noch: Sie sind Gegenstand des Zweifels geworden. Glaube bezeichnet also mehr eine wie auch immer geartete innere Haltung oder Einstellung, ein persönliches Sich-Verhalten. Aber das, *was* Menschen glauben, ist sekundär. Einige in der Kirche sagen vielleicht: „Ich glaube an die

---

[2] Harry M. Kuitert, Ich habe meine Zweifel. Eine kritische Auslegung des christlichen Glaubens, Gütersloh 1993.

[3] Ders., Het algemeen betwijfeld christelijk geloof. Een herziening, Baarn/Niederlande 1992.

Jungfrauengeburt.“ Und andere wiederum sagen: „Wir aber nicht.“ Die Ausgangsbasis, die Kuitert wohl zu Recht beobachtet, ist die Pluralität von Glaubenserkenntnissen auch in ein- und derselben Kirche. Heißt das aber, dass die jeweilige individuelle Meinung in Glaubensdingen das letzte Wort hat? Oder gilt im Glauben eben die prinzipielle Subjektivität?

Glaubenssystem und Individualisierung

Die eben anhand des Buchtitels von Hermannus Kuitert geführte Diskussion ist an sich nicht neu. Denn die bei Kuitert beschriebene Absetzbewegung von seiner niederländischen Kirche hat ihre Parallelen in der seit dem 17. Jahrhundert stattfindenden Auseinandersetzung mit der sogenannten „Orthodoxie“. Mit „Orthodoxie“ ist nicht die orthodoxe Kirche des Ostens gemeint, sondern eine theologische Bewegung in den evangelischen Kirchen schon sehr bald nach der Reformation. Ihr Hauptanliegen war es, die Erkenntnisse der Reformation festzuhalten und zu sichern. Sowohl auf lutherischer wie auf reformierter Seite gab es Theologen, die – oft unter Zuhilfenahme der Philosophie des Aristoteles – ein Gefüge von Lehrsätzen als entscheidendes Merkmal der evangelischen Theologie errichteten. Aufgrund der einseitigen Betonung auf die „rechte Lehre“ (so die Übersetzung von Orthodoxie) gab es dann mit dem Pietismus und der Aufklärung eine doppelte Gegenbewegung. Der Pietismus setzte auf die Herzensfrömmigkeit, ohne die Lehrsätze als solche in Frage zu stellen. Entscheidend dort war aber nicht die Zustimmung zur richtigen Lehre, sondern dass jeder nur für sich selbst die Vergebung der Sünde gelten lassen könne. Entscheidend wird also hier das Individuum, das als Zentrum des Glaubens gilt. Und obwohl die Aufklärung ganz anders als der Pietismus denkt: Beide Bewegungen eint die Konzentration auf den je einzelnen Menschen. Aber anders als im Pietismus steht in der Aufklärung nicht der Glaube, sondern die je individuelle Überzeugung im Vordergrund: Kein anderer kann und darf für mich etwas in Glaubensdingen bestimmen, allein die Vernunft hat entscheidende Urteilskraft. Deshalb werden in der Aufklärung auch

Glaubenstraditionen in Frage gestellt oder sogar verworfen. Aber auch wenn hier ein fundamentaler Gegensatz zwischen Pietismus und Aufklärung zu sehen ist, so eint doch beide ihre Abwehr der Orthodoxie: Nicht ein von außen kommendes Lehrsystem ist (für mich) wichtig, sondern je meine Sicht der Dinge.

Unsere Gegenwart ist im Verständnis des Glaubens deutlich mehr von Aufklärung (vor allem) und Pietismus (eher ein wenig) als von der Orthodoxie bestimmt.

Das Verständnis des Glaubens im Heidelberger Katechismus

Der vor der Orthodoxie entstandene Heidelberger Katechismus beginnt nicht mit dem Begriff „Gott“ (wie in Kapitel 1 zu sehen), aber auch nicht mit einer Erklärung, was er unter dem Glauben versteht – das Thema „Glauben“ taucht erst in der Frage 20 auf. Dabei ist natürlich von Anfang an deutlich, dass alle bis dahin getroffenen Aussagen „im Glauben“ und nicht irgendwie neutral getroffen wurden. Auch alle Sätze in Frage und Antwort 1, die als Zusammenfassung der wesentlichen Aussagen des gesamten Katechismus verstanden werden darf, sind Glaubenssätze, die vom auch je individuellen Glaubensvollzug ausgehen. Und wenn der Katechismus auf die Frage: „Was ist dein einziger Trost im Leben und im Sterben?“ antwortet: „Dass ich mit Leib und Seele, im Leben und im Sterben nicht mir, sondern meinem getreuen Heiland Jesus Christus gehöre“, dann ist das ein Satz, der von glaubenden Menschen gesprochen wurde und gesprochen wird – aber das Wort „Glaube“ taucht hier nicht auf. Es muss nicht auftauchen, die wesentlichen Dinge sind „im Glauben“ gesprochen. Der Blick fällt im Heidelberger Katechismus nicht zuerst auf den Menschen, der glaubt. Sondern im Fokus steht der, an den die Christen glauben, Jesus Christus, der wahrer Gott und wahrer Mensch ist und der den Menschen zur vollkommenen Erlösung und Gerechtigkeit geschenkt ist. Das alles steht in den Fragen 1–19. Und dann beginnt in Frage 20 eine Reflexion darüber, wie denn das, was in Jesus Christus geschehen ist, den Menschen zuteil wird, wie sie Zugang haben zu dieser Wirklichkeit.

Was tut der Heidelberger Katechismus, wenn er so verfährt? Er hätte ja auch ganz anders vorgehen können. Er hätte fragen können: Was unterscheidet Menschen, die glauben, von Menschen, die nicht glauben? Oder: Was tun Menschen, wenn sie glauben? Alles das geschieht im Heidelberger Katechismus zunächst nicht. Vom Glauben reden kann der Katechismus nicht ohne dass das Handeln Gottes in den Blick kommt – und auch das war schon an Frage und Antwort 1 aufgefallen.

Das ist übrigens eine durchaus biblische Vorgabe. Im Alten Testament sehen wir beispielsweise am Anfang bei Abraham, dass Gott der Rufende ist, dem Abraham dann glaubt und folgt. Gott handelt, er schafft, er ruft – und der Mensch reagiert auf Gottes Handeln, Schaffen, Rufen, indem er im Glauben antwortet. Es ist – knapp gesagt – eine einseitig beginnende Kommunikation. Das ist der gesamte Grundzug auch des Neuen Testaments: Gottes Kommen in Jesus Christus geschieht – und daraufhin glauben die Menschen. Die Auferstehung geschieht – und daraufhin beginnen Menschen zu glauben. Der Heilige Geist kommt nach Jerusalem – und die Kirche, die Gemeinschaft der an Jesus Christus Glaubenden wächst. Diese Grundstruktur dürfen wir nicht außer Acht lassen, wenn wir den Heidelberger Katechismus verstehen wollen.

Was ist wahrer Glaube?

So lautet die Frage 21 des Heidelberger Katechismus. Und für sich genommen könnte man meinen, dass hier die Frage gestellt ist, welche Religion die wahre ist, also welcher Glaube der zutreffende. Was ist wahrer Glaube im Unterschied zu möglicherweise falschen Weisen zu glauben. Aber auf eine solche Frage antwortet der Heidelberger Katechismus nicht. Er fragt nach dem wahren Glauben innerhalb der bereits bestehenden Beziehung – und fragt also von innen und nicht von außen. Und die Antwort versucht sich an einer Beschreibung dessen, was unter Glauben verstanden werden kann. Und da fallen zunächst drei Begriffe auf: Erkenntnis, Für-Wahr-Halten, Vertrauen.

Glaube als Erkenntnis

> Was ist wahrer Glaube? (Frage 21)
>
> Wahrer Glaube ist nicht allein eine zuverlässige Erkenntnis, durch welche ich alles für wahr halte, was uns Gott in seinem Wort geoffenbart hat, sondern auch ein herzliches Vertrauen, welches der Heilige Geist durchs Evangelium in mir wirkt, dass nicht allein anderen, sondern auch mir Vergebung der Sünden, ewige Gerechtigkeit und Seligkeit von Gott geschenkt ist, aus lauter Gnade, allein um des Verdienstes Christi willen.

Glaube wird zunächst als Erkenntnis benannt. Ursinus, der Hauptverfasser des Heidelberger Katechismus, hat diesen Begriff nicht neu eingefügt; er hatte Vorbilder. Eins ist Johannes Calvin. Johannes Calvin hat seinen Genfer Katechismus mit den Worten beginnen lassen: „Was ist der Sinn menschlichen Lebens?" Und seine Antwort lautet dann: „Die Erkenntnis Gottes unseres Schöpfers."

Was aber versteht der Heidelberger Katechismus unter der Gotteserkenntnis? Eigentlich ist das nicht in dieser Antwort 21, sondern im gesamten Aufbau des Katechismus zu sehen. Denn in der Folge, also ab Frage 22, beginnt der Katechismus mit dem Apostolischen Glaubensbekenntnis, das er bis Frage 58 auslegt. Die Antwort auf die Frage, was der Katechismus unter Gotteserkenntnis versteht, ist gleichsam im Glaubensbekenntnis zu sehen. Das Glaubensbekenntnis ist also nicht ein Zusatz zum Glauben, sondern essentieller Bestandteil. Und der Gegenstand des Glaubensbekenntnisses ist Gottes Handeln. Er hat die Welt geschaffen, er ist in seinem Sohn Jesus Christus zur Welt gekommen und hat sich für sie hinrichten lassen und ist für sie auferstanden, er hat seinen Heiligen Geist als Geschenk gesandt und er wird wiederkommen – der Tod hat nicht das letzte Wort. Das alles sagt das Apostolische Glaubensbekenntnis aus, und das alles – man könnte es auch die göttliche Geschichte mit der Welt nennen – gehört zur Erkenntnis Gottes dazu. Oder knapp gesagt: Gotteserkenntnis ist Erkenntnis der in Jesus Christus offenbar gewordenen Menschenfreundlichkeit Gottes. Und hier könnten jetzt die Sätze aus dem ersten Kapitel wiederholt werden, dass Erkenntnis im Sinne des Heidelberger Katechismus und auch im Sinne der Bibel ganzheitlich verortet ist – und nicht nur im Intellekt: Erkennen ist ein Geschehen mit Haut und Haaren. Erkennen betrifft also den ganzen Menschen – und Gotteserkenntnis eben auch. Cognitio (den Begriff hat Calvin mehr geschätzt) oder notitia (so hat die spätere Theologie mehr formuliert) ist wesentlicher Bestandteil des Glaubens. Glaube ohne Inhalte und ohne Kenntnisse dessen, was geglaubt wird, ist nur etwas Äußerliches.

Man wird deshalb durchaus von einer Krise in vielen deutschen Kirchengemeinden sprechen können, weil viele Gemeindeglieder nicht in der Lage sind, die Inhalte ihres Glaubens zu benennen. Der Konfirmandenunterricht hat sich in den letzten Jahrzehnten weg von einer einseitigen Orientierung an den für Konfirmanden vielfach überfordernden Inhalten entwickelt – und hat daran sicher auch gut getan. Aber zugleich gibt es ein Defizit an Mündigkeit bei den Christenmenschen, für das Rezepte zur Überwindung dieses Mangelzustandes erst sparsam entwickelt wurden – und oft nur wenige erreichen.

Glaube als „Für-Wahr-Halten“

„Für-Wahr-Halten“ klingt vom reinen Wortlaut her sehr merkwürdig. Alles für wahr zu halten, was Gott uns in seinem Wort offenbart hat – das könnte auf einen platten Biblizismus hinauslaufen. Manchmal ist dieser Satz und damit der Begriff „Wahrheit“ auch so verstanden worden. Aber das Wort „Wahrheit“ ist weder in der Frage („wahrer Glaube“) noch in der Antwort einfach in unserem heutigen Sinne zu verstehen. Denn Wahrheit meint heute zumeist: „Das stimmt.“ Vom biblischen Zusammenhang her – und der Heidelberger Katechismus ist hier in biblischer Denkweise – ist das Wort anders zu verstehen. Im hebräischen heißt Wahrheit *ämät.* Und dieses Wort heißt zunächst Treue. Wenn Gott der wahre Gott genannt wird, dann heißt das, dass er der treue Gott ist, der sich selbst und seiner

Schöpfung treu ist. Und wenn Jesus Christus sich im Johannesevangelium (Kap. 14,6) selber als Wahrheit bezeichnet, dann heißt dies, dass in ihm die Treue Gottes offenbar geworden ist. Hier im Heidelberger Katechismus meint „Für-Wahr-Halten alles, was uns Gott in seinem Wort hat geoffenbart" also nicht einfach: jedes Wort in der Bibel stimmt. Sondern dem Wort der Heiligen Schrift zu trauen. Ihm in Treue begegnen. In der Vorfassung zum Heidelberger Katechismus hatte Zacharias Ursinus noch anders formuliert. Neben dem Wort *Fiducia* (dazu im nächsten Abschnitt) hatte er nur das Wort *Assensus* gebraucht, Zustimmung. Wo hier im Heidelberger Katechismus die Erkenntnis und das Für-Wahr-Halten zusammen kommen, steht vorher nur *Assensus,* zustimmen. Und diese Dimension, das Zustimmen, ist hier gemeint. Zum Glauben gehört das eigene Zustimmen dazu, das eigene Ja-Sagen, das eigene Glaubensbekenntnis. Die Erkenntnis ist das eine, aber in ihr einbegriffen ist auch die Zustimmung zu Gottes Weg, das Akzeptieren. Ich sage Ja, ich stimme zu.

Glaube als herzliches Vertrauen

Der dritte Aspekt, den der Heidelberger Katechismus in Frage 21 nennt, ist das herzliche Vertrauen (lateinisch = fiducia). Und hier kommt der ganz persönliche Aspekt am stärksten mit hinein. Denn Vertrauen ist Bestandteil einer Beziehung. Vertrauen bedeutet, sich verlassen zu können. Und worauf kann ich mich verlassen? Das Interessante ist, dass der Katechismus genau hier den Glauben selber verortet. Der Christ und die Christin vertrauen darauf, dass der Glaube nicht allein eine Überzeugung ist, sondern ein göttliches Geschenk. Es heißt: Das Vertrauen, das der Heilige Geist in mir gewirkt hat.

Jeder glaubende Mensch steht immer wieder einmal vor der Frage, ob nicht alles nur eingebildet sei, eine Vorstellung, vielleicht sogar ein Wunschgedanke. Und von außen betrachtet ist der Glaube mit einer Überzeugung, die aus welchen Gründen auch immer zustande gekommen ist, verwechselbar. Ja, von außen wird der Glaube nur als persönliche Überzeugung sichtbar. Und das ist der Glaube ja *auch*. Aber der Heidelberger Katechismus sieht hier tiefer und bekennt, dass der Glaube ein göttliches Geschenk ist. Und nicht von Menschen gemacht. Der Glaube muss selber geglaubt werden – beweisen kann man ihn nicht.

Aber jetzt stellt sich die Frage, warum denn nicht alle Menschen glauben. Oder genauer: Es stellt sich die Frage nach der Willkür Gottes: Schenkt Gott denn nur den einen den Glauben und anderen nicht? Über diese Frage ist in der Christenheit viel nachgedacht worden. Und rein logisch betrachtet müsste Gott dann, wenn er manchen Menschen den Glauben schenkt, ihn anderen vorenthalten. Es ist klug, dass der Katechismus dieser Logik nicht folgt. Und nicht weiter zurückfragt. Denn alles wäre letztlich nur Spekulation.

Der Heidelberger Katechismus fragt deshalb eher positiv: Wo und wie ereignet sich das Geschenk des Glaubens? Und die Antwort: Der Heilige Geist bewirkt ihn durch das Evangelium. Der Glaube entsteht im Hören des Evangeliums, und deshalb ist es so wichtig, das Hören vom Glauben nicht zu trennen. Und weiter im Katechismus: Was höre ich im Evangelium? Dass nicht allein anderen, sondern auch mir Sündenvergebung, ewige Gerechtigkeit und Seligkeit von Gott geschenkt ist allein um des Verdienstes Christi willen. Ich höre, dass es auch mir gilt. Was ich nach dem Katechismus nicht im Evangelium höre, dass es mir allein gegeben ist – es ist immer die Gemeinde, in der das Evangelium gehört wird. Es geht nicht nur um Gott und mich, um eine isolierte Zweierbeziehung, sondern um das Evangelium – und dessen Adressat bin auch ich. Jesus Christus ist auch für mich am Kreuz gestorben und auferstanden. Mir ist Vergebung geschenkt, ich bin gerecht geworden, auch mein Tod hat nicht das letzte Wort in meinem Leben.

Wie aber sieht nun dieses „Vertrauen" aus? Ist es, so Friedrich Daniel Schleiermacher, die „schlechthinnige Abhängigkeit"? Ist es etwas, was Begeisterungsstürme auslöst? Oder treibt es in die Ekstase? Oder führt es mich dahin, allen Menschen zuzurufen: „Gott hat auch mich lieb!" Oder findet das Vertrauen still im Inneren statt und ist nach außen hin gar nicht groß erkennbar? Es wäre nicht gut, an dieser Stelle Normen zu fixieren, denn der

Heilige Geist wirkt in jedem Menschen anders. Die Art und Weise des Vertrauens ist darum so unterschiedlich, wie wir Menschen sind.

Und weil wir Menschen sind, die sich ändern, hat auch das Vertrauen eine Geschichte. Karl Barth hat einmal treffend gesagt: „Der Glaube ist – jeden Morgen neu! – eine Geschichte. Er darf also mit „Gläubigkeit“ nicht verwechselt werden.[4] Der Glaube ist kein Zustand, den man ein für alle Mal hätte. Ja, genau gesehen: Man „hat“ den Glauben nicht. Denn wenn er uns so geschenkt ist, dass wir nicht darüber verfügen können, dann „haben“ wir ihn nicht. Deswegen kann man den Satz „Ich glaube“ immer nur mit der Bitte sagen: „Ich glaube, Herr, hilf meinem Unglauben.“ Glaube ist keine Leistung, Glaube ist Vertrauen.

Drei Aspekte – ineinander!

Der niederländische Theologe Kornelis Heiko Miskotte hat in seiner Auslegung zu Frage 21 darauf hingewiesen, dass der Katechismus hier missverständlich formuliere. Es könne nämlich so aussehen, als seien Erkenntnis und Vertrauen selbständig zu verstehen. Und dann wäre die Erkenntnis eine rein verstandesmäßige Annäherung an das, was in der Bibel zu lesen ist. Und das Vertrauen auf Christus und seine Gerechtigkeit sei etwas anderes, etwas Zweites. Diese Gefahr ist berechtigt, wenn man das Verstehen des Glaubens so unterteilt, wie es der Katechismus tut. Und deswegen muss darauf hingewiesen werden, dass alle drei Aspekte: Erkennen, Für-Wahr-Halten und herzliches Vertrauen, immer nur als aufeinander bezogen und sich einander bedingend zu verstehen sind. Miskotte formuliert deshalb zu Recht: Das Erkennen ist „ein geheiligtes Erkennen, eine Gotteserkenntnis, aber dann liegt das andere, das Vertrauen, bereits in ihr beschlossen.“[5] Und vom Vertrauen gilt dasselbe – es ist ein Ver-

---

[4] K. Barth, Einführug in die evangelische Theologie, Zürich 1962, 83.

[5] Kornelis Heiko Miskotte, De blijde wetenschap. Toelichting op de Heidelbergse Catechismus. Deel 1, Franeker o. J., 96 ff.

trauen, das von der Verheißung Gottes und der Zurechnung Christi lebt, wie sie in der Heiligen Schrift bezeugt werden.

Aber der Katechismus nennt es „sowohl als auch" – und will damit keineswegs das Geheimnis und die Besonderheit des Glaubens beeinträchtigen, sondern Einseitigkeiten abwehren. Denn Erkennen, Anerkennen und Vertrauen gehören zum Glauben unbedingt dazu. Und immer dann, wenn der Akzent auf nur eine dieser Dimensionen fällt, wird das Glaubensverständnis verzerrt.

Diese Einseitigkeiten hat es in der Geschichte der Kirche immer wieder gegeben. So wurde in der Orthodoxie (wir sind oben darauf eingegangen) die Betonung einseitig auf das Kennen von Inhalten gelegt – und manche dieser Auswirkungen haben sich auch in reformierte Kreise bis ins 20. Jahrhundert erhalten. Der Glaube wird dann verwechselt mit dem Kennen der Bibel und vielleicht mit dem Kennen des Heidelberger Katechismus. Aber dann wird der Glaube zur reinen Kopfsache.

Wenn der Akzent nur auf die Zustimmung gelegt wird und allein mein „Ja" wichtig ist, dann wird der Glaube zur Leistung. Dann ist die je eigene Zustimmung für alles verantwortlich, dann hängt von der Zustimmung alles ab. Im Pietismus vergangener Zeiten und auch im evangelikalen Christentum gibt es zuweilen solche Einseitigkeiten, die allein die „Entscheidung" betonen und damit den Glauben zum Werk machen – und Menschen in die Enge treiben können.

Und wenn der Glaube nur als Vertrauen verstanden wird, dann besteht die Gefahr, dass Gott als Gegenüber letztlich nicht so entscheidend ist – das ist sicher auch die Gefahr der Aufklärung. Dann ist die Hauptsache, dass „ich" glaube, dass „ich" religiös bin. Auf die Frage, was Gewissheit gibt, kann dann die Antwort nur sein: Mein Glaube gibt mir Gewissheit, mein eigenes Vertrauen tut das. Gott ist dann allenfalls Gegenstand meines Glaubens, aber nicht Ursache. Und dann wird der Glaube auch verwechselbar. Ich glaube an Gott – und ein anderer vielleicht an irgendwelche Ideale, und ein anderer wiederum an mehrere Gottheiten.

Alle drei Dimensionen gehören untrennbar zusammen, und es ist gut, das nicht zu vergessen.

Der Glaube als „Kanal"

> Was hilft es dir aber nun, wenn du das alles glaubst? (Frage 59)
>
> Ich bin dadurch in Christus vor Gott gerecht und ein Erbe des ewigen Lebens
>
> Wie bist du gerecht vor Gott? (Frage 60)
>
> Allein durch wahren Glauben an Jesus Christus …
>
> Warum sagst du, dass du allein durch den Glauben gerecht bist? (Frage 61)
>
> Ich gefalle Gott nicht deswegen, weil mein Glaube ein verdienstvolles Werk wäre. Allein die Genugtuung, Gerechtigkeit und Heiligkeit Christi ist meine Gerechtigkeit vor Gott. Ich kann sie nicht anders als durch den Glauben annehmen und mir zueignen.

Nachdem der Katechismus in Frage 2 den Glauben wie wir sahen dreiteilig bestimmt hat, folgt über lange Passagen des Katechismus hinweg die Auslegung des Apostolischen Glaubensbekenntnisses – von der einleitenden Frage 22 bis zur Frage 58. Das Apostolische Glaubensbekenntnis, das auch „Credo" genannt wird, weil es mit „ich glaube" (= credo) anfängt, thematisiert basale Inhalte des christlichen Glaubens. Man kann zwar darüber diskutieren, ob alle Sätze des Glaubensbekenntnisses auf der gleichen Ebene liegen oder auch darüber, ob die Reihenfolge des Glaubensbekenntnisses gut gewählt wurde. Es hat auch vor über einhundert Jahren in Deutschland einen erbitterten Streit darüber gegeben, welche Bedeutung dieses Bekenntnis hat, das historisch gesehen nicht von den Aposteln stammt. Aber für unseren Zusammenhang ist entscheidend, dass das Apostolische Glaubensbekenntnis das Handeln Gottes thematisiert – von der Schöpfung bis hin zur Vollendung der Welt, der Auferstehung der Toten.

Es stellt sich jetzt die Frage, inwiefern denn der menschliche Glaube wichtig ist, wenn doch das Handeln Gottes beschrieben wird. Aber es ist auch dann, wenn von Gott die Rede ist, der Mensch thematisiert. Denn die Rede von Gottes Handeln ist immer schon eine Beziehungsaussage. Wir sahen bereits im ersten Kapitel, dass die Beziehung zwischen Gott und Mensch im Heidelberger Katechismus als Befreiungsgeschichte verstanden wird. Und die Frage, die sich nach der Darstellung von Gottes befreiendem Handeln dem Katechismus stellt, ist die nach dem Zugang: Was hilft der Glaube? Was hilft es, wenn Menschen erkennen, dass Gott sie befreit hat, wenn sie Ja dazu sagen und auch darauf vertrauen, dass ihnen sogar dieses Ja geschenkt wurde? Und die Antwort: „Ich bin gerecht und ein Erbe des ewigen Lebens.“ Es ist hier jetzt nicht der Ort, die genaue Bedeutung der Gerechtigkeit und der Ewigkeit zu erörtern[6]. Der Blick fällt in unserem Kapitel nur auf den Glauben. Er wird in Frage 59 als das Mittel bezeichnet, mit dem die Menschen gerecht werden, in Frage 60 sogar als das einzige Mittel.

Wie muss dann, so ist weiter zu fragen, der Glaube denn beschaffen sein, damit er ausreichend ist? Welche Qualität muss ihm zu eigen sein. Oder anders gefragt: Wie fest, wie stark muss denn der Glaube sein, dass er gerecht macht? Gibt es irgendwelche klaren Kennzeichen, die die Festigkeit oder die Stärke des Glaubens andeuten könnten? Der Katechismus ist hier sehr klar und weist solche Fragen vehement ab. Es ist nicht der Glaube, der gerecht macht, wenn man genau formuliert. Sondern im Glauben wird die Gerechtigkeit Christi erkannt, bekannt und auf sie vertraut. Der Glaube ist keine eigene Größe und hat keine eigene Qualität. Vielmehr ist er eher als Kanal zu verstehen, auf welchem dem Menschen alles von Gott her zukommt.

Das ist theologisch gesehen äußerst wichtig. Denn in unseren Gemeinden gibt es ja deutlich erkennbare Unterschiede. Es gibt Menschen, von denen man den Eindruck hat, dass sie mehr Erkenntnis haben als andere. Vielleicht aufgrund unterschiedlicher intellektueller Fähigkeiten oder auch mehr Lebenserfahrung. Und es gibt Menschen, die sogar den Zeitpunkt ihrer Zustim-

---

[6] Siehe dazu Kap. V.

mung zu Gottes Geschichte mit ihnen genau benennen können oder die ihren Glauben so bekennen, dass es auf andere anziehend wirkt. Und wieder andere scheinen in ihrem Glaubensleben eine innige Gottesbeziehung auszustrahlen, die wiederum manche fasziniert, vielleicht andere auch abstößt. Menschen leben ihren Glauben sehr unterschiedlich. Aber nun wäre es ein Fehlschluss, aus der unterschiedlichen Art des Glaubens einen Rückschluss auf die Qualität der Gerechtigkeit vor Gott oder der Gottesnähe zu ziehen. Das aber würde den Glauben zu einem verdienstlichen Werk machen – und genau darin lag aus reformatorischer Sicht der Kardinalfehler der mittelalterlichen Kirche. Ein solcher Rückschluss ist nicht legitim.

Es ist gut, dass der Katechismus hier diesen Vorbehalt hat. Der Glaube ist keine menschliche Leistung. Aber er hat sehr viel mit uns zu tun – mit unserem Willen, mit unserem Herzen und auch mit unserem Verstand. Der Glaube betrifft alle Bereiche, die Gottesbeziehung betrifft den ganzen Menschen.

Auf die beiden am Anfang geäußerten Zitate ist deshalb zu sagen: Glaube heißt nicht, irgendwelche Dinge für wahr zu halten, wie Ambroise Bierce es formuliert hat, sondern Gottes Treue zuzustimmen – und die ist unverwechselbar und ohne Parallele und bedarf keines Beweises. Und zu Kuitert ist zu sagen, dass der Zweifel in der Tat ständiger Begleiter des Glaubens ist. Aber der glaubende und zweifelnde Mensch bleibt nicht auf sich selbst bezogen, sondern darf Gottes Zuwendung erkennen, sie für wahr halten und auch darauf vertrauen, dass sie seinen Horizont überschreitet.

Kapitel IV
Sünde – oder: Ist der Mensch schlecht?

Es gibt eine volkstümliche Unterscheidung zwischen römisch-katholischem und evangelischem Denken über den Menschen: Während die evangelische Kirche die düstere Seite stark mache, lebten die Katholiken aufgrund der Möglichkeit, dass Sünden gebeichtet und vergeben werden könnten, fröhlicher und letztlich unbeschwerter. Und ist nicht auch der schwarze Talar in vielen evangelischen Kirchen Ausdruck dieser Sündenbetonung im Unterschied zu den bunten Gewändern römisch-katholischer Priester? Und schließlich wird der Karneval auch nur in römisch-katholisch geprägten Regionen groß gefeiert …

Es wäre jetzt zu einfach, diese Wahrnehmungen einfach herunter zu spielen und aus evangelischer Perspektive abzutun. Denn die Rede vom Menschen als Sünder ist fundamental für die evangelische Kirche. Martin Luther hat auf dem Weg zu seiner reformatorischen Wende hin erfahren, dass nur dann, wenn der Mensch sich in seiner totalen Unfähigkeit, Gott zu entsprechen, versteht, er zur Gerechtigkeit gelangen kann. Der Mensch – so Martin Luther und nicht nur er – ist total Sünder. Ganz und gar. Aber das hat nicht nur Martin Luther gesagt und gelehrt, das ist vielmehr Grundbestand der Theologie aller Reformatoren, seien sie eher als lutherische oder als reformierte Ahnen zu nennen – und auch der Heidelberger Katechismus bildet hier keine Ausnahme.

Was aber bedeutet es, wenn so zentral von der Sünde geredet wird? Heißt es dies, dass der Mensch im Wesentlichen defizitär gesehen wird – und in der Folge dann, dass im Vordergrund seine Fehler und Schwächen stehen? Mancher Pädagogik früherer Tage wird unterstellt, dass sie auch von einem negativen Menschenbild ausgegangen sei. Der Mensch sei dort als träge, lustlos und desorientiert angesehen worden und müsse gleichsam durch Passivität und Unterordnung und auf jeden Fall durch Zwang auf den rechten Weg gebracht werden – von „Natur aus" sei der Mensch dazu nicht in der Lage. Heutige moderne Pädagogik setzt dagegen viel stärker auf den lernwilligen, neugierigen und sozialen Menschen, der als natürlich aktiv und kooperativ zu verstehen sei. Hier gelte das Stichwort „Vertrauen", wohingegen bei der Strafpädagogik von „Misstrauen" ausgegangen werde. Es stellt sich in diesem Zusammenhang die Frage, ob evangelische Kirche und Theologie mit ihrer Betonung der Sünde ein Verständnis des Menschen stark gemacht hat, das tendenziell zu Passivität und Unterordnung geführt habe – jedenfalls dann, wenn man die Lehre von der Sünde so stark betonte.

Es verwundert deshalb nicht, wenn beginnend im 18. Jahrhundert deutliche Kritik an dieser düsteren Sicht aufkam. Denn immer stärker begann sich dort in Aufnahme aufklärerischer Gedanken in der gesamten Gesellschaft ein positives und optimistisches Verständnis durchzusetzen: Die Menschheit strebt immer stärker auf eine bessere Welt hinaus. Und die Erziehung könne und solle dabei helfen, dass der Mensch und die ganze Menschheit immer humaner werden und immer mehr Glück erfahren. Auch die Theologie nahm diesen optimistischen Gedanken, dass der Mensch immer besser werde, auf und verband ihn mit dem Gedanken der Gottebenbildlichkeit: Jeder Mensch sei deshalb in der Lage, grundlegende ethische Prinzipien zu erkennen und auch zu leben. Die Theologie verlagerte sich bei solchen Akzenten stärker ins Ethische hinein, weil alle an der Vervollkommnung des Menschen ihren Beitrag zu leisten hätten. Und unter der Sünde wurden dann vor allem die zu überwindenden Hindernisse auf dem Weg zu dieser Besserung gesehen. Damit wurde die Sünde in der Theologie nicht ausgeblendet, aber die in der Reformation und auch schon von Augustin vertretene Totalität der Herrschaft der Sünde wurde deutlich eingeschränkt.

Grundzüge dieser Auffassung sind auch heute noch vielfach, auch außerhalb des christlichen Glaubens, aufspürbar. Denn wenn in nicht-christlichen Kreisen der Begriff der Sünde auftaucht, dann ist es meistens eine individuelle Schwäche bei schlechten Ernährungsgewohnheiten und Fehler beim Verhalten im Straßenverkehr, die zur Flensburger Verkehrssünderkartei geführt hat – und die dürfe nicht überbewertet werden. Wenn es hingegen um drastisches Fehlverhalten mit unguten Folgen geht, wird lieber der Begriff der Schuld aufgenommen.

Es stellt sich deshalb die Frage, ob die Aussagen zur Sünde im Heidelberger Katechismus eine Hilfestellung leisten können für das heutige Verstehen dessen, was der Mensch ist. Oder – so ist auch aufgrund vieler zu sagen, die den Wortlaut des Heidelberger Katechismus kennen – sind manche Formulierungen des Heidelberger Katechismus nicht geeignet, das oben beschriebene negative Menschenbild nicht nur zu teilen, sondern es sogar noch zu steigern? Anstoß wird vor allem an einer Formulierung genommen, in der es heißt, dass der Mensch „von Natur aus geneigt ist, Gott und seinen Nächsten zu hassen“ (so Frage 5) – eine kaum zu überbietende Formulierung.

Zunächst ist festzustellen, dass der Heidelberger Katechismus das Wort „Sünde“ häufig und unbefangen aufnimmt. Damit spiegelt er das Lebensgefühl des 16. Jahrhunderts, das sich vom heutigen deutlich unterscheidet. Denn vermutlich ist das 16. Jahrhundert wie keine andere Zeit vorher und nachher von einem in der gesamten Gesellschaft vorhandenen Sündenbewusstsein geprägt – sowohl die Praxis der Ablassbriefe wie auch die nicht zu zählenden Seelenmessen für Verstorbene zeigen den bei vielen Menschen tief wurzelnden Wunsch, durch das Tun guter Werke Gott gnädig stimmen und die Vergeltung der Sünde seitens Gottes aufhalten oder doch zumindest verringern zu können. Auch Martin Luther war mit seinem Sündenbewusstsein Kind des 16. Jahrhunderts und hat dieses bis zur Selbstkasteiung gelebt. Es ist nun wichtig, die Differenz auch des Lebensgefühls der Zeiten nicht außer Acht zu lassen. Denn so einfach, wie der Heidelberger Katechismus und die gesamte Reformationszeit eine grundsätzliche Identifikation als Sünder und Sünderin voraussetzen konnte, ist das heute nicht mehr möglich. Vielmehr ist abgesehen von oben genannten Verniedlichungen des Sündenbegriffs ein allgemeines Sündenbewusstsein weitgehend nicht vorhanden.

Das hat Folgen für den Umgang mit dem Heidelberger Katechismus. Ein einfaches Zitieren könnte dann nämlich leicht dazu führen, dass man ihn nicht als Gesprächspartner ernst zu nehmen vermag, weil er leicht mit dem Bewusstsein einer allgemeinen Sündigkeit des 16. Jahrhunderts identifiziert werden könnte – und seine Rede von der Sünde deshalb automatisch als antiquiert und überholt gilt.

Sündenerkenntnis ist der Teil der Glaubenserkenntnis

Auch wenn der Heidelberger Katechismus ein allgemein vorhandenes Sündenbewusstsein in der Gesellschaft voraussetzen konnte, so knüpft er doch nicht daran an. Vielmehr fragt er gleich zu Anfang in der Frage 3, woher der Mensch sein Elend erkennt – und die Antwort, auf die auch schon im zweiten Kapitel eingegangen wurde, lautet: „Aus dem Gesetz Gottes." Und das bedeutet, dass die Sündenerkenntnis nach Auffassung des Heidelberger Katechismus alleine durch das Hören auf die biblische Botschaft gewonnen werden kann. Was damit ausgeschlossen ist – und der Katechismus ist hier kategorisch –, ist die Erkenntnis der menschlichen Sünde aufgrund eigener empirischer Beobachtung. Dass sich der Mensch im Elend befindet, muss ihm von außen mitgeteilt werden, sonst weiß er es nicht.

Damit zeigt der Katechismus, dass auch dann, wenn man ihn in seiner Begrifflichkeit zeitgeschichtlich verorten muss, er doch nicht einfach ein bestimmtes Sündenbewusstsein zur Verstehensvoraussetzung der eigenen menschlichen Lage macht. Anders gesagt: Auch dann, wenn kein allgemeines Bewusstsein der eigenen Sündigkeit gegeben ist, ist die Argumentation des Katechismus möglich. Sie weist also in sich bereits über das 16. Jahrhundert hinaus.

Und deshalb lautet eine erste Frage, ob auch in einer Zeit eines optimistischeren Menschenbildes der Weg des Heidelberger Katechismus plausibel ist. Deutlich jedenfalls ist aus dem methodischen Verfahren, dass er weder ein optimistisches noch ein pessimistisches Menschenverständnis zur Grundlage seiner Argumentation macht – und damit seinem anfangs wahrgenommenen Verfahren, entscheidende theologische Aussagen der Bibel entnehmen zu wollen, treu bleibt.

Wer ein Verständnis seiner selbst gewinnen will, braucht den Blick in die Bibel. Und zwar so, dass hier nicht allein Aussagen der biblischen Autoren kundgetan werden, sondern die Bibel als Bezeugung des Weges Gottes gelesen wird. Das geschieht allerdings nur „im Glauben". Und daraus ist dann zu schließen, dass nur diejenigen ihre Situation als Sünder und Sünderinnen erkennen, wenn sie glauben: Sündenerkenntnis ist Bestandteil der Glaubenserkenntnis. Schon oft ist in der Auslegung des Heidelberger Katechismus wahrgenommen worden, dass die allem vorangehende Frage 1 explizit deutlich macht, dass eine „isolierte" Sündenerkenntnis gar nicht möglich ist.

Was heißt das für eine gegenwärtige Diskussion, in der ein allgemeines Sündenbewusstsein ebenfalls nicht vorausgesetzt werden kann? Es bedeutet jedenfalls, dass einem Menschen das „Sündersein" nicht einfach plausibel zu machen ist. Es ist natürlich ohne weiteres möglich, auch mit nicht glaubenden Menschen zu erkennen, dass sie sich selber als defizitär wahrnehmen, dass sie Fehler machen und auch Schuld auf sich laden – so sind wir Menschen. Und das ist zunächst nicht als Glaubensaussage zu verstehen, sondern zunächst schlicht eine Wahrnehmung unserer Weltwirklichkeit: Wir sind eben nicht perfekt, sondern belasten andere Menschen, fügen anderen Menschen wissentlich oder unwissentlich Schaden zu, leben nicht im Einklang mit unserer Umwelt und vor allem leben wir gegenwärtig auf Kosten unserer Nachfahren. Alles das ist leicht zu plausibilisieren, ja nicht selten haben sogar Nichtchristen und Nichtchristinnen hier ein feineres Sensorium. Die Defizitwahrnehmung der Menschen ist aber als solches noch keine Sündenerkenntnis. Denn zur Erkenntnis, dass der Mensch Sünder ist, ist die Gottesbeziehung notwendig: Nur vor Gott stehend kann sich der Mensch als Sünder bezeichnen – Sündersein ist eine Beziehungsaussage.

Nicht selten hat es Versuche gegeben, das menschliche Sündersein mit bestimmtem und benennbaren Fehlverhalten aufweisen zu können. Das Problem dabei ist allerdings, dass zu unterschiedlichen Zeiten je andere Dinge als sündig benannt wurden. Da aber im Heidelberger Katechismus die Gottesbeziehung Ausgangspunkt ist, kann ein bestimmtes inhaltlich präzise zu benennendes mögliches Fehlverhalten oder mögliche Schuld anderen gegenüber nicht mit der Sünde identifiziert werden.

Das Elend der Sünde

Woher erkennst du dein Elend? (Frage 3)
Aus dem Gesetz Gottes.

Wer genau hingeschaut hat, wird entdeckt haben, dass bisher immer wieder von der Sünde geredet wurde, der Heidelberger Katechismus aber in der schon benannten Frage 3 nicht fragt: „Woher erkennst Du deine Sünde?“, sondern: „Woher erkennst Du dein Elend?“ Diese sprachliche Formulierung macht vieles deutlich, was den Heidelberger Katechismus bewegt. Elend ist nicht einfach nur als Misere oder Unglück zu verstehen, sondern stammt aus dem Mittelhochdeutschen und bedeutet „fremd, verbannt“ und im Angelsächsischen ursprünglich „in fremdem Land, ausgewiesen“: „Der Ausschluß aus der Rechtsgemeinschaft des eigenen Volkes wird als schweres Unglück empfunden: so ist ‚elend‘ heute noch ein kräftiger Ausdruck.“[1] Die Erkenntnis des Heidelberger Katechismus ist es also, dass sich der Mensch „im Ausland, in der Fremde“ befindet. Er ist also nicht zu Hause. Da der Katechismus immer die Beziehung denkt, heißt es, dass der Mensch in der Gottesbeziehung zuhause ist – des Menschen Heimat ist die Gotteszugehörigkeit. Der glaubende Mensch erkennt hingegen seine eigene Entfremdung von der Heimat – Sünde ist Gottesentfremdung. Auch hier ist deutlich, dass nicht ganz bestimmte Taten im Vordergrund stehen, die als Aufweis der Sündigkeit gelten könnten – vielmehr lebt er in der Fremde. Der Mensch ist aufgrund seiner gestörten Gottesbeziehung nicht zu Hause. Ja, man könnte sogar noch weiter gehen: Der Mensch ist, wenn er sich im Elend befindet, nicht da, wo er eigentlich

[1] Duden 7: Das Herkunftswörterbuch. Die Etymologie der deutschen Sprache, Mannheim 1963, 134.

hingehört. Wenn er nicht bei Gott ist, so ist er auch nicht bei sich selber. Der Mensch ist von Gott und von sich selbst entfremdet.

Thematisiert ist jetzt nicht die Frage der *Erkenntnis* der eigenen Situation. In der Antwort auf Frage 3 wird nämlich deutlich, dass die Erkenntnis der Entfremdung und das Vorhandensein dieser nicht einfach identisch sind: Der Mensch befindet sich in der Fremde, im Elend, auch wenn er das gar nicht weiß, ja, aus sich selbst heraus auch gar nicht wissen kann. Das ist jedenfalls, so der Katechismus, die Wirklichkeit der Menschen. Aber das ist nur dann nachvollziehbar, wenn man sich als in der Gottesbeziehung stehend versteht – und also Menschen nicht einzureden.

Es gab in der Geschichte der evangelischen Kirche auch immer wieder Versuche, eine Sündenerkenntnis ohne bestehende Gottesbeziehung zu installieren. So sind etwa Evangelisationen, bei denen Menschen zunächst ihre Sünde erkennen sollen, bevor sie dann eine Glaubensentscheidung treffen, auch deshalb problematisch, weil hier die Sünde nicht als Entfremdung in einer vorhandenen Beziehung, sondern als allgemein einsehbare moralische Norm, der Menschen nicht genügen, verstanden wird.

Auswirkungen des Elends

Das Gesetz, so der Heidelberger Katechismus in Aufnahme einer Formulierung aus dem Matthäusevangelium, ist mit der Aufforderung zur Gottes- und Nächstenliebe zusammenzufassen. Der Katechismus ist nicht daran interessiert, einen Sündenspiegel zu erstellen, an dem man ablesen könnte, worin eine bestimmte Sünde besteht. Später wird noch zu sehen sein, welche Form von Verantwortung bereits in dieser Zuspitzung zu sehen ist – und auch welche Freiheit. Das Ergebnis lautet hier vielmehr, dass der Mensch eben dieser Aufforderung nicht entspricht: Er liebt weder Gott noch seinen Nächsten. Der Heidelberger Katechismus formuliert sogar noch drastischer: „Ich bin von Natur aus geneigt, Gott und meinen Nächsten zu hassen." Zunächst ist zu beachten, dass der Katechismus nicht fragt, ob Menschen wenigstens etwas an Gottes- und Nächstenliebe vollziehen – der Katechismus fragt, ob jemand diesem Doppelgebot vollkommen entsprochen habe – und antwortet negativ. Es geht also um den vollkommenen Menschen.

> Was fordert denn Gottes Gesetz von uns? (Frage 4)
>
> Dies lehrt uns Christus mit folgenden Worten: „Du sollst den HERRN, deinen Gott, lieben von ganzem Herzen, von ganzer Seele und von ganzem Gemüt. Dies ist das höchste und größte Gebot. Das andere aber ist dem gleich: Du sollst deinen Nächsten lieben wie dich selbst. In diesen beiden Geboten hängt das ganze Gesetz und die Propheten."
>
> Kannst du das alles vollkommen halten? (Frage 5)
>
> Nein, denn ich bin von Natur aus geneigt, Gott und meinen Nächsten zu hassen.

Es muss jetzt gefragt werden, in welchem Verhältnis die beiden Fragen vier und fünf zueinander stehen. Prinzipiell gibt es zwei Möglichkeiten: Man kommt deshalb ins Elend und also in die Fremde, weil man gegen das Doppelgebot der Liebe verstoßen hat. Dann aber könnte man bei moralisch unanstößigem Verhalten die Entfremdung von Mensch und Gott wieder korrigieren. Das aber verkennt die eigentliche Situation, so der Heidelberger Katechismus. Er sieht eine andere und fragt eher: „Warum bin ich denn nicht in der Lage, die Gebote Gottes zu halten? Warum ist der Mensch nicht fähig, mit ganzem Herzen Gott und seine Nächsten zu lieben?" Und die Antwort, die der Katechismus gibt, lautet: „Weil ich in der Entfremdung Gottes lebe."

Es ist wichtig, diese Reihenfolge zu verstehen und ernst zu nehmen. Denn so wird deutlich, dass jeglicher Versuch einer Besserung des menschlichen Lebens, um mehr Liebe zu üben, dass also jeder Versuch, Gott aus eigener Kraft mehr zu lieben, scheitern muss, weil man gleichsam exterritorial, nämlich in der Fremde lebt.

Gottes- und Nächstenliebe vollkommen zu leben ist nur in der intakten Gottesbeziehung möglich. Die Tatsache, dass Menschen die Gebote nicht vollkommen halten, ist deshalb für den Heidelberger Katechismus eine Art „Lackmus-Test", ein Kennzeichen für das Leben im Elend. Aber nicht der Grund für das Leben dort.

Gottebenbildlichkeit und Natur

Der Grund, warum Menschen im Elend leben, ist nicht einfach ihre mangelnde Gottes- und Nächstenliebe, sondern – so der Heidelberger Katechismus – ihre „Natur". Hier vertritt der Heidelberger Katechismus die in der Reformationszeit übliche Vorstellung von der Gottebenbildlichkeit des Menschen und ihre Verbindung mit dem „Natur"-Gedanken. In der Vorstellung selber geht sie schon auf Augustin zurück.

Augustin hatte die Auffassung vertreten, dass der Mensch im Paradies, also Adam und Eva, in einer intakten Gottesbeziehung lebten. Diese intakte Beziehung hätten die beiden aber aufgrund ihrer an sich nicht nötigen Tat des Hochmuts gekündigt und seien daraufhin aus dem Paradies vertrieben worden. Entscheidend sei aber, so Augustin, dass sich das Wesen oder eben die Natur des Menschen aufgrund ihrer Tat verändert hätte – jetzt sei der Mensch eben nicht mehr in der Lage, Gott zu entsprechen. Diese Unfähigkeit nun ist von Adam und Eva her auf alle ihre Nachkommen und damit auf alle Menschen übertragen worden; Augustin stellt sich sogar so etwas wie eine leibliche Weitergabe im Akt des Begehrens, der innerhalb des Geschlechtsverkehrs stattfindet, vor – deshalb ist hier der Begriff der „Erbsünde" eingeführt worden. Und auch wenn diese letztgenannte Engführung in der gesamten Reformationszeit und auch im Heidelberger Katechismus nicht gelehrt wird, so ist die grundsätzliche Vorstellung der Weitergabe der Sünde von Adam und Eva her präsent. Im Paradies, so Frage 7, ist bereits „unsere" Natur vergiftet worden.

Diese Vorstellung wird in der Reformationszeit gekoppelt mit der Lehre von der Gottebenbildlichkeit des Menschen. Denn die „intakte" menschliche Natur besteht in der Gottebenbildlichkeit. Aber dieses hat der Mensch verloren. Ursprünglich, so Frage 6, hatte Gott den Menschen als Wesen geschaffen, das in der Lage war, Gott entsprechend zu leben. Aber das kann er jetzt nicht mehr – er ist Sünder und also nicht mehr Gottes Ebenbild und lebt deshalb im Elend.

Hat denn Gott den Menschen so böse und verkehrt erschaffen? (Frage 6)

Nein. Gott hat den Menschen gut und nach seinem Ebenbild erschaffen, das bedeutet: wahrhaft gerecht und heilig, damit er Gott, seinen Schöpfer, recht erkenne, von Herzen liebe und in ewiger Seligkeit mit ihm lebe, ihn zu loben und zu preisen.

Woher kommt denn diese böse und verkehrte Art des Menschen? (Frage 7)

Aus dem Fall und Ungehorsam unserer ersten Eltern Adam und Eva im Paradies. Da ist unsere Natur so vergiftet worden, dass wir alle von Anfang an Sünder sind.

Aber hier sind einige Anfragen an den Katechismus zu stellen. Denn der Verlust der Gottebenbildlichkeit ist in der Bibel so nicht zu finden – Augustin hat hier aus einigen Formulierungen bei Paulus sehr weitreichende Schlüsse gezogen. Und auch das Wort „Natur“, das in den Fragen 5 und 7 erwähnt wird, setzt einen eher problematischen Akzent. Denn er unterstellt, dass es dem Menschen von Hause aus zu eigen ist, im Elend zu leben. Man könnte aus der Frage 7 immerhin schließen, dass es die eigentliche Natur des Menschen ist, in Einklang mit Gott zu leben – und das heißt eben: Gott recht erkennen, ihn von Herzen zu lieben, mit ihm zu leben, ihn zu loben und zu preisen (so Frage 6). Aber der Akzent im Heidelberger Katechismus liegt auf dem Ergebnis, auf der vergifteten Natur. Immerhin fällt positiv auf, dass der Katechismus nicht nach bestimmten Taten sucht, um eine Sündigkeit belegen oder feststellen zu können. Aber es wird zu wenig deutlich, dass der sündige Mensch pervertiert lebt, weil er von Gott und sich selbst entfremdet ist, und nicht der Mensch als solcher. Der Mensch, so wie er von Gott geschaffen und gedacht ist, lebt in Gemeinschaft mit Gott. Im weiteren Verlauf des Katechismus wird das auch immer deutlicher: Wir sind nicht einfach darauf festgelegt, im Elend zu sein. Sondern dass Schritte aus der Entfremdung heraus gegangen werden können, wenngleich auch nur sehr kleine. Und dass des Menschen Heimat und eigentlicher Ort nicht der der Gottesfremde, sondern der der Gottesnähe ist – auch wenn er die nicht oder unvollkommen lebt.

Gut und böse

Deutlich geworden sein dürfte, dass der Katechismus in seiner Intention nicht den Schwerpunkt auf das moralisch zu problematisierende Verhalten des Menschen legt, sondern auf die Entfremdung von Gott. Aber er ist begrifflich nicht immer ganz eindeutig. Denn wenn der Katechismus auf die Frage, ob „wir ganz und gar unfähig sind zu irgendeinem Guten und geneigt zu allem Bösen" (Frage 8) mit einem klaren „Ja" antwortet, dann könnte dies auch in moralischem Sinne verstanden werden. Nämlich so, dass Menschen aus sich heraus nicht in der Lage sind, Gutes zu tun, weil sie eben „schlecht" sind. Und dann wäre der Katechismus so verstehbar, dass er von einer prinzipiellen Unfähigkeit des Menschen ausgeht. Und hier muss auch theologischer Widerstand kommen. Denn wenn die Worte so verstanden werden müssen, dass eigentlich kein Mensch in der Lage ist, etwas Gutes zu tun, vielmehr noch, dass jeder Mensch eigentlich immer nur den anderen hasst, dann ist das ein Blick in unsere Welt, der so einfach nicht stimmt. Natürlich gibt es das nicht selten, dass Menschen einander Schmerzen zufügen und Gewalt ausüben und es daran mangeln lassen, einander zu helfen. Aber die Welt ist ja nicht nur dunkel. Gelungene Beispiele von Nächstenliebe und selbstlosem Einsatz finden wir an vielen Orten – und vielleicht sogar außerhalb der Kirchen zuweilen mehr als in ihnen. Deshalb ist die Wortwahl des Katechismus hier zumindest missverständlich. Deswegen ist es wichtig, dreierlei präzise wahrzunehmen:

a) Es ist zu sehen, dass die Frage 5 bewusst in der ersten Person Singular verfasst ist: „Ich bin von Natur geneigt …" Das verringert die Tendenz, ein allgemeines negatives Menschenbild vorauszusetzen.

b) Auch diese Sätze dürfen der grundlegenden theologischen Ausrichtung des Katechismus entsprechend nicht als deskriptive Aussagen über das menschliche Verhalten gelesen werden, sondern sind nur als theologische Analysen zu halten. Das heißt, dass es nicht eigentlich darum geht, den Menschen als unfähig und schlecht darzustellen, sondern ihn als in der Gottesferne lebend wahrzunehmen, der Gott nicht entspricht. Denn dass der Mensch – und hier argumentiert der Katechismus eben bewusst im Bekenntnisstil –, dass ich und dass wir Gott nicht vollkommen entsprechend leben, liegt daran, dass wir ganz von ihm entfernt leben.
c) Das „Hassen“ ist darum auch nur aus dem Gegensatz zum Lieben zu verstehen und nicht mit vorhandenen Gefühlen des Hasses zu identifizieren. Wenn wir nämlich das Hassen isoliert verstehen, könnte das bedeuten, dass wir aufgrund einer beobachtbaren Haltung (dass Menschen nämlich „hassen“) die menschliche Lage zu bestimmen versuchen. „Hassen“ kann aber hier auch so gesehen werden, dass es der größtmögliche Gegensatz zum Lieben ist – und darum Ausdruck der Ferne vom eigentlichen Leben.

Missverständlich sind die Formulierungen im Katechismus deshalb, weil sie der Vorstellung Vorschub leisten, das Sündersein des Menschen könnte anhand vorfindlicher Verhaltensweisen nachgewiesen werden. Aber das ist ja gerade nicht der Fall.

Die Argumentation im Katechismus ist eher die: Weil der Mensch nicht in Entsprechung zu seiner eigentlichen Identität lebt, darum gibt es auf der Erde Misstrauen und Hass, darum herrschen nicht nur Friede und Vertrauen. Die Entfremdung des Menschen ist sein Elend – und das Unglück der ganzen Schöpfung. Warum ist also die Welt nicht vollkommen, warum gibt es Streit unter den Menschen, warum bin – vielleicht gerade – ich jemand, der immer wieder um sich selber kreist? Weil auch ich im Elend lebe.

Dass Menschen defizitär sind und nicht vollkommen, das ist nicht mit ihrer Sünde zu identifizieren. Aber für die, die aus dem Gesetz Gottes ihr Elend kennen, ist es ein Hinweis für ihre Situation.

Sünde und Strafe

> **Ist denn Gott nicht auch barmherzig? (Frage 11)**
>
> Gott ist wohl barmherzig, er ist aber auch gerecht. Deshalb fordert seine Gerechtigkeit, dass die Sünde, die Gottes Ehre und Hoheit antastet, mit der höchsten, nämlich der ewigen Strafe an Leib und Seele gestraft wird.

Wie kann denn nun dieses Elend, von dem in diesem Kapitel ständig die Rede war, genauer beschrieben werden? Beschrieben worden ist es mit „Gottesferne". Es klingt nun noch viel heftiger, wenn der Katechismus fortfährt, dass Gott den Ungehorsam des Menschen straft – mit der ewigen Strafe an Leib und Seele. Was ist nun darunter zu verstehen? Die Antwort ist recht schlicht: Diese ewige Strafe ist die Gottesferne. Und das ist das Elend. Auf die Frage, was Gerechtigkeit Gottes heißen könnte, kommen wir später noch zu sprechen – deutlich ist hier, dass auf die Sünde, die Gottes Ehre und Hoheit antastet, die Gottesentfremdung, die Distanz zu Gott folgt. Der Begriff der Ewigkeit ist hier nicht allein auf eine Existenz nach dem Tod zu beschränken, sondern verweist auf die nicht zu durchbrechende Distanz des Menschen zu Gott.

Aber auch in dieser Frage wird wiederum deutlich, worin denn des Menschen Sünde besteht: In der Nichtakzeptanz Gottes. In der Wahrnehmung, dass der Mensch Gott nicht braucht.

Und jetzt stellt sich der Zusammenhang ein. Denn das Grundproblem des Menschen besteht darin, dass er meint Gott nicht zu brauchen und sich also mit seinem Elend abgefunden hat. Dass der Mensch, dass ich mich so verhalte, als sei Gottes Zuwendung zum Menschen nicht nötig. Als sei Gottes Beziehung zu mir gar nicht da – Gottes Ehre und Hoheit bestehen nämlich darin, dass Gott den Weg in die Tiefe geht, wie das Kreuz Jesu Christi zeigt. Sündenerkenntnis ist darum bereits der entscheidende Schritt aus der Gottes- und Selbstentfremdung heraus, weil der Mensch damit Gott Recht gibt. Sündenerkenntnis bedeutet, dass der Mensch erkennt, dass er Gott braucht, um in die rechte Beziehung zu ihm, zu sich selbst und zu allen anderen Menschen zu kommen. Sündenerkenntnis ist darum Glaubenserkenntnis.

Bedeutet die Betonung der Totalität der Sünde notwendigerweise ein negatives Menschenbild?

Die Antwort auf diese Frage muss jetzt lauten: Nein, das bedeutet sie nicht. Denn dass der Mensch sich selber als Sünder versteht und bei sich selbst auch keinen Weg findet, aus der Gottes- und Selbstentfremdung herauszukommen – und das bedeutet die Totalität der Sündenerkenntnis – darf nicht identifiziert werden mit einer Auffassung vom Menschen, als sei dieser nicht in der Lage, auch Gutes zu bewirken.

Die Ebenen sind auch in der evangelischen Kirche nicht selten verwischt worden. Ein Grund dafür ist auch, dass der Heidelberger Katechismus die Sprache des 16. Jahrhunderts spricht und also recht ungebrochen auch den Begriff der Sünde gebraucht – anders als wir das heute tun können. Und auch der Wortlaut des Katechismus hat Anteil daran, dass es zu moralisierenden Tendenzen gekommen ist.

Der Katechismus vertritt aber in seiner grundlegenden Argumentation kein negatives oder pessimistisches Menschenbild, weil er keineswegs die Totalität der Sünde empirisch aufweisen oder plausibel machen möchte. Andererseits ist aber das Menschenbild des Katechismus nicht in gleicher Weise optimistisch oder idealistisch, wie es das etwa im 18. und 19. Jahrhundert zu finden war. Gerade aufgrund der Erfahrungen im dunklen 20. Jahrhundert, in denen deutlich wurde, zu welchen schrecklichen Taten auch der scheinbar aufgeklärte Mensch in der Lage war, werden wir uns davor hüten, zu optimistisch auch von uns selber zu denken. Wir leben in einer nicht vollkommenen Welt. Wir leben in einer Welt, die von Gott entfremdet lebt. Und jeder Mensch hat Anteil daran, dass die Welt so ist, wie sie ist.

Das ist nicht die entscheidende Erkenntnis der christlichen Botschaft. Aber sie gehört dazu. Zum Glück ist dieser Teil des Katechismus auch der kürzeste und damit ein Hinweis, dass er nicht verliebt ist in die dunklen Seiten dieser Welt und in unsere Abgründe. Letztlich wichtig ist dann aber die Erkenntnis, dass von der Sünde des Menschen immer nur im Horizont des Eingreifens Gottes geredet werden kann. Vielleicht tut das unser Katechismus noch zu wenig. Aber machen wir es heute besser?

Kapitel V
Gerechtigkeit – oder: Gottes Weg der Erlösung

Von der menschlichen Sünde war im vorigen Kapitel die Rede – und eben präziser: von der menschlichen Entfremdung von Gott. Einsichtig ist diese nicht jedem Menschen, denn auch die Sündenerkenntnis ist Teil der Gotteserkenntnis. Und also Teil der Beziehung, die Gott zu mir hergestellt hat – so dass auch ich sagen kann: Es ist gut, es ist ein Ausdruck von Freiheit, dass ich Jesus Christus gehöre.

Es fragt sich nun – und dieses Zurückfragen prägt den Heidelberger Katechismus –, wie es dazu kommt bzw. gekommen ist, dass Menschen aus der Gefangenschaft der Sünde in die Freiheit gelangt sind. Der Heidelberger Katechismus gibt eine Antwort, indem er biblische Vorstellungen aufnimmt und sich in eine ganz bestimmte Deutung hineinstellt. Und die besagt im Kern: Der Tod Jesu Christi am Kreuz hat etwas mit der Sündenvergebung zu tun, der Tod Jesu Christi geschah den Menschen zugute – und Gott hat in ihm gehandelt. Diese grundlegende Erkenntnis, dass der Tod Jesu Christi am Kreuz nicht als Niederlage zu verstehen ist, wurde den ersten Jüngern aber erst nach der Auferstehung zuteil. Es ist den biblischen Erzählungen noch abzuspüren, wie sehr die Jünger nach dem gewaltsamen Tod Jesu verwirrt waren und wie wenig sie damit rechneten, dass es für sie irgendeine Zukunft als Jünger Jesu gebe. Manche versteckten sich sogar. Aber nicht wenige Menschen, so berichtet es das Neue Testament, begegneten dem auferstandenen Jesus. Manchmal erkannten sie ihn nicht sofort, sondern erst, nachdem er sich ihnen auf verschiedene Weise zu erkennen gegeben hatte. Deutlich wurde den Jüngern etwas Doppeltes: Einerseits bemerkten sie – nicht immer sofort – die Identität: Der Gekreuzigte ist auferstanden. Aber zugleich war Jesus jetzt auch anders als vorher. Seine Hände haben Nägelmale – und doch ist er scheinbar nicht mehr an dieselben Bedingungen gebunden wie die Jünger: Er kann beispielsweise durch Wände gehen.

Diese Begegnungen mit dem Auferstandenen sind die Voraussetzung dafür, dass das Kreuz nicht als Akt des Scheiterns verstanden wird: Der Weg des Messias Jesus ist nicht zu Ende. Und Tenor aller dieser verschiedenen und nicht einfach miteinander zu identifizierenden Aussagen ist, dass der Tod Jesu Christi „für uns" geschehen ist, so ein häufig im Neuen Testament vorkommender Ausdruck.

Hier aber beginnen Fragen, denen sich schon das frühe Christentum zu stellen hatte. So hat man in Rom in den Katakomben ein um 200 nach Christus entstandenes in Stein geritztes Spottkreuz gefunden, das einen Esel am Kreuz zeigt und davor einen

Mann mit erhobener Hand. Und die griechische Inschrift lautet übersetzt: „Alexamenos betet [seinen] Gott an." Schon hier wird deutlich, dass der gewaltsame Tod am Kreuz nicht zu Gott zu passen scheint, Gottes unwürdig ist. Wie passt der Tod eines Menschen zu Gott? Gott kann doch nicht wollen, dass ein Mensch stirbt – wie ist das vereinbar mit der grenzenlosen Barmherzigkeit Gottes?

Und so hat es immer wieder auch in der Geschichte der Kirche Überlegungen gegeben, die Anstößigkeit einer positiven Deutung des Kreuzestodes Jesu zu umgehen. Eine in den letzten Jahrzehnten durchaus beliebte besteht darin, den Tod Jesu so zu deuten, dass Jesus aufgrund seiner für manche Menschen unbequemen Haltung vor allem gegenüber den gesellschaftlich Mächtigen von der Machtelite aus der Welt gedrängt worden sei. Jesu Tod sei daher als (von manchen durchaus beabsichtigter) Justizirrtum zu verstehen. Hierzu ist zu sagen, dass historisch gesehen diese Möglichkeit sehr wohl besteht; die biblischen Texte betonen in jedem Fall Jesu Unschuld. Allerdings ist die Frage, wer denn historisch ursächlich für den Tod Jesu verantwortlich war, nicht ganz so klar zu beantworten. Zum Tode verurteilen konnte nur die römische Besatzungsmacht, allerdings scheinen jüdische Instanzen deutlich beteiligt gewesen zu sein. Es stellt sich die Frage, ob diese Deutung des Todes Jesu hinreichend ist. Die biblischen Texte jedenfalls sehen auch bei nachweisbarer menschlicher Schuld Gott selber involviert.

Bereits im Mittelalter vertrat der Theologe Abaelard die These, dass der Tod Jesu Ausdruck der Solidarität Gottes mit den Menschen sei: Obwohl Jesus als Gott die Möglichkeit besessen habe, das Leiden zu umgehen, habe er doch ausgehalten – bis zum Ende, bis zum Tod. Seine Liebe zu den Menschen diene jetzt allen anderen als Vorbild, auch nicht nachzulassen in der Liebe. Auch hier, so wird man sagen müssen, wird mit Recht gesehen, dass zumindest nach den Zeugnissen der Bibel Jesus bewusst auf seinen Tod zugeht und ihm nicht ausweicht. Aber ebenfalls wird man sagen müssen, dass das Neue Testament deutlich komplexer von der Bedeutung des Kreuzesgeschehens redet.

Und weil der Heidelberger Katechismus sich auf die biblischen Texte bezieht, übernimmt und kombiniert er eben die dort gemachten Aussagen. Karl Barth hat formuliert: „Der Heidelberger folgt hier vielmehr schlicht dem Weg von Anselm und dem des Hebräerbriefs.“[1] Dass der Heidelberger Katechismus sich auf Anselm von Canterbury bezieht, ist ihm häufig zum Vorwurf gemacht worden. Denn der mittelalterliche Theologe Anselm von Canterbury steht unter dem Verdacht, eine Verrechtlichung des Kreuzesgeschehens vorgenommen zu haben. So soll Anselm die Auffassung vertreten haben, Gott sei durch die menschliche Sünde beleidigt worden und fordere jetzt vom Menschen Genugtuung – und weil dieser sie nicht leisten könne, springe Gott für den Menschen selber in die Bresche, übernehme in seinem Sohn die dem Sünder zugedachte Strafe und bestrafe gleichsam sich selbst. Im Prinzip könnte es gleichgültig sein, was Anselm sagt – Thema ist ja der Heidelberger Katechismus. Aber es ist mit Recht bemerkt worden, dass der Heidelberger hier vielfach Anselms Gedanken aufnimmt. Und deswegen ist darauf hinzuweisen, dass die klassischen Urteile über Anselm Fehlurteile sind, die bei einer genaueren Lektüre hinfällig werden (auch wenn die meisten Lehrbücher hier noch keine Korrekturen vorgenommen haben): Für Anselm hat der Mensch Gott in seiner Sünde nicht beleidigt und Gott ist auch kein Popanz, der mit Hilfe einer Strafe wieder zufriedengestellt würde. Für Anselm steht die Rettung des Menschen und also seine Befreiung aus der Gefangenschaft der Sünde im Vordergrund. Und genau das ist auch die Absicht des Heidelberger Katechismus.

Den gleichen Grundgedanken finden wir auch bei Martin Luther. In seiner Theologie ist die Rechtfertigung zentral. Das ist auf den ersten Blick ein juristischer Begriff – und in der Tat ist das Verhältnis zwischen Mensch und Gott auch im Neuen Testament nicht selten gerade in dieser Sprache des Rechts geführt worden. Auch der Heidelberger Katechismus spricht von „Gerechtigkeit“ – und zwar zunächst von der Gerechtigkeit Gottes.

---

[1] Karl Barth, Die christliche Lehre nach dem Heidelberger Katechismus, München 1949, 42.

Barmherzigkeit und/oder Gerechtigkeit?

Der Mensch befindet sich als Sünder im Zustand der Gottesentfremdung, so betont es der Heidelberger Katechismus deutlich. Und nun ist nicht selten gefragt worden, ob die komplizierten Deutungen des Kreuzes wirklich notwendig seien. Wäre es stattdessen nicht deutlich einfacher, davon auszugehen, dass Gott die Sünde des Menschen „einfach so" vergeben könnte? Und auch der Heidelberger Katechismus fragt, ob Gott denn nicht die Sünden „einfach so" vergeben könne, weil er eben barmherzig sei – muss denn unbedingt eine Strafe folgen? Eine auf den ersten Blick völlig einleuchtende Frage. Denn wenn die Frage positiv beantwortet werden würde, dann wäre der Umweg über das Kreuz gar nicht nötig, dann könnte Gott zum Menschen sagen: „Lieber Mensch, Du hast zwar eine Sünde begangen – aber ich will das nicht so ernst nehmen und deshalb vergebe ich Dir." Und dann wäre alles wieder in Ordnung. Aber der Katechismus macht es sich nicht so einfach – und zwar aus guten Gründen. Auf die Frage 11, ob Gott denn nicht barmherzig sei und also auch so die Sünden vergeben könne, antwortet der Katechismus: Zwar ist Gott barmherzig, aber er ist auch gerecht. Bevor wir die weitere Antwort bedenken, ist hier zu überlegen, was geschieht. Werden hier zwei Eigenschaften in Gott beschrieben, die sich widersprechen oder die zumindest zwei „Gesichter" Gottes akzentuieren? Dann wäre Gott so, wie wir auch sind: Mal sind wir zornig und mal sind wir nett, mal sind wir anderen gegenüber barmherzig und ein anderes Mal pochen wir auf unser Recht. So sind nicht selten die Eigenschaften Gottes verstanden worden. Das Problem bei dieser Vorstellung ist im Blick auf Gott aber, dass man dann nie genau wüsste, woran man gerade ist: Ist diese oder jene Handlung Gottes gerade ein Ausdruck seiner Liebe oder eher Ausdruck seines Zorns oder seiner Gerechtigkeit? Und wenn es diese verschiedenen sich in Spannung zueinander befindlichen Eigenschaften Gottes gibt: Welche hat dann den größeren Anteil? Solche Fragen müssen gestellt werden, wenn man davon ausgeht, Barmherzigkeit und Gerechtigkeit seien verschiedene Eigenschaften Gottes. Aber so verstehe ich den Katechismus gerade nicht. Vielmehr verstehe ich Frage und Antwort so: Es geht um die Qualität der Barmherzigkeit. Gottes Barmherzigkeit ist mehr als nur ein gefühlsmäßiger Akt des Mitleids, der bei anderen Umständen vielleicht auch anders ausfallen könnte. Vielmehr befinden sich bei Gott Barmherzigkeit und Gerechtigkeit in Übereinstimmung, so dass wir Gottes Barmherzigkeit erst verstehen, wenn wir sie als gerecht wahrnehmen und seine Gerechtigkeit, wenn wir diese als barmherzig sehen. Vielfach verstehen wir in Folge unseres begrifflichen (und von der der griechischen Philosophie beeinflussten) Denkens, dass wir es bei der Gerechtigkeit immer mit der sogenannten ausgleichenden Gerechtigkeit zu tun haben. Die vor den meisten deutschen Gerichten zu findende Göttin Justitia hält in der Hand eine Waage, die sich im Ungleichgewicht befindet – und das Gericht hat die Aufgabe, Recht zu sprechen und damit die Waage wieder ins Gleichgewicht zu bringen. Gerechtigkeit Gottes heißt dann: Es muss einen Ausgleich geben für die Sünde – und deshalb muss Gott die Sünde bestrafen, damit die Waage und also das Verhältnis zwischen Mensch und Gott wieder in Ordnung kommt.

> Ist denn Gott nicht auch barmherzig? (Frage 11)
>
> Gott ist wohl barmherzig, er ist aber auch gerecht. Deshalb fordert seine Gerechtigkeit, dass die Sünde, die Gottes Ehre und Hoheit antastet, mit der höchsten, nämlich der ewigen Strafe an Leib und Seele gestraft wird.

Aber jetzt kommt zu recht die Frage: Ist dieses Bild der Waage denn wirklich auf das Verhältnis von Mensch und Gott anzuwenden? Wird denn die Relation zwischen Gott und Mensch besser, wenn der Mensch bestraft wird? Strafe ist doch keine Lösung. Und die Fortsetzung der Antwort auf die Frage 11 klingt so, als wäre hier gemeint, dass die Strafe die Gerechtigkeit wieder herstellt: „Gottes Gerechtigkeit fordert, dass die gegen Gott begangene Sünde mit der ewigen Strafe an Leib und Seele gestraft wird." Das klingt grausam. Aber vielleicht besteht das Problem darin, dass wir unsere Begriffsvorstellungen sehr schnell in den Wortlaut des Katechismus eintragen. Und deshalb ist es nötig, noch einmal einen Moment innezuhalten.

Gerechtigkeit als Gemeinschaftstreue

Anders als die griechische Gerechtigkeitsvorstellung, die vor allem den Ausgleich vor Augen hat, ist die im Alten Testament zu findende Auffassung von Gerechtigkeit anders. Hier geht es weniger um ein Prinzip, dem entsprochen werden muss, sondern um konkretes Handeln. Das hebräische Wort für Gerechtigkeit heißt „zedakah" – und das meint eher praktisch gelebte Gerechtigkeit und also eher Wohltat. Bibelwissenschaftler übersetzen es heute gerne mit „Gemeinschaftstreue" und machen damit deutlich, dass zedakah, Gerechtigkeit im biblischen Sinn immer eine soziale Tätigkeit ist. Wenn Gott gerecht ist, dann ist er seinem zugesagten Bund mit dem Menschen treu. Und in der Geschichte Israels wird das Handeln Gottes immer wieder als gerecht beschrieben, wenn er rettend zugunsten seines erwählten Volkes eingreift. Und wenn Menschen als gerecht beschrieben werden, dann sind es diejenigen, die in der sozialen Gemeinschaft geholfen haben.

> Wer ist denn dieser Mittler, der zugleich wahrer Gott und ein wahrer, gerechter Mensch ist? (Frage 18)
>
> Unser HERR Jesus Christus, der uns zur vollkommenen Erlösung und Gerechtigkeit geschenkt ist.

Wenn wir mit dieser Vorstellung im Hintergrund zurückkehren zum Anfang unserer Frage 11, dann lautet die Antwort nicht: Gott hat auch noch ein anderes Gesicht als die Barmherzigkeit; er ist nicht nur Liebe. Sondern eher: Seine Gerechtigkeit ist nicht einfach zu identifizieren mit einer Vorstellung von Barmherzigkeit, die alles gutheißt und akzeptiert. Der Katechismus beschreibt Gott mit uns vielleicht sogar zu menschlichen Zügen: Gott „zürnt schrecklich über die sündige Art des Menschen und seine sündigen Taten" (Frage 10). Was aber heißt das hier? Sind der göttliche Zorn und die ihm entsprechende Gerechtigkeit göttliche Affekte? Der Vollzug unserer Fragen macht deutlich: Nein, darum geht es nicht. Vielmehr ist die Absicht des Katechismus, den Charakter der Barmherzigkeit aufzuzeigen. Gottes

Barmherzigkeit ist eine, in der er dem Menschen treu ist, in dem er Gemeinschaftstreue hält. Die Tatsache, dass Gott den Menschen nicht einfach als Sünder belässt, dass er nicht einfach darüber hinwegsieht, dass der Mensch als Sünder etwas Ungutes getan hat, ist zentral. Und das heißt eben auch, dass die weiteren nächsten knappen Fragen und Antworten mit dieser Prämisse zu lesen sind. Deutlich wird das in der diesen Abschnitt abschließenden Frage 18, in der es heißt, dass Jesus Christus „uns zur vollkommenen Erlösung und Gerechtigkeit geschenkt ist". An der Antwort ist zweierlei wichtig: Erstens sind Erlösung und Gerechtigkeit hier beieinander – und das heißt: Gottes Gerechtigkeit ist Erlösung. Gottes Gerechtigkeit besteht darin, dass sie Erlösung gebracht hat – Gott bleibt seiner Gemeinschaft mit dem Menschen treu. Und das zweite: Diese Gerechtigkeit ist geschenkt und also nicht vom Menschen verdient. Gottes Gerechtigkeit, so lautet die Argumentation des Katechismus, ist Gemeinschaftstreue – und Gottes erlösendes Handeln im Kreuz Jesu Christi ist als Vollzug dieser Gemeinschafstreue zu verstehen. Das ist jetzt weiter zu untersuchen – aber zuzugestehen ist, dass es uns der Katechismus nicht immer leicht macht, ihm zu folgen – er setzt doch sehr viel voraus, was wir an Verständnissen oft nicht mitbringen.

Strafe als dauerhafte Gottesferne

Gerechtigkeit bedeutet Gemeinschaftstreue: Gott bleibt der Gemeinschaft treu. Aber wie passt dieser Satz zur Aussage, dass der Sünder gestraft wird? Und: Worin besteht eigentlich die Strafe Gottes? Der Katechismus ist hier zurückhaltend in seinen Aussagen – und das ist gut so. Es wird nicht von der Hölle gesprochen oder von irgendwelchen Qualen, die dem Menschen bevorstehen – denn darum geht es nicht. Vielmehr ist die Strafe die dauerhafte Gottesferne. Wenn denn die grundlegende Erkenntnis des Heidelberger Katechismus darin besteht, dass Christen und Christinnen bekennen, dass sie in der Gottesgemeinschaft stehen, dass sie in Gottes Hand sind – so besteht die Strafe für die Sünder genau im Gegenteil: Keine Gottesbeziehung zu haben, somit ohne Gottesbeziehung zu existieren. Für Menschen, die sich selber nicht als Christen oder Christenmenschen verstehen, mag dieses nicht als Strafe empfunden werden – für Christen und Christinnen ist es das höchste Maß dessen, was als nicht wünschenswert anzusehen ist: Gott ist fern von uns. Und warum könnte Gott nicht einfach trotz der Sünde des Menschen seine Barmherzigkeit diesem zuwenden und also die Gottesbeziehung (wieder) herstellen?

Der Katechismus sieht die Beziehungsfähigkeit des Menschen in Frage gestellt – oder genauer: er sieht sie als zerstört an. Der Sünder hat durch seine Sünde seine Beziehungsfähigkeit zu Gott zerstört. Der vorhin schon erwähnte Anselm von Canterbury hat hier ein Bild verwendet, das vielleicht etwas verdeutlicht. Er fragt, warum Gott den Menschen nicht einfach so wieder in seine Herrlichkeit aufnimmt. Und Anselm antwortet, dass der Mensch mit einer verschmutzten Perle zu vergleichen sei. Wenn aber Gott die beschmutzte Perle ins Himmelreich holen würde, dann würde der von der Perle mitgebrachte Dreck eben dieses verschmutzen – und das Himmelreich wäre nicht mehr rein. Es geht also auch im Heidelberger Katechismus nicht darum, dass Gott irgendetwas benötigt, um wieder zufriedengestellt zu werden. Sondern vielmehr, dass der Mensch erst wieder beziehungsfähig gemacht werden muss – er ist es ja nicht mehr. Wenn Gottes Barmherzigkeit bedeuten würde, dass Gott den Menschen trotz seiner Sündhaftigkeit akzeptieren würde, würde der Sünder aber gar nicht gerecht werden. Er wäre ja gar nicht verändert. Und deswegen ist es nötig, dass Gottes Rettungsaktion eine Befreiung des Menschen von seiner Beziehungslosigkeit oder anders gesagt von seiner Gottesferne zur Gottesbeziehung zum Inhalt hat. Der Mensch ist nämlich dazu selber nicht in der Lage.

Jesus Christus als Mittler

Auf manche haben die Sätze des Heidelbergers in diesem Abschnitt auch deshalb einen merkwürdigen Eindruck gemacht, weil sie so verstanden werden können, als würde hier ein System konstruiert werden, an das sich Gott dann halten müsste. Und dann passt genau derjenige, der Gott und Mensch zugleich ist, genau in das Schema, das für die Heilsgewinnung des Menschen als nötig gedacht wird. Und dann wäre Jesus lediglich der Schlüssel für das schon bekannte Schloss – und also nur das nachträgliche Ergebnis einer Konstruktion. So kann der Katechismus verstanden werden, weshalb viele auch diese Passagen zu den schwächsten zählen. Aber das ist doch vorschnell geurteilt. Es bleibt vorausgesetzt, dass die Erlösung durch Christus geschehen ist – die erste Frage und Antwort spricht von der Sündenvergebung am Kreuz, die schon geschehen ist. Und was jetzt noch geschieht ist der gedankliche Nachvollzug: Was ist denn da genau geschehen? Welchen Weg hat Gott denn gewählt, um den Menschen aus seiner misslichen Situation zu befreien, um ihn beziehungsfähig zu machen? So fragt der Katechismus. Er sieht sich gleichsam den Schlüssel genauer an und sucht seine Konturen genau wahrzunehmen – und weiß schon vorher, dass es eben der Schlüssel zum Schloss ist. Was geschah also im Weg ans Kreuz? Warum wählte Gott letztlich diesen Weg? So kann man fragen, aber wer so fragt, bekommt im Katechismus gar keine Antwort. Es wird auf die Frage, *warum* Gott den Menschen gerade so befreit hat, keine Antwort gegeben – der Katechismus schaut nicht hinter Gottes Karten. Er fragt vielmehr: *Wie* ist es denn geschehen? *Was* ist da passiert?

Jesus Christus – wahrer Gott und wahrer Mensch

Warum muss er ein wahrer und gerechter Mensch sein? (Frage 16)

Die Sünde wird von den Menschen begangen, darum verlangt Gottes Gerechtigkeit, dass ein Mensch für die Sünde bezahlt, wer aber selbst ein Sünder ist, kann nicht für andere bezahlen.

Zunächst ist dem Katechismus wichtig, auf die Besonderheit Jesu Christi hinzuweisen: Er ist wahrer Gott und wahrer Mensch. Wer sich den Wortlaut der Frage anschaut, kann wie gesagt den Eindruck gewinnen, als ob hier mit dem „muss“ auf ein festes und vorausgesetztes System hingewiesen wird. Aber hier kommt vielmehr in den Blick, dass es um den Menschen geht. Er soll ja verändert werden. Er soll aus der Gottesferne in die Gottesnähe kommen. Und Jesus Christus, so hat es schon die frühe Kirche aufgrund ihrer Lektüre der Schriften des Neuen Testaments gelehrt, ist weder ein Mensch mit besonderen göttlichen Eigenschaften noch ein Gott, der nicht wirklich Fleisch, Mensch geworden ist. „Wahrer Gott und wahrer Mensch“, so lautet die Formulierung des Konzils von Chalcedon (451). Es gab in der Alten Kirche durchaus andere Versuche, die Besonderheit Jesu Christi zu verstehen. So meinten einige, Jesus sei gar nicht wirklich Mensch geworden, sondern er habe nur scheinbar einen vergänglichen Körper gehabt – Gott passt nicht in die vergängliche Welt hinein. Andere sagten, dass Jesus nicht Gott sei, sondern nur ein besonders geistbegabter Mensch. Aber diese und andere Lösungsversuche waren und sind nicht in der Lage, die neutestamentlichen Aussagen über Jesus ernst zu nehmen. Und deshalb hat die Alte Kirche mit Recht gesagt: Jesus Christus ist zugleich wahrer Gott und wahrer Mensch. Das schließt ein: Jesus Christus ist ganz und gar Mensch. Und was macht das deutlich? Für den Heidelberger ist klar: Nur als Mensch kann er für andere Menschen einstehen. Kann er stellvertretend für andere etwas tun oder erleiden. Wir werden den Begriff der „Natur“, den der Katechismus verwendet, nicht überbetonen dürfen. Aber deutlich ist, dass in Jesus Christus der Mensch selber die Gottesferne und also die Entfremdung von Gott überwindet. Das geschieht, so der Katechismus, indem er sie aushält. Jesus Christus, so versteht es der Katechismus, trägt die Gottesferne aller Menschen, hält also die totale Gottesentfremdung aus. Im Schrei Jesu am Kreuz „Mein Gott, mein Gott, warum hast Du mich verlassen?“ kulminiert diese Gottverlassenheit. Der Tod Jesu bedeutet also für den Katechismus die Übernahme der völligen Gottesferne.

Aber der Katechismus bleibt nicht bei der Aussage stehen, dass Jesus Christus als Mensch anzusehen ist. Vielmehr folgt, dass im Tod Jesu Christi auch Gottes Gottsein relevant ist. Auch hier werden wir wieder fragen können, ob die Formulierung der Frage nicht ein System voraussetzt – entscheidend geht es hier um

Gottes Identifikation. Nur Gott, so der Heidelberger, ist in der Lage, die Gottesentfremdung zu tragen, auszuhalten. Der Zorn ist ja als Gottesferne zu verstehen. Gott begibt sich selber in die Situation des Menschen hinein und schenkt ihm das Leben. Und Leben meint hier mehr als nur das Dasein, sondern meint „Neues Leben", neue Gottesbeziehung, meint Leben in der Gemeinschaft mit Gott.

Gott kommt zu seinem Recht

> Warum muss er zugleich wahrer Gott sein? (Frage 17)
>
> Nur wenn er zugleich wahrer Gott ist, kann ein Mensch die Last des Zornes Gottes ertragen und uns die Gerechtigkeit und das Leben erwerben und wiedergeben.

Aber noch einmal stellt sich die Frage, inwiefern dies im Tode Jesu Christi zu sehen ist. Wieso ist gerade der Tod Jesu am Kreuz notwendig für das Heil der Menschen? Auf diese Frage verweigert der Katechismus eine klare Antwort. Er sieht nur, dass Gott zu seinem Recht kommen will – und kommt. Und er versteht den Weg Jesu ans Kreuz von der Perspektive der Auferstehung her und bekennt: Im Kreuz kommt Gott zu seinem Recht. Wie aber kommt Gott im Kreuz zu seinem Recht? Indem er irgendeine Strafe als Ausgleich für seine durch den Menschen geschehene Ehrverletzung erhält? Nein, so gerade nicht. Gott bekommt Recht, indem der Mensch wieder gemeinschaftsfähig wird. Gott bekommt Recht, weil sein Geschöpf, der Mensch, Bundespartner bleibt – aber nicht aus eigenen Stücken: Gott verhilft ihm selber dazu, es zu sein. Das Neue Testament nennt diesen Akt, dass Menschen zu Christen und Christinnen werden, „Neuschöpfung". Gott bleibt seiner Schöpfung treu, indem er sich selber Recht gibt – in seinem Wagnis, den Menschen zu schaffen, der ihm nicht treu ist, in seinem Weg, dem Menschen Zukunft zu geben. Der Mensch hat Zukunft, weil Gott ihm Zukunft schenkt. Und der Mensch ist aufgefordert, sich als Christ und als Christin dieser Befreiung entsprechend zu verhalten. Der Katechismus traut es den Menschen auch zu, in aller Unvollkommenheit diesen Weg der Dankbarkeit zu gehen – aber das ist noch nicht Thema in diesem Abschnitt. Hier steht im Fokus, dass Gott Recht bekommt, indem er den Menschen gerecht und das heißt gemeinschaftsfähig macht.

Wenn wir also nach dem gerechten Urteil Gottes schon jetzt und ewig Strafe verdient haben, wie können wir dieser Strafe entgehen und wieder Gottes Gnade erlangen? (Frage 12)

Gott will zu seinem Recht kommen, darum müssen wir für unsere Schuld entweder selbst oder durch einen anderen vollkommen bezahlen.

Allerdings ist ein Aspekt dabei mit zu beachten, welcher heute manchen Menschen Verstehensmühe macht: Stellvertretung. Der Katechismus und auch die Bibel gehen davon aus, dass stellvertretend für alle Menschen Jesus Christus dies tat, er an unsere Stelle getreten ist. Und der Einwand lautet: Das kann nicht sein, jeder ist nur für sich selber verantwortlich, der Gedanke der Stellvertretung übergeht den für sich selbst verantwortlichen Menschen. Hier ist der Katechismus deutlich anderer Auffassung. Der Mensch ist gar nicht in der Lage, sich selbst zu befreien, sich selbst in die Gottesbeziehung zu bringen. Und weil der Mensch das nicht kann, übernimmt Gott dies – als Mensch. Übergeht das nicht des Menschen Subjektivität? Nein, denn diese findet sich eigentlich erst recht in der gelebten Gottesbeziehung. Der nicht beziehungsfähige Mensch wird beziehungsfähig gemacht – und so kommt Gott zu seinem Recht. Und der Mensch eben auch: Er bleibt Bundespartner Gottes.

Ein anderer werden?

Die Grundauffassung des Katechismus ist es also, dass der Mensch durch den Tod Jesu am Kreuz und durch seine Auferstehung ein anderer geworden ist. Dass er also nicht nur von Gott anders angesehen wird, sondern tatsächlich ein anderer geworden ist. Wir sind erlöst, wir sind gerecht geworden – so sieht es der Katechismus und auch bereits die Bibel: Christen sind neue Schöpfung Gottes. Ein hoher Anspruch, den Christen und Christinnen an sich selber nicht verifizieren können. Denn dass Menschen neue Kreaturen sind, ist nicht ablesbar – weder am Verhalten noch an der Lebenseinstellung. Aber dass das Christusgeschehen vor 2000 Jahren die entscheidende Wende der Welt war, dass sie existentiell auch an jedem einzelnen Menschen Gültigkeit gewinnt und dass das fundamentalen Realitätsanspruch hat, das ist der Anker, an dem alles hängt. Christenmenschen sehen am deutlichsten im Blick auf den Gekreuzigten und Auferstandenen, wer sie selber sind: Wir sind mit ihm gekreuzigt worden und werden mit ihm auferstehen – das ist Inbegriff christlicher Hoffnung. Martin Luther sprach in diesem Zusammenhang vom „fröhlichen Wechsel", weil mir die Sündlosigkeit Christi und ihm meine Sünde zuteil wird. Das Kreuz Jesu Christi ist – so formuliert es bereits Paulus – eine Torheit. Theologie, so hat es einmal ein Theologe gut formuliert, ist die „Wissenschaft von der Torheit"[2]. Und Martin Luther hat in der berühmten zwanzigsten These der Heidelberger Disputation davon gesprochen, dass nur derjenige sich zu Recht Theologe nennen dürfe, der „das, was von Gottes Wesen sichtbar und der Welt zugewandt ist, als in Leiden und Kreuz sichtbar gemacht begreift".[3] Wer Gott ist und wie Gott ist, das ist nicht aussagbar, indem man von der Welt her auf Gott schlussfolgert, sondern indem man gerade im Kreuz und also im Tod Jesu Christi Gottes barmherziges und gerechtes Handeln erkennt.

Das Neue Testament verwendet für das, was im und mit dem Tode Jesu Christi uns zugut geschah, verschiedene nebeneinanderstehende Ausdrücke. Da steht das aus dem kaufmännischen Bereich stammende „Lösegeld" neben den in den kultisch-li-

---

[2] Klaus Schwarzwäller, Die Wissenschaft von der Torheit. Evangelische Theologie im Schnittpunkt von christlichem Glauben und kritischer Vernunft, Stuttgart 1976.

[3] Martin Luther, Die Heidelberger Disputation, in: Martin Luther. Ausgewählte Werke, h. v. H.H. Borcherdt und G. Merz, München [2]1938, 131 – 145, hier: 140.

turgischen Hintergrund verweisenden Vorstellungen von „Sühne“ und „Opfer“ und da steht zentral auch die „Gerechtigkeit“, die auf den ersten Blick ins Feld der Rechtswissenschaft zu gehören scheint. Der Heidelberger Katechismus verknüpft einige dieser Vorstellungen. Nicht alle Formulierungen des Katechismus gerade in diesem Abschnitt leuchten allen Menschen heute unmittelbar ein. Deutlich war auch, dass mancher Verstehensweg zu gehen war, um die Vorstellungswelt des Katechismus zu plausibilisieren.

Der Katechismus jedenfalls akzentuiert, dass der Tod Jesu es unmittelbar mit Gott zu tun hat. Nicht dass Gott etwas durch den Tod bekäme oder dass er ein Ausgleich für einen erlittenen Schaden wäre. Wohl aber, dass Gott gerade diesen Weg Jesu Christi gewählt hat, den Menschen zu befreien. Der Katechismus will auch nicht Gottes Weg begründen. Vielmehr vollzieht er nur nachträgliche Reflexionen, genau wie es die Bibel auch tut. Damit wird die Anstößigkeit des Kreuzes nicht aufgehoben – es ist sowohl für unsere Zeitgenossen als auch immer wieder für uns selber schwer zu verstehen. Dem nicht auszuweichen, sondern hartnäckig nachzufragen und sich auch nicht mit vorschnellen Antworten zufrieden zu geben, die hier zentrale Aspekte ausblenden, ist eine Tugend. Auch des Heidelberger Katechismus.

Kapitel VI
Christus und wir Christen – oder: Anteil erhalten

Das Kreuz ist Hinweis, der Tod Jesu Christi ist Vollzug der gerechten Zuwendung Gottes: Darin ist Gottes Barmherzigkeit zu sehen. Aber es finden sich nicht wenig Stimmen, die mit dieser Akzentuierung Mühe haben, selbst wenn sie ihr tendenziell zustimmen können. Gefragt wird, ob dieser Akzent auf die Bedeutung von Kreuz und Auferstehung nicht einen zu einseitigen Akzent auf das „Werk Jesu Christi" setzt – so wird in der Theologie alles das genannt, was als Wirkung von Tod und Auferstehung Jesu Christi zu verstehen ist. Und mit gleichem Atemzug wird darauf verwiesen, dass ja gerade die sogenannten synoptischen Evangelien – Matthäus-, Markus- und Lukasevangelium – sehr viel vom Leben des irdischen Jesus von Nazareth reden: Seine Wunder, seine Jüngergewinnung, seine Heilungen, seine Auseinandersetzungen mit den Gelehrten seiner Zeit, seine Zuwendungen zu den Ausgegrenzten und nicht zuletzt auch seine Reden, von denen vor allem die Bergpredigt einen Akzent auf unser menschliches Handeln legt. Und wenn die Kirche und insbesondere die evangelische Theologie eine solch starke Betonung auf die Rechtfertigung (so begrifflich eher bei Luther) oder die Versöhnung zwischen Gott und Mensch (so eher die reformierte Terminologie) legt: Fallen dann nicht wesentliche biblische Aspekte weg?

Die eine Einseitigkeit: Jesus ist nur Vorbild

In der Tat gibt es hier seit langem Einseitigkeiten, die wiederum mit der letztlich nicht greifbaren Geschichte Gottes zu tun haben, der in Jesus Christus ganz Mensch wurde und von dem das Konzil von Chalcedon in Aufnahme biblischer Aussagen die Formulierung „zugleich wahrer Gott und wahrer Mensch" gesagt hat. Die vielen Modelle, die es im Verlaufe der Theologiegeschichte gegeben hat, aufzuzählen oder gar aufzuarbeiten, sprengt hier natürlich den Rahmen. Aber als Tendenz lassen sich zwei Linien ausmachen. Die eine Linie betont das Leben Jesu von Nazareth. Und also, dass hier ein Mensch gelebt hat, der durch ganz bestimmte Merkmale und Handlungen hervorgetreten ist. Und als ein Charakteristikum wird traditionellerweise die besondere Betonung der Feindesliebe hervorgehoben. Wichtig ist, dass er sich anderen Menschen bedingungslos zugewandt und allgemein anerkannte Gebote relativiert hat, wenn sie den Menschen nicht nützlich sind. Gesellschaftliche Außenseiter hat er bewusst aufgesucht und so soziale Ausgrenzungen überwunden. Dieser irdische Jesus von Nazareth ist in seinen Reden und in seinem Dasein ein Vorbild, in dessen Nachfolge sich die Christen und Christinnen bewähren sollen und können. Diese Akzentuierung sieht ganz wesentliche neutestamentliche Linien.

Aber wenn diese Linie das alles bestimmende Motiv der neutestamentlichen Botschaft wird, werden andere wesentliche Erkenntnisse der von Paulus oder Johannes geprägten Theologie ausgeblendet. Und die Frage wird gestellt: Ist denn Jesus als Vorbild alles, was wir von ihm haben? Werden dann nicht die menschliche Sünde und auch die ganze positive Deutung des Kreuzesgeschehens, die im vorigen Kapitel aufgearbeitet wurden, für unwichtig erklärt? Solche Fragen bestehen zu Recht – und deshalb ist eine solche Theologie, die Jesus allein oder auch nur vor allem als menschliches Vorbild ansieht, zu einseitig.

Die andere Einseitigkeit: Nur das Kreuz wird betont

Aber es gibt eine Einseitigkeit auch auf der anderen Seite. So hat Philipp Melanchthon, der Mitarbeiter Martin Luthers, im Blick auf Jesus Christus gesagt, dass es ausreiche, wenn man seine Wohltaten erkenne.[1] Und das heißt bei Melanchthon explizit, dass alle Fragen im Blick auf das Verhältnis von Mensch und Gott in Jesus Christus nicht wichtig, sondern letztlich spekulativ sind: Entscheidend ist die Rechtfertigung des Menschen und damit verbunden die Betonung von Kreuz und Auferstehung Jesu Christi. Theologisch hat in dieser Spur im 20. Jahrhundert letztlich auch der lutherische Theologe Rudolf Bultmann argumentiert. Er sieht in der Frage nach einem historischen Jesus die Gefahr, dass sich der Glaube auf ein Faktenwissen reduziert – und die Vergebung der Sünden als zentrales Ereignis des Christenlebens sogar ganz aus dem Blick gerät. Hinzu kommt nach Bultmanns Einsicht, dass die absolute Bedeutung Jesu Christi unerklärt bleibt, wenn man sich auf den irdischen Jesus konzentriert.[2] Die Konsequenz dieser einseitigen Akzentsetzung ist, dass vom Leben Jesu Christi vor Karfreitag und Ostern abgesehen werden kann. Zu fragen ist, ob denn eine solche Reduktion einer evangelischen Theologie, die sich auf die Bibel als Grundlage bezieht, gut ansteht – und die Antwort muss natürlich lauten: Nein, das darf sie nicht.

Es ist also zu erwägen, wie sowohl die Linie der synoptischen Evangelien, die das Leben des irdischen Jesus Christus in den Fokus nehmen, wie die Linie, auf der Paulus und Johannes argumentiert haben, aufgenommen werden kann. Dabei ist zu sehen, welches sehr berechtigte Interesse hinter beiden genannten Einseitigkeiten

---

[1] „Hoc est Christum cognoscere beneficia eius cognoscere" – Das heißt Christus erkennen: seine Wohltaten erkennen. Philipp Melanchthon, Loci communes rerum theologicarum seu Hypotyposes theologicae (1521), in: Melanchthons Werke in Auswahl (Studienausgabe) II,1, Gütersloh 1952, 7,10–11.

[2] Vgl. Rudolf Bultmann, Das Verhältnis der urchristlichen Christusbotschaft zum historischen Jesus. Sitzungsberichte der Heidelberger Akademie der Wissenschaften, philosophisch-historische Klasse, Heidelberg 1960.

steht. Wer vor allem das Leben des vorösterlichen Jesus in den Blick nimmt, fragt natürlich auch nach der ethischen Relevanz des christlichen Glaubens. Wer die Bergpredigt stark macht, betont, dass die Liebe zu Gott und zu den Menschen wesentlicher Charakter der Nachfolger Jesu zu sein hat – und also wesentliches Kennzeichen auch der Kirche.

Allerdings muss gesehen werden, dass auch die synoptischen Evangelien immer schon mit der Voraussetzung der Auferstehung geschrieben worden sind und somit auch eine Kreuzestheologie beinhalten, die davon ausgeht, dass der Tod Jesu Christi nicht nur als Niederlage zu verstehen ist.

Wer die Gnadenaussagen des Paulus stark macht, der betont, dass sich der christliche Glaube im Wesentlichen darauf beruft, dass nicht das menschliche Handeln im Vordergrund steht, sondern die Gnade Gottes. Und die besteht darin, dass auch dann, wenn sich der Mensch als untreu erweist und also Gottes Liebe nicht erwidert, Gott dem Menschen dennoch seine Liebe zuwendet und ihn mit sich selber versöhnt. Oder noch deutlicher: Gerade da, wo der Mensch sich als untreu erweist, ist Gottes Treue zum Menschen unbedingt: Gott schenkt dem Menschen Zukunft. Und man könnte jetzt die klassischen Formulierungen Luthers hinzufügen: sola gratia, sola fide – allein aus Gnade, allein durch Glauben. Und auch hier wird man sagen müssen, dass diese Betonung, dass Gott alleine es ist, der uns und der Welt Hoffnung und Zukunft schenkt, richtig und sachgemäß ist – genau das betont die Bibel. Dass allerdings gesagt werden könnte, dass damit auch das Handeln des Menschen irrelevant wäre, ist eine Verkennung beispielsweise der Aussagen des Paulus, dem es ein wesentliches Anliegen ist, dass befreite Menschen auch als Freie leben.

Hinter beiden Einseitigkeiten steht jeweils die Frage, welche Relevanz denn Jesus Christus für uns heute hat. Die eine sagt: „Jesus Christus hat uns die Liebe auch zu den Feinden gelehrt und vorgelebt – das ist bleibend aktuell.“ Die andere Einseitigkeit sagt: „In Jesus Christus sind uns die Sünden vergeben – und das gilt auch heute noch.“

Der Heidelberger Katechismus steht als reformatorischer Text zunächst ganz in der Betonung des zweiten Akzents, also der Sündenvergebung. Vom Leben des irdischen Jesus Christus ist so gut wie gar nicht die Rede – ein heute zu schreibender Text würde hier vermutlich dieses so nicht wiederholen. Die Betonung im Heidelberger Katechismus liegt – und das hatte auch schon die Argumentation im letzten Kapitel gezeigt – ganz auf der einseitigen Zuwendung Gottes: er ist gerecht und darin ist er dem Sünder barmherzig. Er befreit den Menschen, ohne dass dieser etwas dazu tun könne. Aber trotz dieser starken Betonung verfällt der Katechismus doch nicht der Einseitigkeit, die eben als Gefahr aufgewiesen wurde.

Von Christen reden heißt von Christus zu reden

Die Frage 32 des Heidelberger Katechismus fragt zunächst ganz schlicht – und antwortet dann recht komplex. Die einfache Frage lautet: „Warum wirst du aber ein Christ genannt?“ Dies ist letztlich die hinter den beiden Einseitigkeiten stehende Frage: Wirst Du ein Christ genannt, weil Du die Gebote befolgst und Christus nachfolgst? Oder wirst Du ein Christ genannt, weil Du gerechtfertigt bist? So antwortet der Katechismus aber nicht. Er lenkt vielmehr den Blick zurück und antwortet zunächst: „Weil ich durch den Glauben ein Glied Christi bin und dadurch an seiner Salbung Anteil habe“. Und das heißt: Das Christsein wird nicht mit einem irgendwie programmatischen Satz beschrieben, sondern bestimmt sich von Christus her. Das Christsein ist nur von Christus her bestimmbar – nötig ist also der Blick auf Christus, um zu erkennen, wer ich als Christenmensch bin. Dort erkenne ich nicht nur, wer und wie Gott ist, sondern auch, wer ich bin – so jedenfalls lautet die anspruchsvolle Argumentation des Katechismus.

Dass der Mensch in Jesus Christus erkennen kann, wer er in Wirklichkeit ist, das ist nur möglich, wenn ein im letzten Kapitel schon benannter Grundsatz mitbedacht wird: Stellvertretung. Es ist eben im Katechismus nicht nur der für manche schwer nachzuvollziehende aber grundsätzlich bekannte Gedanke zu finden, dass Jesus Christus in seinem Kreuzestod stellvertretend für unsere Sünde die Gottesferne übernommen hat. Vielmehr wird ebenso deutlich: Alles das, was über Jesus

Christus auszusagen ist, gilt „irgendwie" auch für uns. Das formuliert der Katechismus mit dem Begriff „Anteil an der Salbung haben".

Jesus Christus als der Gesalbte Gottes

Die Formulierung, dass Jesus Christus als der Gesalbte anzusehen ist, ist für unsere Ohren eher merkwürdig. Aber nur dann, wenn wir nicht genau auf die Begrifflichkeit achten. Denn das Neue Testament nennt Jesus den Christus; Christus ist nicht etwa als Familienname anzusehen. Sondern: Jesus ist der Christus. Christus aber ist die griechische Übersetzung des hebräischen „Maschiach", oder wie wir eher sagen: Messias. Und Messias heißt direkt ins Deutsche übersetzt einfach „der Gesalbte". Und deswegen ist für den Heidelberger Katechismus das „Anteil an der Salbung haben" eben Anteil an Christus zu haben. Warum sagt er das aber nicht einfach so?

Der Hauptgrund ist wohl darin zu finden, dass gerade die Begrifflichkeit „Salbung" vom Alten Testament her eine spezifische Funktion beschreibt. Bekannt dürfte sein, dass Propheten und Könige im Alten Testament gesalbt und das heißt in ihre Funktion als Prophet und König eingesetzt wurden. Saul wurde zum König über Israel gesalbt, Aaron zum Priester und (der dritte?) Jesaja sagt von sich, dass er von Gott zum Propheten gesalbt sei. Die Salbung ist dabei nicht alleine das Übergießen von Salböl, sondern mehr noch die mit diesem Ritus verbundene Einsetzung in eine ganz bestimmte Aufgabe. Und zunehmend wird der Begriff „Messias" von der damit ursprünglich verbundenen Handlung gelöst und für sich verständlich: Israel wartete (und wartet bis heute) auf den Messias. Das Neue Testament sieht Jesus als eben diesen verheißenen Messias an und in der Christenheit wird die Messiasbezeichnung sogar zum Eigennamen: Jesus Christus.

Johannes Calvin hat aufbauend auf ältere Vorüberlegungen, die von Jesus Christus als Priester und König sprachen, die Christologie als Lehre vom dreifachen Amt Jesu Christi weiterentwickelt: Er hat sie um das prophetische Amt Jesu Christi erweitert, so dass man jetzt vom dreifachen Amt Jesu Christi spricht, vor allem aber hat er diese Lehre in die Mitte der Christologie gestellt. Weite Teile der evangelischen und katholischen Theologie sind Calvin hierin gefolgt, ohne sie in gleicher Weise zentral zu stellen. Zu fragen ist mit Recht, ob diese Lehre nicht in der Gefahr steht, die Pluralität der Salbungsverständnisse im Alten Testament vorschnell zu harmonisieren.[3] Das wäre vor allem dann der Fall, wenn man die Inhalte der im Alten Testament erwähnten Ämter einfach auf Jesus Christus überträgt. Die Zentralstellung der Salbung Jesu Christi ist auf der einen Seite eine Anknüpfung an das Alte Testament und macht deutlich, dass Person und Werk Jesu Christi nicht ohne das Alte Testament denkbar sind. Und auf der anderen Seite findet nicht einfach eine glatte Übertragung der Inhalte der alttestamentlichen Ämter von Prophet, Priester und König auf Jesus statt, sondern sie bekommen jeweils deutlich neue Akzente. Allerdings ist richtig zu sehen, dass diese Lehre im Neuen Testament selber so nicht vertreten wird und deshalb immer nur als Interpretation von Aussagen aus dem Alten und Neuen Testament anzusehen ist. Die Stärke der Betonung des dreifachen Amtes Jesu Christi liegt darin, dass sie Person und Werk Jesu Christi zusammen bindet: Sowohl das, was das Leben Jesu Christi vor Ostern ausmachte, wie auch die im Heilsgeschehen konzentrierten Erkenntnisse werden so zusammen gehalten. Es geht also sowohl um das, was Gott in Jesus Christus für uns und damit an uns getan hat wie auch um die Frage, was das für unser konkretes Leben als Menschen heute bedeutet. Das wird auch durch die verschiedenen Funktionen gewährleistet, weil nicht eine einzige Aussage oder ein Amt alles andere ausschließt. Denn auch wenn der Heidelberger Katechismus zentral von der Gerechtigkeit Gottes und also auch von unserer Rechtfertigung spricht, so steht sie doch nicht allein im Mittelpunkt – eher ist es Christus, der uns auch rechtfertigt.

---

[3] Vgl. z. B. Martin Karrer, Jesus Christus im Neuen Testament, Göttingen 1998, 157.

Christus als Prophet, Priester und König – uns zugute

> Warum wird er Christus, das heißt „Gesalbter“, genannt? (Frage 31)
>
> Er ist von Gott dem Vater eingesetzt und mit dem Heiligen Geist gesalbt zu unserem obersten Propheten und Lehrer, der uns Gottes verborgenen Rat und Willen von unserer Erlösung vollkommen offenbart, und zu unserem einzigen Hohenpriester, der uns mit dem einmaligen Opfer seines Leibes erlöst hat und uns alle Zeit mit seiner Fürbitte vor dem Vater vertritt; und zu unserem ewigen König, der uns mit seinem Wort und Geist regiert und bei der erworbenen Erlösung schützt und erhält.

Die Frage und Antwort 31 ist die klassische Form der Lehre vom dreifachen Amt Jesu Christi. Jesus Christus ist zum Propheten, Hohenpriester und König gesalbt – und das heißt, dass nach Auffassung des Heidelberger Katechismus mit Hilfe dieser drei Aufgaben wesentliche Dimensionen der Christologie beschrieben werden können. Anders als die Reihenfolge im Katechismus akzentuiere ich zunächst die mittlere, weil sie am ehesten in Zusammenhang mit der Frage nach der Gerechtigkeit Gottes steht und auch die „traditionellste“ Antwort der Reformationszeit enthält. Ja, man kann sogar sagen, dass die Reformation diese Aufgabe Jesu Christi so stark betont hat, dass alles andere weitgehend ausgeblendet wurde. Das hohepriesterliche Amt Jesu Christi ist zugleich auch am stärksten biblisch belegt – der Hebräerbrief thematisiert es ausführlich: Jesus Christus hat sich selbst als Opfer dargebracht für die Sünden der Menschen (vgl. Hebräer 5,1), damit diese erlöst sind. Der Priester steht für die Sündenvergebung. Jesus Christus, so der Katechismus, hat uns erlöst und nimmt uns so hinein in seine Geschichte. Die Bedeutung für den Menschen ist deutlich: Er lebt nicht mehr unter der Sünde, sondern in der Gnade; die im vorigen Kapitel erörterten Fragen 11 – 18 verfolgen hier den gleichen Gedanken.

Der Katechismus betont – sogar als erstes –, dass Jesus Christus zum obersten Propheten und Lehrer gesalbt sei. Und in dieser Funktion wird deutlich, dass die Lehre vom dreifachen Amt Jesu Christi den Blick weitet, weil der Blick nicht allein auf das Heil des Menschen gerichtet ist. Denn hier geht es um Jesus als den Lehrer und Propheten und das heißt: Er ist der, der den Willen Gottes offenbart. Und damit ist dann auch aufgenommen, dass Jesus als Lehrer des Gesetzes in den Evangelien verstanden wird: Er legt die Thora, die Weisung Gottes aus. Insbesondere die Bergpredigt, aber auch viele andere Passagen zeigen Jesus als den, der seine Jünger lehrt. Das prophetische Amt sagt also: Gottes Wille wird uns in Jesus Christus erkennbar – und das ist die Aufgabe auch der alttestamentlichen Propheten. Freilich wird man sagen müssen, dass sich der Heidelberger Katechismus wie die ganze Reformation auf die Erlösungsdimension konzentriert, weshalb im Vordergrund auch die Offenbarung der Erlösung steht; im weiteren Verlauf des Katechismus wird aber erkennbar, dass diese Konzentration nicht zum Ausschluss anderer Dimensionen führt. Im Blick auf uns bedeutet dies, dass wir aufgrund des Kommens Christi darum wissen dürfen, dass uns die Erlösung gilt. Anders wüssten wir es gar nicht – und hier bleibt sich der Katechismus treu, weil er als einzige Quelle der Gotteserkenntnis letztlich Christus nennt: Wir sind angewiesen darauf, dass uns gesagt wird, dass die Befreiungsbotschaft uns gilt; aus uns selber heraus wissen wir es nicht.

Das dritte Amt ist das des Königs. Christus regiert – und kein anderer. Der, dem wir unsere Erlösung verdanken, ist auch der Regent der Welt. Ein verborgenes Regieren jenseits dieses gnädigen Herrschens ist nach dem Heidelberger Katechismus also nicht denkbar – es ist kein anderer, der die Welt regiert, und Gott ist nicht aufteilbar in eine dunkle und eine helle Seite. Auch hier wieder ist erkennbar, dass die Konzentration des Katechismus auf dem erlösenden Handeln Gottes liegt: Es bleibt dauerhaft gültig. Und wir werden in ihm erhalten bleiben.

Jesus Christus ist uns zum Propheten, Priester und König gemacht. Das ist gut für uns, denn wir wissen, worin unsere Erlösung besteht, wir sind erlöst und Gott lässt uns nicht aus dieser Erlösung herausfallen. Gott handelt – und wir sind letztlich die Empfänger der guten Botschaft. Zwar sind wir als Adressaten auch mit hineingenommen, wir werden auch erhalten – aber es scheint, dass hier die Rolle des Menschen tendenziell passiv bleibt. Das geschieht mit Absicht. Denn es liegt dem Katechismus alles daran, dass betont wird: Der Mensch kann sich nicht selbst erlösen. Er ist vollständig angewiesen auf Gottes freundliche Zuwendung, und aus sich selber kann er zu seiner Erlösung nichts beitragen. Augustin hat betont, dass die Gnade Gottes nur dann recht verstanden ist, wenn sie als umsonst gegeben verstanden wird: Gratia gratis data – die Gnade ist umsonst gegeben.

Seiner Salbung teilhaftig werden

> Warum wirst aber du ein Christ genannt? (Frage 32)
>
> Weil ich durch den Glauben ein Glied Christi bin und dadurch an seiner Salbung Anteil habe, damit auch ich seinen Namen bekenne, mich ihm zu einem lebendigen Dankopfer hingebe und mit freiem Gewissen in diesem Leben gegen die Sünde und den Teufel streite und hernach in Ewigkeit mit ihm über alle Geschöpfe herrsche.

Aber der Katechismus bleibt nicht stehen bei der grundlegenden und dauerhaft gültigen Aussage, dass das Heil dem Menschen von außen zuteil wird, ohne dass er daran auch nur einen Fingerbreit mitwirken könnte. Denn diese dem Menschen von außen zukommende Gnade macht den Menschen nicht passiv, sondern setzt ihn ein in eine aktive Rolle. Nicht Passivität, sondern Aktivität prägt das Menschenbild im Heidelberger Katechismus. Und deshalb folgt auf die Frage 31, die von Christus als dem Gesalbten spricht und die drei Ämter Christi betont, sofort die Frage, inwiefern denn der Mensch als Empfänger der Gnade zu verstehen sei. Und hier wird deutlich, dass dem dreifachen Amt Jesu Christi drei menschliche Handlungen entsprechen.

Zunächst benennt der Katechismus das Bekennen des Namens Jesu Christi. Damit ist nicht ein formaler Akt eines Zugehörigkeitsbekenntnisses zur Kirche zu verstehen, sondern es setzt auf das menschliche Ja zur Barmherzigkeit Gottes. Dieses menschliche Ja ist schon im Kapitel zum Glaubensverständnis aufgegriffen worden – für den Katechismus ist das Moment der Antwort wesentlicher Bestandteil des christlichen Glaubens. Dabei hat das Bekennen einen zweifachen Adressaten: Gott und die Mitmenschen (und vielleicht sogar schließt man sich selber dabei ein). Im Hebräischen ist loben und bekennen dasselbe Verb: Wer Gott lobt, der reagiert damit auf Gottes Zuwendung – Gott loben, in Liedern oder auch in anderen Formen, ist Bestandteil des Christseins. Manchmal allerdings verbergen wir in unseren evangelischen Gemeinden dieses bekennende Loben ganz in die Innerlichkeit und neue Formen auch des gottesdienstlichen Lobes, die uns aus anderen kirchlichen Gemeinschaften zuwachsen, sind vielen unserer Gemeindeglieder fremd. Aber es ist auch nirgendwo verboten, das Loben zu erlernen. Das Gotteslob und das Christusbekenntnis gehören zueinander – grundsätzlich und lebenslang.

Wir leben in unseren volkskirchlichen Gemeinden vielfach so, als sei die Konfirmation Abschluss und Höhepunkt der Bekenntnisbildung des Christenmenschen. Die Konfirmation ist in der Tat in der Reformationszeit von Martin Bucer eingeführt worden, um das eigentlich zur Taufe gehörende Bekenntnis nachzuholen. Wir haben aber in unseren Gemeinden dahingehend ein Problem, dass wir aufgrund des Charakters der Konfirmation ehrlicherweise den Konfirmanden kein äußerliches Bekenntnis abnötigen können, dem sie innerlich oft nicht zustimmen. Damit aber forcieren wir ein Verständnis des Christseins, das prinzipiell ohne Bekenntnis auszukommen vermag. Aus der Perspektive des Heidelberger Katechismus jedenfalls kann dieser Aspekt nicht kleingeschrieben werden oder gar ausfallen. Der christliche Glaube erschöpft sich nicht im Empfangen. Wie dann allerdings das Bekennen des Glaubens aussieht, ist eher eine Frage der Kreativität und auch des Anlasses – und kann sowohl in traditionellen wie in neu zu formulierenden Worten geschehen. Der Katechismus jedenfalls selber versteht sich als Hilfe, diesem Bekennen zu dienen.

Der zweite Aspekt, den der Katechismus hier nennt, ist die menschliche Hingabe als Dankopfer, die dem priesterlichen Amt Jesu Christi entspricht. Der Begriff des Dankes beim Opfer ist wichtig, um diesen nicht als Versuch zur Umstimmung oder Besänftigung Gottes zu verstehen. Der Katechismus formuliert präzise nicht so, dass der Christ ein Opfer geben solle, sondern vielmehr, dass er sein Leben selbst als Dankopfer zu verstehen habe. Nicht selten in der Christenheit ist damit eine Demutshaltung verbunden worden, die den aufrechten Gang vieler Menschen verhindert hat. Darum kann und soll es gerade nicht gehen. Vielmehr ist damit ein Gedankengang aufgenommen, der eine ganz bestimmte Lebensperspektive umfasst. In der ersten Frage des Katechismus lautete die Antwort, dass mein Lebenstrost darin besteht, nicht mir selbst, sondern Jesus Christus zu gehören. Und dies fasst der Katechismus als Befreiung auf. Diesem Bekenntnis zur Befreiung entspricht nun die Lebenshingabe. Damit wird deutlich, dass die Gottesbeziehung nicht nur auf einen ganz bestimmten Sektor des Menschen zu reduzieren ist, sondern den ganzen Menschen umgreift. Der Christ und die Christin haben Anteil an Christus, der sich für uns dahingegeben hat – und leben dies, indem sie sich selber hingeben: für Gott und für andere. Nun klingt der Begriff der Hingabe oder des Dankopfers möglicherweise nach selbstentfremdetem Handeln: Aber genau das ist nicht intendiert, weil es um Freiwilligkeit geht – im Glauben hat der Zwang keinen Platz. Der Katechismus spricht hier vom „freien Gewissen“ und betont damit die individuelle Verantwortung. Und deshalb ist die Frage, wie dieses Leben als Dankopfer konkret aussehen kann, wiederum eine Frage der individuellen Gestaltung – und auch hier möchte der Katechismus vor allem in seinem dritten Teil Hilfestellung leisten: Er legt hier die zehn Gebote und das Unser Vater aus und deutet so Perspektiven an.

Der dritte Aspekt legt das königliche Amt Jesu Christi aus – und hier unterscheidet der Katechismus zwei Ebenen: Die der ewigen Herrlichkeit und die der gegenwärtigen Realität. Im Blick auf die erhoffte Ewigkeit stellt sich der Katechismus die Herrschaft gemeinsam mit Gott vor. Ohne hier schon tiefer zu dringen wird deutlich, dass der Katechismus eine Ewigkeitsvorstellung hat, die mit Tatenlosigkeit nichts zu tun hat, sondern die menschliche Vollkommenheit immer mit einem Auftrag verbunden sieht. Der Katechismus nimmt hier die mit der Zusage der Gottebenbildlichkeit verknüpfte Beauftragung zum Verwalter der Schöpfung aus Genesis 1 auf.

In unserer Zeit aber findet ein solches ruhiges Herrschen nicht statt – der Katechismus weiß um die Mächte dieser Welt, die das Leben bedrohen. Gegen diese Mächte, die der Katechismus Sünde und Teufel nennt, ist ein lebenslanger Kampf angesagt. Das kriegerische Bild nimmt den Charakter unserer Welt ernst. Und der Katechismus rechnet auch nicht damit, dass es in dieser Zeit zu einem Zustand des Friedens kommen wird, der den Einsatz gegen die gottfeindlichen Mächte überflüssig machen. Aber weil Jesus Christus als Herr der Welt benannt wird, ist auch der Kampf der Christen gegen die „herrenlosen Gewalten" (Karl Barth) immer wieder nötig. Und auch hier wird immer wieder neu zu überlegen sein, auf welchem Feld der Einsatz gerade am nötigsten und sinnvollsten ist. Es können dies Felder im Menschen selber, im sozialen Miteinander oder auch im globalen Kontext sein – Christen sind zum Einsatz gegen diese lebensfeindlichen Mächte gerufen.

Christen, aber nicht Christus

Der Christenmensch bekennt, gibt sich selber als Dankopfer hin und streitet gegen Sünde und Teufel. So lautet die Beschreibung des Christenmenschen. Als empirische Beschreibung der Christen taugt sie jedoch nichts, weil diese drei Tätigkeiten weder bei anderen noch bei uns selber einfach abzulesen sind. Vielleicht gibt es einige Christenmenschen, die uns durch ihr Handeln imponieren und vielleicht sogar zu evangelischen „Heiligen" taugen – beim genaueren Hinsehen zeigen sich jedoch auch bei diesen Brüche und Unvollkommenheiten. Martin Luther hat davon gesprochen, dass der Mensch gleichzeitig ein Sünder und ein Gerechter sei und damit deutlich gemacht, dass zwischen dem, die wir im Glauben bereits sind – nämlich Erlöste – und dem, was wir im Schauen sind – nämlich nicht Erlöste, sondern immer wieder durch viele Dinge Gebundene – zu unterscheiden haben. Diese Unterscheidung ist grundsätzlich richtig: Unser Christsein können wir nicht an uns selber ablesen, sondern nur von Christus her. Aber dass zwischen dem, was wir im Glauben bereits sind, und dem, was wir hier in dieser Welt leben, nicht nur eine Differenz, sondern wenn auch unvollkommener und fragiler Zusammenhang besteht, ist dem Heidelberger Katechismus wichtig. Er nimmt damit einen Akzent Johannes Calvins auf, der von der Heiligung des Lebens spricht. Er weiß dabei aber auch um die Unvollkommenheit und formuliert deshalb treffend: Die „meisten leiden unter solcher Schwachheit, dass sie nur wankend und hinkend, ja auf dem Boden kriechend, bescheiden vorankommen."[4] Es ist deshalb nicht als moralischer Appell zu verstehen, was hier im Katechismus über das Christsein ausgesagt wird. Und schon gar nicht bei anderen einzufordern. Sondern es ist der Blick auf unsere neue Wirklichkeit, auf uns als befreite Menschen, der wir im Leben zu entsprechen versuchen.

Christen und Christinnen haben an der Salbung Christi Anteil – mit diesem Grundgedanken bindet der Katechismus die Geschichte Jesu Christi und das Geschick der Christen und Christinnen aneinander. Die grundsätzliche Differenz zwischen Christus und den Seinen bleibt dabei grundlegend bestehen und deshalb findet nie eine Reduktion auf eine Vorbildchristologie statt. Jesus Christus hat die Befreiung des Menschen ohne dessen Dazutun vollbracht, weshalb hier die menschliche Passivität nicht hoch genug betont werden kann: Das Heil ist reines Geschenk. Aber als Befreite haben Christen und Christinnen Anteil am weltverändernden Handeln Jesu Christi – und so ist er nicht das Vorbild der Christen, wohl aber leben sie in seiner Nachfolge und ahmen ihn nach – mit Wort und Tat.

So bindet der Katechismus die beiden Dimensionen, die so oft in der Geschichte der Kirche zu vereinseitigen drohten, zusammen: die synoptische und die paulinisch-johanneische Perspektive. Vielleicht würden wir heute manchen Akzent anders setzen und die Synoptiker stärker betonen als das in der Reformationszeit der Fall war, weil hier auch aus Abwehrgründen gegen eine gefährliche mittelalterliche Theologie so konzentriert aufgetreten wurde. Aber in der Sache selbst sind

---

[4] Johannes Calvin, Institutio Christianae religionis III,6,5.

beide Linien deutlich vertreten. Christus ist für die Menschen gestorben und auferstanden und will nie ohne die Seinen sein, die er in Anspruch nimmt.

Kapitel VII
Der gerechte Mensch – oder: Gerecht werden und leben

Als zentrale reformatorische Aussage gilt gemeinhin die Botschaft von der Rechtfertigung – allein aus Gnaden wird dem Menschen Rechtfertigung zuteil. Und es hat kaum einen Theologen in der gesamten Geschichte der Kirche gegeben, dessen Theologie so sehr um ein Thema kreiste wie Martin Luther um die Lehre von der Rechtfertigung.

Man wird nun aber diese Aussage nicht so einfach von der evangelischen Kirche der Gegenwart sagen können. In der zweiten Hälfte des 20. Jahrhunderts gab es im Blick auf die Wertschätzung der Rechtfertigungslehre zwei sehr unterschiedliche Einschätzungsmomente. Einerseits stellte der Lutherische Weltbund in einem berühmt-berüchtigten Votum 1963 fest:

> „Der Mensch von heute fragt nicht mehr: Wie kriege ich einen gnädigen Gott? Er fragt radikaler, elementarer, er fragt nach Gott schlechthin: Wo bist Du, Gott? … er leidet nicht mehr unter seiner Sünde, sondern unter der Sinnlosigkeit seines Daseins; er fragt nicht mehr nach dem gnädigen Gott, sondern ob Gott wirklich ist."[1]

Wenn diese Auffassung stimmt, heißt das: Die Rechtfertigungslehre, die den gnädigen Gott in den Mittelpunkt setzt, ist für die Menschen der Gegenwart nicht mehr verständlich. Sie setzt ein Sündenbewusstsein voraus, das vielleicht im 16. Jahrhundert

---

[1] Aus Abschnitt 3 der „Botschaft der vierten Vollversammlung des Lutherischen Weltbundes in Helsinki", in: Helsinki 1963. Beiträge zum theologischen Gespräch des Lutherischen Weltbundes, hg. von Erwin Wilkens, Berlin/Hamburg 1964, 456.

Gültigkeit hatte, aber heute nicht mehr gilt. Wenn aber die Rechtfertigungsbotschaft dem „Menschen von heute“ nicht mehr verständlich ist, sollte man sie jedenfalls nicht mehr ins Zentrum rücken, will man denn verstanden werden.

Einen Kontrapunkt zu diesem Kleinschreiben der Rechtfertigungslehre gab es 1999. Dort bekundeten der Lutherische Weltbund und die römisch-katholische Kirche eine weitgehende Einigkeit im Verständnis der Rechtfertigungslehre. Im Umfeld wurde dabei deutlich (und zwar sowohl von Befürwortern wie von Kritikern der Erklärung), wie sehr die Rechtfertigungslehre im Mittelpunkt der evangelischen (zumindest der lutherischen) Kirche und Theologie stünde; vielfach wurde die angeblich auf Martin Luther zurückgehende Aussage bekräftigt, nach der die Rechtfertigungslehre das Fundament sei, mit dem die Kirche steht oder fällt.[2]

Auch im Heidelberger Katechismus ist immer wieder das Thema der Rechtfertigung zentral, obwohl er eher von der Gerechtigkeit als von der Rechtfertigung spricht. Und die Reformation insgesamt versteht ihre Zuspitzung als biblisch begründet. In Aufnahme der beiden Voten ist deshalb zu fragen, wie und ob heute die Themen „Rechtfertigung“ und „Gerechtigkeit“ relevant ist und wie der Heidelberger Katechismus hier Verstehenshilfe leisten kann.

Gerechtigkeit – ein vieldeutiger Begriff

Was aber ist unter „Gerechtigkeit“ zu verstehen? Oder genauer: Wenn der Heidelberger Katechismus fragt: „Wie bist du gerecht vor Gott?“ (Frage 60) – was bedeutet hier Gerechtigkeit?

Es könnte bedeuten, dass jemand gerecht ist, wenn er bestimmte Gesetze oder Regeln einhält. Und im Blick auf Gott könnte das dann bedeuten, dass jemand dann gerecht ist, wenn er die göttlichen Gebote einhält. Und da keiner die göttlichen Ge-

[2] Vgl. zur Herkunft des Begriffs „articulus stantis et cadentis ecclesiae“ Theodor Mahlmann, Art. Articulus stantis et (vel) cadentis ecclesiae, in: RGG 1, Tübingen ^{4}1998, 799 f.

bote ganz hält, ist auch keiner gerecht. So könnte hier die Logik lauten. Aber so einfach denkt beispielsweise Paulus, der am intensivsten im Neuen Testament über die Gerechtigkeit reflektiert, nicht. Denn das Befolgen der Gebote ist nicht identisch mit Gerechtigkeit. Vielmehr ist das Nicht-Befolgen der Gebote ein Hinweis, eine Folge der nicht vorhandenen Gerechtigkeit. Und infolgedessen vielleicht auch ein Indiz dafür, dass der Mensch nicht gerecht ist.

Gerechtigkeit könnte aber auch heißen, dass alles im Lot ist. Und Ungerechtigkeit ist dann vorhanden, wenn etwas ins Ungleichgewicht geraten ist. Im Blick auf Gott hieße das: Menschen haben etwas ins Ungleichgewicht gebracht (etwa dadurch, dass sie gegen ein Gebot verstoßen haben). Und Gerechtigkeit ist dann wieder da, wenn ein Ausgleich stattfindet. Der Mensch muss Gott also etwas geben, was er vorher von ihm genommen hat – eine Ausgleichszahlung etwa. Oder eine Strafe, die als Ausgleich verstanden werden könnte. Das Schlechte muss, so lautet hier der Grundgedanke, ausgeglichen werden. Aber kann ein geschehenes Unrecht wiedergutgemacht werden? Das geht nur, wenn ein System angenommen wird, an das sich alle halten müssen, ja, das allen übergeordnet ist – und zwar Mensch und Gott. Sehr eng mit dieser Vorstellung verwandt ist die sogenannte distributive Gerechtigkeit. Gerechtigkeit heißt da, dass jeder Mensch gleich zu behandeln ist und mit gleicher Elle zu messen ist. Und die, die besser gehandelt haben als andere, sind dann auch gerechter – und diejenigen, die gegen Gebote verstoßen haben, sind dann eben ungerechter. Um dann (vor Gott) gerechter zu werden, muss versucht werden mit guten Taten (vor Gott) besser da zu stehen. Wenn Menschen meinen, sie könnten Gott durch das Tun besonderer oder außergewöhnlicher Dinge etwas Ausgleichendes für ihre schlechten Taten geben und sich damit besser stellen, steht dahinter dieses Verständnis der Gerechtigkeit. Der Ablasshandel in der Reformationszeit war ein Beispiel dafür – aber solch ein Denken ist wohl bei jedem Menschen vorhanden. Gott wird hier vor allem als der Reagierende verstanden, der die einen belohnt und die anderen bestraft.

Was eint all diese Konzeptionen von Gerechtigkeit? Sie alle gehen davon aus, dass sich Gerechtigkeit im Verhalten des

Menschen zeigt. Gerechtigkeit besteht im Befolgen der Gebote und also im Tun des Guten, im Einhalten eines Systems oder im Ausgleichen geschehener Ungerechtigkeit. Wie im weiteren zu zeigen sein wird, ist damit die Vorstellung des Katechismus im Blick auf Gerechtigkeit vor Gott nicht hinreichend beschrieben. Anders gesagt: Der Katechismus bezieht eine eigene Perspektive, in dem er die Gerechtigkeit Gottes als Ausgangspunkt nimmt – und im fünften Kapitel war diese als Gottes Gemeinschaftstreue verstanden worden. Wie also ist der Mensch „gerecht vor Gott"? Und welche Auswirkungen gibt es von dorther auf das, was wir unter „gerechtem Handeln" verstehen?

Gerechtigkeit als Gemeinschaftstreue

Gerechtigkeit ist, darauf hatte bereits das fünfte Kapitel im Zusammenhang der Gerechtigkeit Gottes hingewiesen, im vom hebräischen Hintergrund geprägten biblischen Zusammenhang als soziale Dimension zu verstehen und ist am ehesten mit Gemeinschaftstreue zu übersetzen. Wenn die Frage im Heidelberger Katechismus lautet: „Wie bist Du gerecht vor Gott?", dann bezieht sie sich also auf die Relation von Gott und Mensch – und es ist jetzt in diesem Zusammenhang nach der Gemeinschaftstreue des Menschen gefragt. Deutlich ist bereits geworden, dass Gott der Gemeinschaft mit dem Menschen treu ist, indem er sich nicht von seiner Schöpfung abwendet, sondern ihr verbunden bleibt: Gott ist ein verlässlicher Bundespartner. Die Art und Weise, wie Gott dem Menschen treu ist, hat das Kapitel sechs aufgegriffen: Gott wendet sich dem Menschen zu, indem er in Jesus Christus an die Stelle des Menschen tritt und den Menschen so aus der Fremdherrschaft befreit. Und im Prinzip kommt im Zusammenhang des Nachdenkens über die Gerechtigkeit des Menschen keine neue Dimension hinzu, sondern es wird in einem für die gesamte Reformation entscheidenden Aspekt eine Tiefenbohrung angesetzt. Denn im Kommen Jesu Christi ist sowohl die Gerechtigkeit Gottes wie auch die des Menschen erkennbar. Jesus Christus als wahrer Gott und wahrer Mensch ist nämlich der, in dem wir erkennen können, wer Gott ist und wer wir Menschen sind.

Und im Blick auf unsere Gerechtigkeit heißt das zunächst: Indem wir an der Salbung Christi teilhaben, indem er an unsere Stelle getreten ist, sind wir gemeinschaftstreu in der Gott-Mensch-Beziehung. Der Mensch ist gerecht geworden, weil er in Jesus Christus da ist. Und das heißt mit Blick auf mich selber: Ich bin gerecht, ich bin Gott treu – auch wenn ich dies an mir und meinem Verhalten keineswegs ablesen kann. Das heißt aber auch im Blick auf unsere Nächsten: Auch sie sind gemeinschaftstreu, weil wir auch sie in Jesus Christus als Gerechte erkennen. Darauf hat Dietrich Bonhoeffer zu Recht verwiesen. Wenn er schreibt, dass „ein Christ zum andern nur durch Jesus Christus kommt“[3], dann bedeutet es genau dies: Wer der Andere in Wirklichkeit ist, ist nur in Jesus Christus erkennbar. Der Andere ist in Wirklichkeit bereits ein Gerechter – und ich auch.

Gerechtigkeit heißt nicht: Jeder hat einen guten Kern

Nun könnte dieser Zusammenhang so verstanden werden, als wollte man sagen: Hinter einer rauen Schale steckt ein guter Kern. In Wirklichkeit ist jeder Mensch gut, nur die Entwicklung oder die Umwelt hat aus einem guten einen schlechten Menschen gemacht. Dieser Gedanke, der sich zum Beispiel bei Rousseau oder auch weit verbreitet in der Aufklärung findet, ist nicht der des Katechismus. Er geht nicht davon aus, dass diese Wirklichkeit ein Teil von uns ist, sondern dass wir Teil dieser Wirklichkeit sind. Wir sind, so der Katechismus, nicht potentiell gut, so dass aus uns ein guter Mensch werden könnte, sondern: Wir sind gut, gemeinschaftstreu – in Jesus Christus. Wenn wir davon ausgehen, dass die Gerechtigkeit des Menschen im Bereich des Möglichen liegt und also die Verwirklichung von uns abhängig ist, dann verorten wir die Gerechtigkeit ganz im ethischen Bereich. Dann ist es letztlich unsere Verantwortung, gerecht zu werden und als

---

[3] Dietrich Bonhoeffer, Gemeinsames Leben (in: Dietrich-Bonhoeffer-Werke Bd. 5), Gütersloh [3]2002, 40.

Gerechte zu handeln. Wer die Gerechtigkeit so verortet, überfordert den Menschen, so der Katechismus: Er nimmt ihn nicht ernst genug. In der Gott-Mensch-Beziehung ist zu sehen, dass der ohne Christus gedachte Mensch nicht in der Lage ist, Gott treu zu sein – aber das ist eigentlich ein gar nicht mehr zu denkender Gedanke, gleichsam eine Abstraktion – denn Jesus Christus ist ja gekommen.

Geschenkte Beziehung?

Nicht selten erfolgt Einspruch gegen diese Vorstellung der einseitigen Zuwendung Gottes: „Wenn mir die Gerechtigkeit geschenkt wird, allein aus Gnaden, dann bin ich ja selber gar nicht verantwortlich – dann entmündigt mich doch so etwas. Wenn Gott einfach etwas an meiner Stelle tut, dann werde ich nicht ernst genommen.“ Aber genau das geschieht ja nicht im Gedankengang dessen, was Stellvertretung genannt wird: Nicht ein anderer tritt an meine Stelle, sondern: Ich bin bereits dort. Ich bin Gott treu. Ich bin gerecht. Ich bin kein Sünder. Der Gedanke der Stellvertretung heißt eben nicht: Der Mensch wird entmündigt, sondern vielmehr: er wird zur Mündigkeit ertüchtigt, fähig gemacht, instandgesetzt.

Dass der vorfindliche Mensch dazu nicht selber in der Lage ist, ist allerdings aus Sicht des Katechismus zutreffend. Deshalb ist er darauf angewiesen, dass ihm die Beziehung geschenkt wird. Dass Gott in Jesus Christus an seine Stelle tritt, dass er aus dem deformierten alten Menschen den beziehungsfähigen neuen Menschen macht. Im Neuen Testament wird dieser Akt „neue Schöpfung“ genannt. Wenn Paulus etwa schreibt: „Wenn also jemand in Christus ist, dann ist das neue Schöpfung; das Alte ist vergangen, siehe, Neues ist geworden.“ (2 Kor 5,17), dann wird damit diese völlige Veränderung des Menschen ausgesagt. Vergleichbar mit dem Wunder der Schöpfung am Anfang aller Zeiten und zunächst genauso ohne Zutun des Geschöpfes kommt es zum neuen Menschen, der in einer intakten Gottesbeziehung lebt.

Wie bist du gerecht vor Gott? (Frage 60)

Allein durch wahren Glauben an Jesus Christus. Zwar klagt mich mein Gewissen an, dass ich gegen alle Gebote Gottes schwer gesündigt und keines je gehalten habe und noch immer zu allem Bösen geneigt bin. Gott aber schenkt mir ganz ohne mein Verdienst aus lauter Gnade die vollkommene Genugtuung, Gerechtigkeit und Heiligkeit Christi. Er rechnet sie mir an, als hätte ich nie eine Sünde begangen noch gehabt und selbst den ganzen Gehorsam vollbracht, den Christus für mich geleistet hat, wenn ich allein diese Wohltat mit gläubigem Herzen annehme.

Dieser alleine im Glauben zu erkennende neue Mensch ist allerdings nicht nur der theoretische Hintergrund. Wäre das so, dann wäre irdische und also fassbare Wirklichkeit die eigentliche Größe. Aber der Katechismus argumentiert anders herum. Nicht die Dinge dieser Welt sind der Maßstab, sondern das Handeln Gottes. Denn der Glaube sieht tiefer und weiter als die Augen dieser Welt es tun. Der Glaube sieht, wie wir wirklich sind. Und nicht, wie wir uns und die anderen mit den Möglichkeiten unserer natürlichen Fähigkeiten wahrnehmen können.

Damit hat alles das, was wir sehen, hören und begreifen können, nicht das letzte Wort. Zugegeben macht das nicht wenigen Menschen Mühe. Denn wer davon ausgeht, dass nur der Glaube die richtige Wirklichkeit erkennt, bestreitet damit, dass außerhalb des Glaubens diese Sicht möglich ist – und also auch für alle, die nicht glauben. Und dann ist das, was ich glaube, und der, an den ich glaube, nicht so einfach vermittelbar. Denn alle, die diese andere göttliche Wirklichkeit nicht voraussetzen, sehen ja nur den Glaubenden – und nicht das, was ich als Wirklichkeit benenne. Ich kann sagen: „Ich bin ein neuer Mensch." Aber was andere sehen und hören können ist bestenfalls eine glaubwürdige Behauptung, dass Glaubende von einer nicht allgemein plausiblen Wirklichkeit reden. Und uns selber geht es ja nicht anders. Wir können ja nicht an unseren Glauben glauben. Auch Glaubende sehen ja nicht die göttliche Wirklichkeit, sondern sind Teil dieser Welt und haben damit Anteil an der ja nur begrenzten Möglichkeit, über unsere irdische Realität hinauszuschauen. Und deswegen sind auch Glaubende immer wieder angefochtene Menschen, weil das, was sie erleben und erfahren und wahrnehmen können, immer wieder die „eigentliche Wirklichkeit" überdeckt. Oder aber auch deutlich macht.

Zwar … aber

Das Gewissen wird von manchen Menschen als innere Stimme oder sogar als Stimme Gottes verstanden. Allerdings ist das im Heidelberger Katechismus nicht so. Denn das Gewissen beurteilt nüchtern das menschliche Verhalten. Und das Ergebnis lautet: Gegen alle Gebote Gottes verstoßen, keines je gehalten, immer noch zum Bösen geneigt. All das ist Indiz für die nicht vorhandene Gemeinschaftstreue. Ziel ist jetzt nicht, dieser Gemeinschaftstreue Gottes durch das Befolgen der Gebote gerecht zu werden – das kann der Mensch nicht. Das Nichtbefolgen der Gebote zeigt an, dass die Gott-Mensch-Relation gestört ist. Insofern sind die Gebote Marker. Dieser Vorgang wird klassischerweise als „überführender Gebrauch des Gesetzes" (usus elenchticus) verstanden und verweist darauf, dass die göttlichen Gebote (z.B. die zehn Gebote) oder summarisch auch das Liebesgebot von Menschen nicht eingehalten wird. Das Nicht-Befolgen der Gebote ist Indiz für die gestörte Gottesrelation. Wenn sich der Mensch ganz in Einklang mit Gott befinden würde, wäre das ein Leben in Übereinstimmung mit dem Willen Gottes. Das Gewissen weist nun jeden Menschen hin: „Auch du bist ein Sünder. Auch du lebst nicht im Einklang mit Gottes Willen." Das ist die nüchterne Sicht auf unsere irdische vorfindliche Wirklichkeit: So sind wir. Etwas macht der Katechismus jetzt aber nicht – und alleine dafür schon gebührt ihm größtes Lob: Er nutzt diese Erkenntnis des Ungehorsams den Geboten Gottes gegenüber nicht als Sprungbrett, um von dort aus die Rettungsbedürftigkeit des Sünders zu verdeutlichen. Vielmehr ist die Ausgangsposition die, dass die Sündenerkenntnis mit „zwar" eingeführt wird. Und das heißt: Zuerst wird die dem Menschen geschenkte Gerechtigkeit wahrgenommen – und von dort aus erst wird dann deutlich, dass der Mensch dieser geschenkten Gerechtigkeit nicht entsprechend lebt – er ist Sünder. Zwar ist zuzugestehen, dass der Heidelberger Katechismus diesen Gedanken noch etwas stärker hätte herausstellen können (vgl. dazu Kap. IV), aber sachlich deutlich ist er hier bereits gut vorhanden: Ablesen kann man die geschenkte Gerechtigkeit nicht. Was jeder glaubende Mensch an sich selber und leider auch an anderen wahrnehmen und auch ablesen kann, ist das Leben in Inkongruenz mit dem, was bei ihm (und anderen!) im Glauben bereits Wirklichkeit ist. Das biblisch geschulte Gewissen weiß deshalb umso deutlicher um die Sündhaftigkeit, je mehr es um die menschliche Bestimmung weiß.

Auf das „zwar" folgt das „aber", weil die entscheidende Sicht auf den Menschen – wie oben schon aufgeführt – eben die „göttliche" ist. Er ist kein Sünder mehr, sondern er ist gerecht – ich bin gerecht. Denn in Christus ist all das, was er getan hat, für mich geschehen – ja man muss sogar sagen: „von mir" getan worden. Denn die vollkommene Genugtuung, Gerechtigkeit und Heiligkeit Christi sind meine geworden. Diese drei Begriffe sind nicht einfach Aufnahmen des dreifachen Amtes Jesu Christi, sondern nehmen biblische Zusammenhänge auf. Genugtuung ist dabei vor allem als Hinweis zu verstehen, dass wirklich „genug" geschehen ist; hier ist auch auf die in Kapitel 5 behandelten Fragen 11–18 zu verweisen. „Gerechtigkeit" verweist auf die Gemeinschaftstreue und Heiligung – das wird später noch deutlicher werden – verweist auf das Handeln. Das alles hat Christus vollbracht. Er ist als der wahre Mensch an unsere Stelle getreten und gibt uns Anteil an sich, so dass die Gottesbeziehung intakt ist, „als hätte ich nie eine Sünde begangen noch gehabt". Die Sünde des Menschen, seine Gottesferne, seine Auflehnung – all das zählt nicht mehr, weil an seiner Stelle, für ihn Christus tritt. Der Mensch ist ein Gerechter geworden.

Manchmal heißt es, dass der Mensch gerecht *gesprochen* wird. Die Stärke dieses Ausdrucks liegt erstens im Wortcharakter – nur als Zuspruch ist ja die neue Gerechtigkeit zu haben. Und zweitens wird auf die von außen kommende Verheißung Bezug genommen, weil ja der „alte" Mensch (zumindest weitgehend) in alten

Bahnen existiert und immer noch als Sünder daherkommt. Andererseits aber ist die Redeweise vom „Zuspruch" der Rechtfertigung zu schwach, um alles auszusagen, weil sie nicht die Realität des neugewordenen Menschen benennt. Auch deshalb ist der Heidelberger Katechismus eher zurückhaltend im Blick auf diese Terminologie.

Durch den Glauben

In Kapitel zwei ist deutlich geworden, dass der Heidelberger Katechismus den Glauben als ein Ineinander von Erkennen, Bekennen und Vertrauen versteht. Alles das sind menschliche Tätigkeiten, die auch genauer beschrieben werden können. Die Reformation insgesamt und auch der Heidelberger Katechismus betonen, dass der Mensch „allein durch wahren Glauben an Jesus Christus" gerecht vor Gott ist. Es entstand in der Reformation schnell der Vorwurf, dass damit der Glaube zu einem Heilswerk gemacht werde. Denn wenn die Reformation deutlich macht, dass durch kein menschliches Handeln die Gottesbeziehung hergestellt werden kann, sondern stattdessen aller Akzent darauf gelegt wird, dass Gott ohne Mithilfe des Menschen den Menschen gerecht macht, stellt sich (auch schon auf Seiten der mittelalterlichen Kirche) eine Frage: „Ist dann nicht der menschliche Glaube dasjenige menschliche Tun, das nötig ist, um die Gottesbeziehung wieder in Ordnung zu bringen? Und wenn der Glaube so verstanden wird, ist er dann nicht letztlich identisch mit dem mittelalterlichen Verständnis, dass der Mensch Gott durch ein bestimmtes Werk (und hier eben den Glauben) erfreut und daraufhin belohnt wird?" Wenn aller Akzent auf den Glauben fällt, kann nämlich leicht gefragt werden, welche Qualität der Glaube denn haben müsse, um als solcher anerkannt zu werden. Zuweilen gibt es auch Vorstellungen, dass nur ganz bestimmte Formen und ganz bestimmte Inhalte einen „richtigen" Glauben kennzeichnen – was dann zur Folge hat, dass andere Formen als „falsch" tituliert werden. Deswegen ist die Formel, dass der Mensch „durch den Glauben" gerecht wird, interpretationsbedürftig – und genau das macht der Heidelberger Katechismus in

Frage 61. Dabei gebraucht er Formulierungen, die auch heute noch hilfreich und entlastend wirken können.

> Warum sagst du, dass du allein durch den Glauben gerecht bist? (Frage 61)
>
> Ich gefalle Gott nicht deswegen, weil mein Glaube ein verdienstvolles Werk wäre. Allein die Genugtuung, Gerechtigkeit und Heiligkeit Christi ist meine Gerechtigkeit vor Gott. Ich kann sie nicht anders als durch den Glauben annehmen und mir zueignen.

Die erste Aussage ist eine Abwehr. Der Glaube, so heißt es in der neueren Übertragung des Katechismus, die hier auch abgedruckt ist, ist kein „verdienstvolles Werk". In älteren Ausgaben heißt es, dass nicht die „Würdigkeit meines Glaubens" entscheidend ist. Sondern das Werk Jesu Christi ist meine Gerechtigkeit. Alles andere wäre auch im Katechismus eine Rücknahme der ausführlichen vorherigen Argumentation gewesen. Das heißt aber, dass die Art und Weise des Glaubens nicht entscheidend ist und dass die Frage nach einer möglichen Qualität des Glaubens irrelevant ist, ja sogar in die Irre führt. Das bedeutet eine Entlastung für alle Menschen, die sich fragen, ob ihr Glaube denn stark genug ist. Diese Frage kann entstehen, wenn man auf andere Menschen mit vermeintlich stärkerem Glauben schaut. Sie kann aber auch in Krisensituationen aufkommen, wo Menschen unsicher sind, ob der Glaube trägt. Aber die Aussage im Heidelberger Katechismus hat auch eine kritische Komponente. Denn er warnt diejenigen, die im Glauben hochmütig werden und ihn gegenüber anderen als den stärkeren empfinden oder sogar benennen: Es gibt kein „Pistometer" (pistis = griechisch: Glaube), mit dem die Qualität oder Quantität des Glaubens gemessen werden könnte. Der Glaube macht deshalb nicht gerecht.

Was aber ist der Glaube dann im Blick auf das, was uns an Heil zuteil wird? Man könnte sagen, dass er im Katechismus als Kanal verstanden wird, durch den uns die Genugtuung, Gerechtigkeit und Heiligkeit Christi zukommen. Die Form des Glaubens ist dabei nicht entscheidend – es geht hier nicht um eine Konformität im Glaubensleben. Sondern es kommt auf den Inhalt an. Erkennen, Bekennen und Vertrauen, mit denen der Katechismus den Glauben beschreibt, sind deshalb immer auf den Gegenstand bezogen und also auf Jesus Christus. Im Blick auf die Neuschöpfung des Menschen ist jede Mitwirkung des Menschen ausgeschlossen; auch der Glaube ist kein menschliches „Werk".

Auch der Glaube ist ein Geschenk – aber mit Verpflichtung

Wenn nun allein der Glaube uns Anteil an Christus und allen seinen Wohltaten gibt, woher kommt solcher Glaube? (Frage 65)

Der Heilige Geist wirkt den Glauben in unseren Herzen durch die Predigt des heiligen Evangeliums und bestätigt ihn durch den Gebrauch der heiligen Sakramente.

Deswegen betont der Katechismus auch, dass Gott selber verantwortlich ist für das Zustandekommen des Glaubens. Er wendet sich – übrigens im Einklang mit allen Reformatoren – gegen die Auffassung, als könne der Mensch aus sich heraus Glauben produzieren. Dazu ist der „alte" Mensch nicht in der Lage, so heißt es deutlich sowohl bei Martin Luther wie bei Johannes Calvin. Das nennt man auch die Ablehnung des freien Willens im Blick auf die Möglichkeit, die Gottesbeziehung herstellen zu können.

Diejenigen, die sich im Laufe der Geschichte der Kirche immer wieder für den „freien Willen" einsetzten, haben das meistens aus einem Grund getan: Sie wollten nicht, dass der Mensch als Marionette verstanden wird, der selber für seinen Glauben und sein Handeln nicht verantwortlich ist. Sie wollten vielmehr ernst nehmen, dass ja in der Bibel auf vielen Seiten gerade von der Verantwortung des Menschen gesprochen wird, von dem, was er tun soll und wie die Gebote hier dieses verdeutlichen. Die Intention derer, die sich deshalb dafür aussprechen, dass doch der Mensch auch für seinen Glauben Verantwortung trage, ist zu achten.

Zwei sehr einseitige Alternativen haben sich in den letzten Jahrhunderten hier ergeben. Die erste sagt, dass der Glaube ein Angebot sei, dass der Mensch annehmen oder auch ablehnen könne. Und nur, wenn er es annehme, sei er gerecht. Wichtig an dieser Position ist, dass das Annehmen ein ganz wesentlicher Bestandteil des Glaubens ist. Aber wenn die Neuschaffung des Menschen nur als Angebot verstanden wird, das erst Wirklichkeit gewinnt, wenn ich zustimme, dann ist letztlich meine Entscheidung wichtiger als Gottes Handeln. Dann mache ich mich letztlich selber gerecht, weil die Veränderung meiner Person durch mein Ja-Sagen und nicht durch Gottes in Christus vollzogene Gerechtigkeit stattfindet. Und dann wird der Glaube oder zumindest das Annehmen zu einem „verdienstlichen" Werk.

Die andere Einseitigkeit besteht genau im gegensätzlichen Denken. Hier wird gesehen, dass der Glaube ein Geschenk des Heiligen Geistes ist, das der Mensch nicht aus sich „machen" kann. Aber daraus folgt dann nicht selten, dass der Glaube nur in Passivität besteht – und jegliche Aktivität des Menschen als Gefahr verstanden wird, sich selber rechtfertigen zu wollen. Und aus lauter Sorge darum, man könnte den Menschen durch das Erfüllen von Geboten dazu verleiten, sich selber zu rechtfertigen, wird darauf verzichtet, überhaupt vom verantwortlichen und Gott entsprechenden Handeln zu reden.

Die erste Einseitigkeit findet sich häufig im Pietismus und in der Erweckungstradition, die zweite ist eher im Luthertum vertreten, in der manche aufgrund der starken Betonung Luthers auf die Rechtfertigung diese noch prinzipieller dachten.

Macht aber diese Lehre die Menschen nicht leichtfertig und gewissenlos? (Frage 64)

Nein; denn es ist unmöglich, dass Menschen, die Christus durch wahren Glauben eingepflanzt sind, nicht Frucht der Dankbarkeit bringen.

Der Heidelberger Katechismus geht einen anderen Weg als diese beiden Einseitigkeiten – und folgt darin Johannes Calvin. Einerseits ist der (alte) Mensch ganz passiv, wenn es um das Zustandekommen des neuen Menschen und des Glaubens geht. Aber genau betrachtet ist der (wahre) Mensch sehr aktiv: Jesus Christus erwirbt als Priester, Prophet und König die Gerechtigkeit für die Seinen. Der wahre Mensch ist nicht passiv, sondern aktiv. Er lebt in Übereinstimmung mit dem Willen seines Vaters, er ist der Gehorsame, der Menschen an Leib und Seele heilt. In ihm, so sagen es die synoptischen Evangelien, ist das Reich Gottes angebrochen. Christen sind „neue Menschen", die Anteil haben an diesem Werk Jesu Christi. Im Glauben leben die Christen als neue Kreatur in völliger Übereinstimmung mit Gott. Das sind wir – im Glauben. Und nun ist es nicht so, als wäre dieser Glaubensbereich völlig abzugrenzen von allen Formen irdischer Gerechtigkeit. Das Gegenteil ist der Fall. Denn Menschen, die sich selber als Neuschöpfung wahrnehmen, werden „Frucht der Dankbarkeit" bringen. Die Frage, ob solche Lehre nicht zur Passivität führt, ist auf den ersten Blick berechtigt. Aber doch nur auf den ersten. Denn der alte und der neue Mensch sind nicht einfach zwei verschiedene Wesen, die einander nichts zu sagen hätten. Es ist auch nicht so, dass Christenmenschen halb Sünder und halb Gerechte sind. Zu dieser Vermutung hat eine Formulierung Martin Luthers beigetragen, der davon sprach, dass Menschen „simul", gleichzeitig sündig und gerecht sind. Es ist nur wichtig, dies genau zu verstehen. Christen sind ganz und gar als gerecht zu verstehen und das heißt als in Übereinstimmung mit dem Willen Gottes lebend – weil sie sich selber in Jesus Christus sehen dürfen. Christen sind aber ganz und gar Sünder und von sich aus keine besseren Menschen als diejenigen, die sich etwa nicht als Christen oder Christinnen verstehen. Beides sind Christenmenschen ganz und gar. Luther hat auch davon gesprochen, dass der Mensch „totus peccator et totus iustus", ganz Sünder und ganz Gerechter ist. Aber die Frage bleibt: Stehen sich alter und neuer Mensch, Sünder und Gerechter beziehungslos gegenüber? Und hier sagt der Katechismus: Nein. Das Wort „Dankbarkeit" deutet an, dass die Freiheit des inneren Menschen nach außen strahlt – nicht als Automatismus, aber als Selbstverständlichkeit. Der Gerechte wird darum auch immer wieder daran mitzuwirken haben, dass auf Erden mehr Gerechtigkeit herrscht. Und worin besteht der Einsatz für irdische Gerechtigkeit? Nicht einfach, indem das Einhalten von Geboten schon alles ist. Auch nicht so, dass im Mittelpunkt der Ausgleich steht. Wenn irdische Gerechtigkeit der göttlichen Gerechtigkeit folgt, dann gehören die Aufrichtung der Schwachen, die Ertüchtigung der Ohnmächtigen und das Teilen mit den Armen zu den vordringlichsten Aufgaben – weltweit. Dann ist auch der Einsatz für die Bewahrung der Schöpfung ein gerechtes Handeln, weil das der geschenkten Beziehung entspricht. Das Geschenk der Freiheit führt in die Freiheit, sich anderen zuzuwenden und ihnen beizustehen.

Aber nun ist es nicht so, als wäre allein das Nennen dieses Zusammenhangs schon ausreichend. Vielmehr bedarf das Handeln derjenigen, die als neue Kreatur in der alten Schöpfung leben und ihr verhaftet sind, Anleitung und Einübung. Dankbarkeit muss erkannt, aber auch gelernt werden. Deshalb hat der dritte Teil des Heidelberger Katechismus die Überschrift: „Von der Dankbarkeit“. Hier werden die zehn Gebote und das Unser Vater ausgelegt, weil wir auch als Gerechte im Tun des Gerechten Hilfe brauchen.

Kapitel VIII
Schöpfung glauben – oder: Trost und Auftrag

Aus theologischer Sicht ist die Frage nach der Schöpfung auch die Frage nach uns, nach unserem Woher, nach unserem Wo und nach unserem Wohin. Nicht von Schöpfung zu reden hieße aus theologischer Perspektive, dass wir in einer Welt lebten, die nicht gehalten ist, in der gnadenlose Mächte vielfach gnadenlos walten, in der der Zufall das letzte Wort hat, in der von Werden und Vergehen geredet werden kann, aber nicht von einem letzten der Welt von außen gegenüberstehenden Grund.

Die Theologie aber redet von Gott dem Schöpfer. Aus welchem Grunde heraus tut sie das? Und auch: Aus welchem Grunde heraus kann sie das tun?

Von der Schöpfung auf den Schöpfer schließen?

Immer wieder hat es auch in der Theologie den Versuch gegeben, einen Rückschluss von der Schöpfung auf den Schöpfer zu vollziehen. Im Zusammenhang der Möglichkeit, Gott zu erkennen, ist bereits kurz darauf eingegangen worden: Wenn es in der Schöpfung die Möglichkeit geben soll, Gott zu erkennen, so müssen plausible und allgemein nachvollziehbare Hinweise vorhanden sein. Ein solcher gegenwärtig intensiv diskutierter Hinweis besteht in der Komplexität der Welt. Er lautet in etwa: Weil die Komplexität der Welt so groß ist und ihre Entstehung nicht aus sich heraus erklärt werden kann, muss es einen Urheber geben, einen außerhalb der Welt stehenden ersten Beweger. Die Lehre vom *Intelligent Design* geht etwa diesen Weg, wenn sie von der allgemein wahrnehmbaren Ordnung der Welt ausgeht, hinter der ein (göttlicher) Plan stehen muss. Aussagen über Gott fallen hier übrigens weiter nicht. Allerdings gibt es seitens der Naturwissenschaften einen vielfachen Widerspruch gegen dieses Verfahren, weil die meisten Naturwissenschaftler die Entstehung der verschiedenen Arten im Rahmen der Evolutionstheorie durch Mutation und Selektion lehren. Ob die Lehre vom *Intelligent Design* sich wird durchsetzen können, ist wohl zu bezweifeln angesichts der breiten Masse an kritischen Rückfragen aus naturwissenschaftlicher und vor allem biologischer Provenienz. Doch ist aus theologischer Sicht im Blick auf jede Rückschlusstheorie ein Problem anzumelden. Denn wer von der Schöpfung den Schöpfer erkennen möchte, ist auf eindeutige Spuren in der Schöpfung angewiesen. Hier aber treten Probleme auf: Denn ist alles, was wir sehen, schmecken, hören und betasten können, von Gott geschaffen? Hat Gott alles gemacht – oder nur einiges und vielleicht auch nur das Gute?

Je nach Wahrnehmung der Welt unterscheidet sich deshalb auch das Gottesverständnis, sofern man eine Möglichkeit wahrnimmt, Gott aus der Welt heraus wahrzunehmen – oder theologisch ausgedrückt: Von der Schöpfung auf den Schöpfer zu schließen. Das *Intelligent Design* ist eher ein optimistischer Gedanke, der die wunderbare Vielfalt betont. In Südafrika haben manche aus der Erkenntnis, dass es unterschiedliche Hautfarben gibt, gefolgert, dass Gott das genau so gewollt habe – sonst hätte er ja alle mit einer Hautfarbe ausstatten können. Und das Ergebnis war eine sogenannte Politik der Apartheid, die die sogenannte „Rassentrennung“ auf Kosten der schwarzen Bevölkerung gelebt hat. Im nationalsozialistischen Deutschland haben sich nicht wenige von der rassisch begründeten Nazi-Ideologie anstecken lassen und die gottgewollte Herrschaft der „Herrenrasse“ gelebt – mit grausamen Folgen vor allem für die jüdische Bevölkerung.

Natürlich muss ein solches Verfahren, den Schöpfer aus der Welt heraus erkennen zu können, nicht notwendigerweise zu solchen Folgen führen. Das Problem aber ist, dass es keine Kriterien dafür gibt, was denn in der Welt als gottgewollt angesehen werden kann – und was eben nicht. Sachgemäß spricht deshalb die Naturwissenschaft von „Natur“ und nicht von „Schöpfung“. Denn wer „Schöpfung“ sagt, bekennt damit immer schon eine wie auch immer geartete „göttliche“ Instanz, die Ursprung der Schöpfung ist.

Das Leiden als Einwand gegen den Gedanken des guten Schöpfers

Ganz anders als der deutlich optimistische Blick der Vertreter des *Intelligent Design,* die von einer geordneten Welt sprechen, geht es den Menschen, die eher die chaotische Welt wahrnehmen. In der nicht das gelingende Leben, sondern Scheitern das Leben bestimmt. Die den Tod als lebensbedrohend wahrnehmen. Nicht selten bestimmt hier der Zweifel an der Ordnung der Welt das Leben – und damit auch der Zweifel an dem, der die Welt geschaffen hat. In der griechischen Philosophie gab es eine breite Strömung, die deshalb auch einen Gott nicht mit der Schöpfung in Verbindung bringen konnten: Gott ist gut, aber die Welt ist schlecht, hieß es. Und deswegen war für sie dann auch nicht (ein guter) Gott, sondern eine dunkle Macht für die Schöpfung verantwortlich (der Demiurg).

Gott und die Schöpfung zusammen zu bringen – das fällt auch heute noch manchen Menschen schwer: „Wie kann ein guter Gott so etwas zulassen? Denn wenn Gott gut ist, warum gibt es dann in der von ihm geschaffenen Welt so viel Unheil, so viel Böses?“ Die Frage muss auch gar nicht nur grundsätzlich gestellt werden. Sehr häufig wird sie auch persönlich gestellt: „Gott, wie passt das Leid, das ich erfahre, dazu, dass Du ein guter Gott bist?“ Und nicht selten wird aus der Frage an Gott auch eine Klage vor Gott – oder sogar eine Anklage Gottes. Diese Frage nennt man auch die Theodizee-Frage (das Wort deutet an, dass Gott gefragt und eine Erklärung erwartet wird).

Eine wirklich überzeugende Antwort auf diese Frage, wie Gott, von dem es im 1. Johannesbrief heißt, dass er die Liebe sei, und das Leid, das viele Menschen unverschuldet trifft, zusammen zu denken sind, gibt es nicht. Dabei gab es durchaus Lösungsversuche. Der Philosoph Gottfried Wilhelm Leibniz (1646–1716), von dem der Begriff Theodizee stammt, behauptete, dass wir in der besten aller möglichen Welten leben und dass die Übel nur als Kehrseite des Glücks zu verstehen sind. Für viele Menschen klingt diese Antwort aber zynisch. Eine andere Lösung bietet die Vorstellung, dass es das Böse nur deshalb gibt, weil der Mensch Freiheit hat, sich für das Böse zu entscheiden. Aber auch hier bleibt das nicht vom Menschen verursachte Übel außen vor. Wieder andere sehen einen pädagogischen Nutzen im Übel, das zur Erziehung diene oder sehen es gar als Strafe Gottes an. Bereits das Buch Hiob im Alten Testament reflektiert alle diese Lösungsversuche – und verwirft sie mit gutem Recht. Auch für Christen gibt es keine befriedigende Erklärung für die Existenz des Übels in der Welt. Das Bekenntnis zum guten Schöpfer und die Leiden in dieser Welt stehen in Spannung zueinander. Jürgen Moltmann hat einmal mit Recht gesagt: „Christliche Theologie ist keine Theologie der Geschichte, die das Böse erklären will".[1] Und er fährt fort: Der christliche Glaube ist von Anfang an eine Hinweis auf Gott, der sich gegen das auf der Welt vorhandene Böse einsetzt und es besiegt. Und Christen und Christinnen sollten dieser Befreiung entsprechend leben und auch alles daran tun, die lebenszerstörenden Kräfte zu bekämpfen.

Hat Gott alles vorherbestimmt?

Die Frage, ob alle Schritte dieser Welt vorherbestimmt sind, beschäftigt ebenfalls viele Menschen seit vielen Jahrhunderten. Und die Antworten bewegen sich zwischen zwei problematischen Grenzaussagen. „Ja, Gott ist doch der Schöpfer der Welt. Also muss er doch auch alles genau geplant haben." So heißt es auf der einen Seite. Das Problem bei dieser Argumentation ist aber, dass auch hier ein direkter Rückschluss von den Dingen dieser Welt auf Gott vollzogen wird. Wenn es so auf dieser Welt zugeht, dann muss doch Gott … Aber so ein Rückschluss ist gefährlich, weil er davon ausgeht, dass Gott so ist, wie wir ihn uns logischerweise

[1] Jürgen Moltmann, Zwölf Bemerkungen zur Symbolik des Bösen, in: Evangelische Theologie 1/92, 2–6, 6.

denken. Die andere Grenzaussage lautet: „Der Mensch ist frei geschaffen. Er hat die Freiheit, alles so zu machen, wie er will. Und Gott hat erst einmal gar nichts mit dieser Welt zu tun." Wer so argumentiert, der verwechselt Freiheit mit den menschlichen Möglichkeiten. Gottes Schöpfung ist dann nur der Anfangspunkt der Welt; mit der gegenwärtig vorhandenen Welt hat Gott dann aber gar nichts mehr zu tun. Beide Grenzaussagen sind also problematisch. Denn sowohl die Aussage, alles sei von Gott vorherbestimmt, noch die Behauptung, Gott habe mit dem Lauf dieser Welt nichts zu tun, sind aus theologischer Sicht problematische Spekulationen. Was wir in der Theologie stattdessen tun können ist das Nachdenken über Gottes Geschichte mit dieser Welt – und eben mit den einzelnen Menschen. Und diese Geschichte Gottes bezeugt die Bibel. Und eben auch der Heidelberger Katechismus. Er fragt nämlich nicht losgelöst vom Handeln Gottes nach der Schöpfung. Und das ist wohltuend.

Christusbekenntnis als Schöpferbekenntnis

Was glaubst du, wenn du sprichst: „Ich glaube an Gott, den Vater, den Allmächtigen, den Schöpfer Himmels und der Erde"? (Frage 26)

Ich glaube, dass der ewige Vater unsers Herrn Jesus Christus um seines Sohnes willen mein Gott und mein Vater ist. Er hat Himmel und Erde mit allem, was darin ist, aus nichts erschaffen und erhält und regiert sie noch immer durch seinen ewigen Rat und seine Vorsehung. Auf ihn vertraue ich und zweifle nicht, dass er mich mit allem versorgt, was ich für Leib und Seele nötig habe und auch alle Lasten, die er mir in diesem Leben auferlegt, mir zum Besten wendet. Er kann es tun als ein allmächtiger Gott und will es auch tun als ein getreuer Vater.

In den Fragen 26 bis 28 legt der Heidelberger Katechismus die ersten Zeilen des Apostolischen Glaubensbekenntnisses aus, in denen es um Gott den Vater geht. Und anders als man es erwarten könnte legt der Katechismus nicht zunächst Gottes Allmacht aus und geht dann zur Schöpfung über – ein in der Geschichte der Theologie durchaus beliebter Weg. Er tut das aber nicht, weil er nicht losgelöst von Gottes Handeln in der Geschichte von Gottes Allmacht reden kann. Denn wenn zunächst Allmacht definiert wird (Allmacht heißt zum Beispiel: Alles können) und das dann auf Gott übertragen wird, dann steht unser Verständnis von Allmacht gleichsam oberhalb von Gott und Gott „muss" ja allmächtig sein.

Der Heidelberger Katechismus beginnt seine Überlegungen zu Gott dem Vater mit einer Aussage über Jesus Christus. Als jemand, der sich selber als Jesu Christi Eigentum verstehen darf, kann ich Aussagen über den Schöpfer machen. Und sonst eher nicht. Denn sonst weiß ich gar nicht, dass die Welt, in der wir leben, von Gott geschaffen ist. Der Katechismus wendet sich hier also deutlich gegen jeden Versuch, dass Menschen intuitiv oder aus der Anschauung der Welt her einen direkten Zugang zur Erkenntnis haben, dass die Welt „Schöpfung" und nicht nur Natur ist. Und alle drei oben angedeuteten Denkmöglichkeiten werden damit schon kritisch gesehen: Ich kann nicht direkt von der Schöpfung auf den Schöpfer schließen, weil ich erst in Jesus Christus sehe, wer und wie Gott ist. Deswegen ist sogar zu fragen, ob denn die Reihenfolge im Apostolischen Glaubensbekenntnis, das ja zuerst von Gott dem Vater und dann erst von Jesus Christus spricht, nicht ein Problem darstellt. Denn diese Denkweise führt dazu, den Vater als die Basis anzusehen und Sohn und Heiliger Geist als etwas Hinzukommendes oder jedenfalls Sekundäres. Das jedenfalls denkt der Katechismus nicht, sondern formuliert deutlich: Erst als „neuer Mensch" und also erst vom rettenden Handeln Gottes in Jesus Christus her gewinnt der Mensch eine Glaubenserkenntnis im Blick auf den Schöpfer. Auch der Versuch, eine systemische Harmonie von Gott und Leiden zu denken und damit die vorfindliche Welt auch mit all ihren Grausamkeiten direkt mit dem Willen Gottes in Einklang zu bringen (wie das die Lösungen der Theodizee-Frage und auch die Vorstellungen einer alles umfassenden Vorherbestimmung nahe legen), lehnt der Katechismus ab. Die Aussage, dass Gott der Schöpfer ist, ist für den Heidelberger nicht einfacher als die Aussage, dass wir in Christus erlöst sind – beide Aussagen gehören zusammen.

Schöpfung als Ausdruck der gegenwärtigen Treue Gottes

Vielfach geht der Blick beim Thema „Schöpfung“ zurück an den Anfang: Woher kommt denn das, was ist? Wer hat die Welt erschaffen? Auch der Katechismus hat diese Frage, aber nicht so isoliert wie sie sonst häufig gestellt wird. Denn neben der Aussage, dass Gott den Himmel und die Erde aus nichts erschaffen hat, folgt sofort – und sogar deutlich ausführlicher – der Hinweis auf Gottes Erhalten. Gott regiert auch heute, er sorgt auch für mich – heute. Und das, was im Leben nicht gut ist, wird er zum Besten wenden. Gott hält die ganze Welt in seiner Hand – das ist für den Katechismus ein Bekenntnis zu Gott dem Schöpfer.

Die Bedeutsamkeit dieser die Gegenwart betonenden Schöpferaussagen ist vielen im wirtschaftlichen Wohlstand lebenden Christen und Christinnen vielleicht nicht so deutlich wie etwa den meisten Menschen im Deutschland des 16. Jahrhunderts. Die ursprüngliche Textfassung des Katechismus hatte in Frage 26 den Begriff „Jammertal“, der in der revidierten und hier abgedruckten Fassung durch „Leben“ ersetzt worden ist. Auch wenn heute Menschen zuweilen das Leben als „Jammertal“ wahrnehmen, so ist das doch kein grundlegender Zug unserer mitteleuropäischen Empfindung des 21. Jahrhunderts. Das war aber in der Entstehungszeit des Textes deutlich anders und so spiegelt der Begriff den Zeitgeist des 16. Jahrhunderts. Aber darüber hinaus ist er auch als Gegenbegriff zu verstehen: Der Himmel, die nicht durch irdische Begrenzungen bestimmte Nähe Gottes, ist das Gegenbild zur gegenwärtig erlebten Wirklichkeit. Der alte Mensch lebt im (auch selbst verursachten) Jammertal und setzt seine Hoffnung auf die Herrlichkeit Gottes. Allerdings ist – und deshalb hat es deutliche Vorteile, dass der Begriff Jammertal ersetzt wurde – eine Wahrnehmung des irdischen Lebens als Jammertal nicht als Voraussetzung der gegenwärtigen Schöpferkraft Gottes anzusehen. Nur macht er vielleicht deutlicher, wie wenig naheliegend es war, von Schöpfung zu reden – Gott als

Schöpfer wahrzunehmen ist deshalb immer auch ein „Dennoch", ein Gegen-den-Augenschein-Sehen: Auch wenn das irdische Leben Todescharakter hat, so regiert und leitet der in Jesus Christus zu sehende menschenfreundliche Gott es dennoch. Deshalb hat Schöpfungstheologie immer auch eine seelsorgliche Dimension. Und am Schluss der Frage 26 kommen in einer Doppelaussage zwei Eigenschaften Gottes zum Ausdruck, die nicht voneinander zu trennen sind: Gottes Allmacht ist nicht als abstrakter Begriff zu verstehen, sondern betont, dass Gott auch wirklich in der Lage ist, alles zum Besten zu wenden. Und der Ausdruck „getreuer Vater" zeigt gleichsam die inhaltliche Ausprägung der Allmacht, nämlich seine Liebe, an.

Vorsehung?

> Was verstehst du unter der Vorsehung Gottes? (Frage 27)
>
> Die allmächtige und gegenwärtige Kraft Gottes, durch die er Himmel und Erde mit allen Geschöpfen wie durch seine Hand noch erhält und so regiert, dass Laub und Gras, Regen und Dürre, fruchtbare und unfruchtbare Jahre, Essen und Trinken, Gesundheit und Krankheit, Reichtum und Armut und alles andere uns nicht durch Zufall, sondern aus seiner väterlichen Hand zukommt.

Die sich gleich anschließende Frage 27 reflektiert noch einmal die Gegenwart des Schöpferhandelns unter dem Begriff der „Vorsehung". Häufig wird der Begriff „Vorsehung" mit „Vorhersehung" identifiziert und meint dann den oben schon angesprochenen Gedanken, dass Gott alles vorher bestimmt hat und alles nach seinem Plan abläuft. Und dann wäre es eine Deutung der in dieser Welt ablaufenden Geschichte: Alles, was geschieht, geschieht nach dem Willen Gottes. Und wer die Frage 27 so liest, wird vielleicht diese Meinung dort zumindest auf den ersten Blick wiederfinden. Die ursprüngliche Formulierung des Katechismus spricht nicht von „Vorsehung", sondern von „Fürsehung"; die lateinische Begrifflichkeit „providentia" wird am ehesten mit

„Fürsorge" übersetzt. Das bedeutet, dass der Heidelberger Katechismus nicht einen Rückschluss vollzieht, der die wahrnehmbaren Dinge auf Gott zurückführt, sondern der aufgrund der geglaubten Treue Gottes Himmel und Erde und darin eingeschlossen das gesamte gelebte Leben von Gott begleitet und umsorgt sieht. Das mutet für einen Menschen der Gegenwart vielleicht naiv an, weil wir doch um die naturwissenschaftlichen Zusammenhänge besser Bescheid wissen als unsere Vorfahren und auch deshalb die Welt im Allgemeinen und im Besonderen nicht so von Gott beeinflusst und bewegt sehen. Vielmehr ist für uns vieles selbstverständlich geworden – und technisch beherrschbar. Aber in manchen Situationen gerät die Selbstverständlichkeit der von uns beherrschten Welt ins Wanken. Der Heidelberger Katechismus sieht die Treue Gottes zu seiner Schöpfung in der Kontinuität, aber auch in der Diskontinuität des Lebens. Es liegt ihm nicht daran, spekulativ alles als determiniert zu behaupten. Die Alternative ist für den Katechismus: Regiert letztlich allein der Zufall, oder stehen wir in der Hand Gottes? Und genau da sind wir wieder bei der anfangs geäußerten Alternative, die die Grundfrage wohl jedes Menschen ist: Ist die mit den naturwissenschaftlichen Methoden feststellbare Wirklichkeit die ganze Wirklichkeit? Dann wären letztlich die Geschicke dieser Welt einem anonymen Werden und Vergehen überlassen. Oder gibt es jenseits dieser Wahrnehmungen noch eine andere Wirklichkeit, von der die ganze Welt sich verstehen kann? Das genau meint der Katechismus, wenn er von Gott dem Schöpfer spricht.

Der Nutzen des Schöpferglaubens

Wie so oft fragt der Katechismus immer auch nach dem Nutzen dessen, was geglaubt wird. Was nützt es dem Menschen, dass er glaubt, dass Gott fürsorgender Schöpfer ist? Die Frage lautet jetzt nicht: Was nützt es dem Menschen, dass Gott ihn nicht loslässt – das war Thema in der eben reflektierten Frage gewesen. Jetzt geht es um den menschlichen Glauben an Gott den Schöpfer. Was nützt es dem Menschen, wenn er glaubt? Deutlich ist zunächst, was nicht geantwortet wird: Der Glaube ist kein Mittel zur Gewinnung des ewigen Heils; das schafft alleine Gott in Jesus Christus. Der Glaube an Gott den Schöpfer und „Fürsehenden", so der Katechismus, hat Auswirkungen ins Leben hinein, indem er Geduld, Dankbarkeit und Vertrauen bewirkt.

Was nützt uns die Erkenntnis der Schöpfung und Vorsehung Gottes? (Frage 28)

Gott will damit, dass wir in aller Widerwärtigkeit geduldig, in Glückseligkeit dankbar und auf die Zukunft hin voller Vertrauen zu unserem treuen Gott und Vater sind, dass uns nichts von seiner Liebe scheiden wird, weil alle Geschöpfe so in seiner Hand sind, dass sie sich ohne seinen Willen weder regen noch bewegen können.

„In allen Widerwärtigkeiten geduldig" könnte als defensive Tugend verstanden werden, die jegliche Eigeninitiative ausbremst und vielleicht sogar einen „Untertanengeist" forciert, weil Passivität gefragt ist. Diese Haltung passt aber gar nicht zum Heidelberger Katechismus! Die Reformatoren haben sich engagiert und mit Erfolg und sicher auch mit unterschiedlichem Temperament gerade nicht mit der überkommenen mittelalterlichen Kirche abgefunden. Vielmehr geht es bei der Akzentuierung der Geduld darum, dass die problematischen Dinge im Leben zuweilen ausgehalten werden müssen. Das können Krankheiten oder Trauerfälle sein, Unglücke im Großen und im Kleinen. Dietrich Bonhoeffer hat treffend formuliert: „Es gibt erfülltes Leben trotz unerfüllter Wünsche."[2] Geduld bedeutet, einen Blick über die Widerwärtigkeiten hinaus haben zu können, weil – oft gegen den Augenschein – Gott im Regimente sitzt und er auch das letzte Wort hat.

Dankbarkeit ist eins der großen Worte im Heidelberger Katechismus. Es bildet die Überschrift über den dritten Teil, in dem

[2] Dietrich Bonhoeffer, Brief vom 19.3.1944 an Eberhard Bethge, zitiert nach: Dietrich Bonhoeffer Werke 8: Widerstand und Ergebung. Briefe und Aufzeichnungen aus der Haft, Gütersloh 1998, 359.

die zehn Gebote und das Unser Vater ausgelegt werden. Dankbarkeit im Heidelberger Katechismus ist also nicht zu verwechseln mit der zuweilen Kindern anerzogenen (und auch Erwachsenen vertrauten) verbalen Äußerung, die äußerlich bleiben kann. Vielmehr ist der Dank die freie Reaktion des Menschen auf Gottes Zuwendung. „Glückseligkeit" könnte auf den ersten Blick verstanden werden als reine irdische Freude – und dann wäre es wiederum möglich, die menschliche Reaktion als Hinnahme des faktisch Geschehenden zu nehmen: Wenn es nicht gut läuft: Geduldig sein. Und wenn es gut läuft: Dankbar sein. „Glückseligkeit" ist aber mehr als irdische Glückserfahrungen, sondern gibt das lateinische *beatitudo* wieder: Zukunft zu haben obwohl der Mensch ein Sünder ist. Glückseligkeit ist der erhoffte und jetzt schon gegenwärtige Zustand des Menschen, des neuen Menschen. Und die Dankbarkeit ist die nicht erzwungene Lebenshaltung des ganzen Menschen. Danken ist „ein Tun der Freiheit, der positiven Freiheit, der Freiheit füreinander, der evangelischen Freiheit"[3], so Helmut Gollwitzer. Er macht damit deutlich, dass das Danken immer schon eine Interaktion ist und damit Ausdruck der Gottes- und Nächstenliebe: Das Danken ist immer schon Bestandteil einer Beziehung. Helmut Gollwitzer macht auch darauf aufmerksam, dass der Satz „Herr, ich will dir danken, dass ich danken kann" des Liedes „Danke"[4] nicht als Banalität zu verstehen ist[5], sondern eine passende Formulierung, der auch der Heidelberger Katechismus zugestimmt hätte.

Der dritte Nutzen des Glaubens an Gott den Schöpfer ist das Vertrauen auf die Zukunft hin. Das im christlichen Sprachgebrauch zuweilen arg strapazierte „Vertrauen" ist auch hier an die Stelle eines älteren und nicht mehr so gebräuchlichen Wortes getreten, das ursprünglich im Text stand: Zuversicht. Und dieses Wort Zuversicht drückt noch etwas deutlicher aus, dass es um eine Perspektive geht, die auch die Zukunft umgreift. Dass Gott

---

[3] Helmut Gollwitzer, Vom Danken. In: ders., Auch das Denken darf dienen. Aufsätze zu Theologie und Geistesgeschichte. Band 1, München 1988, 196–213, 212.

[4] Vgl. Evangelisches Gesangbuch Nr. 334.

[5] Vgl. Helmut Gollwitzer, Vom Danken, a. a. O., 211.

die Welt in Händen hält bedeutet auch, dass die Zukunft der Welt in seinen Händen liegt. Und eben auch, dass letztlich die Hoffnung auf eine gute Zukunft lebensbejahend ist. Der christliche Glaube, der auf Gottes Begleitung setzt, rechnet daher nicht mit endgültig aussichtslosen Zuständen und Menschen, denen nichts mehr zuzutrauen ist. Und zwar nicht aus idealistischen Gründen, weil man an das Gute im Menschen glaube. Sondern deshalb, weil Gott seine Schöpfung nicht im Stich lässt, sondern ihr von Beginn an treu verbunden bleibt.

Der letzte Satz der Frage 28 klingt allerdings etwas merkwürdig und lässt viel Spielraum zu einer deterministischen Deutung: Alle Geschöpfe sind so in Gottes Hand, dass sie sich ohne seinen Willen weder regen noch bewegen können. Redet der Katechismus hier von einer allgemeinen Vorsehung? Der niederländische Theologe Kornelis Heiko Miskotte reflektiert in seiner Auslegung von Frage 28 Matthäus 10,29, wo es heißt, dass kein Spatz zu Boden fällt, ohne dass Gott bei ihm sei – übrigens folgt ein Vers später der Hinweis auf die in Frage 1 des Heidelberger Katechismus zitierten Haare, von denen nicht eines ohne den Willen Gottes „von meinem Haupt fallen kann". Er schreibt:

> „Kein Spatz fällt ohne den Willen des Vaters! Wie kann uns dies zum Trost werden? … Der Trost besteht nicht darin, dass der Spatz nicht fällt, sondern dass er nicht aufgrund des Schicksals oder durch Zufall fällt, sondern durch einen bewussten weisen Willen. … Wir dürfen die Vorsehung nicht den Sentimentalen überlassen, die nicht sehen wollen, dass Spatzen fallen. Aber auch nicht den Optimisten, die glauben, dass eine Zeit kommt, in der die Spatzen nicht mehr fallen werden. Wir glauben, dass alle Dinge einen Sinn haben; nicht den einen oder anderen Sinn, selbst nicht einen ‚göttlichen' Sinn, sondern einen Sinn in Übereinstimmung mit Gottes Qualitäten. Und das zu glauben ist wahrhaftig harte Arbeit, Titanenarbeit: der Glaube ist nämlich kein Spaziergang, sondern ein halsbrecherisches Unternehmen!"[6]

[6] Kornelis Heiko Miskotte, De blijde wetenschap. Toelichting op de Heidelbergse Catechismus Deel 1: Zondag I – XII, Franeker o. J., 152 f.

Damit macht Miskotte deutlich, dass der Glaube an die Vorsehung Gottes gerade nicht eine religiöse Überhöhung der vorfindlichen Wirklichkeit bedeutet. Sondern vielmehr noch das Bekennen gegen den Augenschein, gegen die scheinbar mächtigen Kräfte dieser Welt. Und dieses gegen den Augenschein glauben hat seinen Grund in der in Jesus Christus geschenkten Liebe Gottes, von der niemand den Menschen trennen kann.

Vertrauensvoll leben

Der Glaube an Gott den Schöpfer führt nicht zur Passivität, sondern leitet in die Aktivität. Der Glaube, dass mir vergeben ist, macht nicht faule Leute, sondern fleißige, so könnte man in Aufnahme von Frage 64 sagen. Im Vertrauen darauf, dass nicht wir die Schöpfer der Welt sind, können wir wegen der bleibenden Treue des Einen zu seiner Schöpfung geduldig, dankbar und zuversichtlich leben.

Was bedeutet die vierte Bitte: „Unser tägliches Brot gib uns heute“? (Frage 125)

Damit beten wir: Versorge uns mit allem, was für Leib und Leben nötig ist. Lehre uns dadurch erkennen, dass du allein der Ursprung alles Guten bist und dass ohne deinen Segen unsere Sorgen und unsere Arbeit wie auch deine Gaben uns nichts nützen. Lass uns deshalb unser Vertrauen von allen Geschöpfen abwenden und es allein auf dich setzen.

Diese Einsicht prägt den ganzen Katechismus. Die Frage 125 ist ein Teil der Auslegung des Unser Vaters. Die Bitte um das tägliche Brot ist Ausdruck des Zutrauens, dass Gott als Schöpfer seiner Schöpfung treu bleibt und ihr beisteht. Und hier sind auch wieder die verschiedenen Dimensionen zu erkennen. Zunächst nimmt die Auslegung ganz schlicht die Bitte auf, dass Gott den Menschen mit allem für das Leben Notwendigen versorgt. Es folgen dann aber einige Akzente, die auf die Aktivität des Menschen zielen. So betrifft die Bitte um Erkenntnis, dass Gott allein der Ursprung des Guten ist, den ganzen Menschen in seiner Gottesbeziehung[7] und ist nicht als reine intellektuelle Angelegenheit zu verstehen. Und der Satz: „Lehre uns dadurch erkennen, … dass ohne deinen Segen unsere Sorgen und unsere Arbeit wie auch deine Gaben uns nichts nützen." macht deutlich, wie sehr der Glaube an Gottes Begleiten lebensnotwendig für ein gelingendes Leben ist (die menschliche Arbeit braucht den Segen Gottes …). Es gilt also nicht der Grundsatz: Entweder wirkt Gott oder der Mensch. Diese Alternative hat der Katechismus längst hinter sich gelassen, auch wenn sie noch heute Urstände feiert. Der Mensch bleibt mit all seinem Tun angewiesen auf Gottes Segen. Nicht Gott macht es und der Mensch legt die Hände in den Schoß, sondern Gott nutzt den Menschen als seinen Mitarbeiter. Der Katechismus denkt auch nicht, dass Gott angewiesen wäre auf das menschliche Tun. Wohl aber, dass Gott Menschen gebrauchen will, um sein schöpferisches Handeln zu verwirklichen.

Als Schluss der Bitte um das tägliche Brot fungiert ein kritischer Satz, der Psalm 146 aufnimmt, auch wenn dieser in den Bibelstellen im Katechismus nicht aufgeführt wird: „Vertraut nicht auf Fürsten, nicht auf den Menschen, bei dem keine Hilfe ist." Immer wieder suchen Menschen anderen deutlich zu machen, dass ihnen zu vertrauen Zukunft schenkt. Hier hilft die Bitte um das tägliche Brot zur Nüchternheit. Die Bereimung von Matthias Jorissen formuliert hier schön:

> „Setzt auf Fürsten kein Vertrauen! Fürstenheil steht nimmer fest. Wollt ihr auf den Menschen bauen, Dessen Geist ihn bald verlässt? Seht, er fällt, des Todes Raub, Und sein Anschlag (Vorhaben) in den Staub."[8]

Dieses Nicht-Vertrauen auf Menschen kann Titanenarbeit sein.

---

[7] Vgl. dazu Kapitel 1.

[8] Evangelisches Gesangbuch Nr. 635 (Ausgabe für die Ev. Kirche im Rheinland, der Ev. Kirche von Westfalen, der Lippischen Landeskirche in Gemeinschaft mit der Ev.-ref. Kirche).

Kapitel IX
Heiliger Geist – oder: Mit Christus verbunden

Von den großen christlichen Festtagen ist das Pfingstfest, das vom Kommen des Heiligen Geistes auf die in Jerusalem zusammen gekommenen Jünger berichtet, für viele Menschen am wenigstens gefüllt: Es gibt keine alternative Umdeutung (so wie Himmelfahrt zum Vatertag und das Osterfest zum Fruchtbarkeit symbolisierenden Eierkult), so dass viele Menschen nur wenig Bezug zu diesem Fest haben. Das hat seinen Grund wohl auch darin, dass viele Menschen in unseren evangelischen Gemeinden Mühe haben, Konkretes mit dem Heiligen Geist zu verbinden. Und in den meisten Gottesdiensten kommt er abgesehen von einigen Formeln (etwa zu Beginn des Gottesdienstes oder bei der Taufe) und von Pfingsten wenig zur Sprache.

Das aber ist nicht überall in der Kirche so. Denn in anderen Kirchen und Traditionen genießt der Heilige Geist deutlich höhere Aufmerksamkeit. So geschieht in den Orthodoxen Kirchen die Anrufung und Anbetung des Heiligen Geistes deutlich intensiver. Und in der Feier der Sakramente spielt die Epiklese, die Bitte um Mitwirkung des Heiligen Geistes bei der Wandlung von Brot und Wein zu Leib und Blut Jesu Christi, eine herausgehobene und unverzichtbare Rolle. Der Heilige Geist ist also herausgehoben in der Liturgie präsent. In den Pfingstkirchen wird der Heilige Geist noch einmal ganz anders akzentuiert. Dort ist (zumindest in deutlichen Teilen der klassischen Pfingstbewegung) die Taufe mit dem Heiligen Geist als zweite Stufe des Christseins bekannt – und diese Gabe des Geistes zeigt sich etwa in Form der sogenannten Zungenrede, dem Reden in unverständlichen Sprachen, oder auch in Heilungen. Insbesondere in den afrikanischen und südamerikanischen Pfingstkirchen boomt diese Form des den heiligen Geist stark betonenden Christseins.

Manche Elemente dieser pfingstlerischen Frömmigkeit sind in evangelische deutsche Gemeinden eingewandert; das zeigt sich beispielsweise im sogenannten Lobpreis im Eingangsteil von Gottesdiensten, der deutlich stärker gefühlsbetont ist, auch weil die zuweilen knappen Liedstrophen nicht selten mehrfach wiederholt werden. Heißt das, dass das Wirken des Heiligen Geistes vor allem in Enthusiasmus und Gefühlen verortet werden kann? Zwar sind in landeskirchlichen Gemeinden selten ekstatische Erlebnisse vorhanden, aber die Akzentuierung einer besonderen Stimmung wird manchmal mit einer besonderen Erfahrung des Heiligen Geistes benannt.

Der Heilige Geist als eine Person der Trinität

Was aber ist vom Heiligen Geist generell auszusagen? In der christlichen Lehre wird er als eine Person der göttlichen Dreieinigkeit ausgesagt: Ich glaube an Gott, den Vater, den Sohn und den Heiligen Geist. Auffälligerweise gibt es häufig Kritik gegen die Auffassung, dass der Mensch Jesus als Gott zu verstehen sei, aber deutlich weniger zumindest laut werdende Anfragen an die Gottheit des Geistes. Liegt es daran, dass auch im Alten Testament schon vom Geist Gottes die Rede ist? Oder dass man hier den Geist gar nicht so ernst nimmt? Jedenfalls ist er nach den verschiedensten Bekenntnissen der Kirche Teil der göttlichen Dreieinigkeit. Aber wie ist das zu verstehen? Einflussreiche Teile der evangelischen Theologie haben in den letzten Jahrzehnten hier ein besonderes Kennzeichen stark zu machen versucht und dabei auch Einsichten aus den orthodoxen Traditionen einfließen lassen. Es geht dabei um die Frage des Verhältnisses der drei göttlichen Personen untereinander. Oder genauer darum, ob man von einem mehr oder minder selbstständigen Wirken des Heiligen Geistes außerhalb von Jesus Christus ausgehen könne. Und es mehren sich die Stimmen, die sagen: Ja, wir müssen, um den Heiligen Geist ernst zu nehmen und seine Wirkungen in unserer

Welt schätzen zu lernen, nicht so isoliert auf Christus fixiert sein. Und diese Theologen sagen dann auch, dass die Geistvergessenheit in der westlichen Christenheit hier jedenfalls eine Ursache hat. Diejenigen theologischen Entwürfe der letzten Jahrzehnte[1] stehen mit ihrer Akzentsetzung in Nachbarschaft zu theologischen Betonungen der Pfingstkirchen. Es stellt sich in diesem Zusammenhang aber die Frage, wie man denn überhaupt so vom Heiligen Geist reden kann, dass er identifizierbar wird. Was sind denn genau seine Wirkungen? Und wie ist der Gefahr zu entgehen, ihn mit einer allgemeinen Lebendigkeit zu identifizieren, in die dann eigene Wünsche und Wertvorstellungen eingetragen werden können? Und auch dem Bekenntnis, dass Gott einer ist und nicht verschiedene Götter?

Person oder Kraft?

Die Kirchen betonen seit langer Zeit den „Person"-Charakter des Heiligen Geistes. Das ist vor allem da logisch und auch notwendig, wo zum Heiligen Geist gebetet wird (und das geschieht vor allem in den orthodoxen Kirchen) – Beten im jüdisch-christlichen Verständnis braucht ein Gegenüber. Auch viele Pfingstlieder drücken diesen Aspekt deutlich aus. So heißt es im bekannten Lied von Karl Johann Philipp Spitta: „O komm, du Geist der Wahrheit, und kehre bei uns ein, verbreite Licht und Klarheit, verbanne Trug und Schein."[2]

Immer wieder aber gibt es Stimmen, die deutlich zu machen versuchen: „Nein, der Heilige Geist ist nicht als Person, sondern nur als Kraft Gottes zu verstehen." Diese Position wurde beispielsweise in von der Aufklärung beeinflussten theologischen Konzeptionen vertreten; man wollte hier Spekulationen entgehen und vor allem von der Wirkung des Geistes her denken.

In der Bibel selber werden beide Linien deutlich vertreten, so dass dort vom Geist als Person geredet (Jesus sendet ihn als

---

[1] Ich denke hier an die theologischen Ansätze von Jürgen Moltmann, Wolfhart Pannenberg und Michael Welker.

[2] EG 136.

seinen Stellvertreter) und auch als Kraft Gottes gesprochen wird. Zu fragen ist also, ob der Heidelberger Katechismus hier Gesprächsangebote macht, die für ein heutiges Verstehen des Heiligen Geistes hilfreich sind.

Keine Zurückhaltung

> Was glaubst du vom Heiligen Geist? (Frage 53)
>
> Erstens: Der Heilige Geist ist gleich ewiger Gott mit dem Vater und dem Sohn. Zweitens: Er ist auch mir gegeben und gibt mir durch wahren Glauben Anteil an Christus und allen seinen Wohltaten. Er tröstet mich und wird bei mir bleiben in Ewigkeit.

Zunächst einmal fällt auf, dass der Heidelberger Katechismus keineswegs zurückhaltend ist, wenn es um den Heiligen Geist geht. Mehr als vierzig Mal wird er explizit genannt – zum ersten Mal gleich in Frage 1. Damit ist schon auf den ersten Blick deutlich, dass der Heilige Geist für den Heidelberger Katechismus theologisch selbstverständlich ist. Es ist deshalb jedenfalls im Blick auf diesen Text der Reformation unzutreffend, wollte man von einer Geistvergessenheit in der evangelischen Tradition reden. Allerdings ist zu sehen, dass die theologischen Akzente in der Lehre vom Heiligen Geist eher anders ausfallen, als in der orthodoxen und pfingstlerischen geprägten Theologie: weder liegt der Tenor auf besonderen Erfahrungen noch auf einem Wirken losgelöst von Jesus Christus. Die Überblicksfrage 53 zeigt bereits die typischen Betonungen: Er wird 1. als göttliche Person verstanden, die 2. in die Gemeinschaft mit Jesus Christus führt und 3. in dieser erhält.

Der Heilige Geist als Geist Jesu Christi

Von den über vierzig Stellen, in denen der Katechismus den Geist thematisiert, sind nur ganz wenige aussagekräftig im Blick auf die Seins-Frage: Was genau ist denn das Wesen des Heiligen Geistes?

Vielmehr steht der Katechismus in einer breiten Tradition, die von Gott eher in Relationen denkt: Gott ist in Beziehung. Und der Mensch eben auch. Das ist ja als grundlegende Möglichkeit, überhaupt etwas über Gott aussagen zu können, gleich zu Anfang betont worden: Nur in der Beziehung Mensch-Gott sind zuverlässige Glaubensäußerungen zu machen. Das betrifft natürlich auch das Reden über den Heiligen Geist. Ein wesentlicher Grund für die Betonung der Relationen ist darin zu finden, dass in Gott selber von Beziehung zu reden ist. Denn immer dann, wenn von Vater, Sohn und Heiligem Geist die Rede ist, dann geht es nie um abstrakte Aussagen über einen Vater, einen Sohn oder einen Geist. Sondern Gott Vater ist der Vater Jesu Christi. Und Jesus Christus ist der Sohn Gottes des Vaters. Und der Heilige Geist ist nicht irgendein Fluidum, sondern der Geist des Vaters und des Sohnes. Nur in Beziehungen ist Gott aussagbar: In Beziehungen zu sich selber und in Beziehungen zu anderen – zur Welt und also auch zu uns. Immer wieder ist deshalb auch nicht isoliert von den einzelnen Personen die Rede, sondern von ihrem Miteinander. So heißt es von Gott, dass die drei Personen Vater, Sohn und Geist unterschieden und doch eins sind – und immer wieder formuliert der Katechismus, dass es „sein Geist" ist, der wirkt. Dabei kann das „sein" in „sein Geist" entweder Gott als solcher sein oder – meistens – Jesus Christus. Diese Relationen in Gott sind typisch für die in den westlichen Kirchen (also die römisch-katholische und die evangelische Kirche) gedachte Vorstellung der Dreieinigkeit: Alle Personen haben in Gott eine unverwechselbare Beziehung zur jeweils anderen.

Warum nennst du denn drei: den Vater, den Sohn und den Heiligen Geist, wo doch Gott nur einer ist? (Frage 25)

Weil Gott sich in seinem Wort so offenbart hat, dass diese drei Personen unterschieden und doch der eine, wahre und ewige Gott sind.

Ein Charakteristikum der westlichen Christenheit ist die Sendung des Heiligen Geistes durch den Sohn. Die östliche Christenheit betont dies deutlich schwächer und kann zuweilen sogar darauf verzichten: Im Nicänischen Glaubensbekenntnis formuliert die orthodoxe Kirche, dass der Geist vom Vater ausgeht, während die westliche Kirche im selben Bekenntnis sagt, dass er vom Vater und vom Sohn ausgeht – bis heute eine Hauptdifferenz zwischen den orthodoxen und den westlichen Kirchen. Der Heidelberger Katechismus spricht allein elf Mal vom Geist Jesu Christi und stellt sich damit bewusst in die westliche Linie – und ordnet damit den Vater nicht dem Sohn über; er hat also keine hierarchische Vorstellung der Beziehungen in Gott. Neben dieser eher traditionellen Auffassung fällt aber auch auf, dass er eine andere Relation ebenfalls stark macht – und die ist erst in den letzten Jahrzehnten wieder mehr in den Vordergrund getreten: Jesus Christus ist durch den Heiligen Geist gesalbt. Damit ist der Sohn nicht allein „Sender", sondern auch „Empfänger" des Heiligen Geistes. Diese oft allein in der Jungfrauengeburt verortete Vorstellung ist im Heidelberger Katechismus breiter angelegt. Oben in Kapitel sechs war von der Salbung Jesu Christi zum Priester, Prophet und König die Rede: Sie geschieht durch den Heiligen Geist. Und konsequenterweise ist, da die Christen und Christinnen ja auch Anteil an der Salbung Christi haben, auch ihnen der Heilige Geist zugesagt – in Jesus Christus.

Anders als manche neueren Entwürfe[3], die ebenfalls die Salbung Jesu durch den Geist betonen, tut dies der Katechismus nicht auf Kosten der Sendung des Geistes durch Jesus Christus. Vielmehr kann er beides stark machen, weil er Gottes Handeln in Jesus Christus nie als Engführung versteht, sondern als entscheidende Möglichkeit, überhaupt von Gott dem Vater, dem Sohn und eben auch dem Heiligen Geist zu reden.

Der Heilige Geist wohnt in Christus und uns zugleich

Wichtiger als das Nachdenken über das „Sein" des Heiligen Geistes ist für den Heidelberger Katechismus sein Handeln und seine Wirkung. Denn anders als bei Gott dem Vater, wo es immer noch möglich ist, über die sogenannten Eigenschaften zu

[3] Z.B. Jürgen Moltmann und Michael Welker.

schließen, wie er denn „ist“ (z. B. allmächtig), und auch anders als bei Jesus Christus, wo es für den Katechismus betont, dass er „wahrer Gott und wahrer Mensch“ ist, findet sich über das „Sein“ des Geistes bis auf die Aussage, dass er mit den anderen Personen zur Dreieinigkeit gehört, nichts. Vielmehr liegt die Betonung auf dem Handeln. Das war der Schwerpunkt auch schon beim Vater und beim Sohn gewesen, weil auch dort nur zurückhaltend das „Sein“ thematisiert wurde, beim Geist ist es am deutlichsten. Oder man könnte auch sagen: Hier ist er ganz bei seiner Sache: Gott lässt sein Geschöpf nicht los, sondern befreit es zur Gewinnung eigener Identität.

Und diese eigene Identität ist die Gemeinschaft mit Christus. Schon in der ersten Frage des Katechismus wurde deutlich, dass es Ausdruck evangelischer Freiheit ist, wenn Menschen bekennen können, dass sie Jesus Christus gehören und nicht sich selber. Im Heiligen Geist sorgt Gott dafür, dass Menschen dies bekennen können – und der Grund dafür ist die Geschichte Jesu Christi. Jesus Christus ist mit dem Heiligen Geist gesalbt und eingesetzt – und in ihm sind wir der neue Mensch. Der Geist wohnt in Jesus Christus, und weil wir als neue Menschen Brüder und Schwestern Jesu Christi sind, darum ist der Geist auch in uns. Jesus Christus und wir sind verbunden „durch den Heiligen Geist, der zugleich in Christus und in uns wohnt“, heißt es in Frage 76[4].

Das Wirken des Geistes basiert also auf dem in Kreuz und Auferstehung Jesu Christi Ereignis gewordenen Befreiungsgeschehen und ist nicht davon isoliert zu sehen – jede Trennung davon wäre aus der Sicht des Heidelberger Katechismus ein Vorbeisehen an Gottes Handeln – und an unserer Situation. Denn unser „eigentliches“ Wesen, unser „Dransein“ oder eben unsere Identität ist theologisch geurteilt gerade dort zu finden: mit ihm gekreuzigt und auferstanden. Der Heilige Geist bringt uns also zu unserer Identität, dazu, wie wir „eigentlich“ sind. Und das, so zeigt es der Katechismus in vielen Wendungen, geschieht zweifach.

---

[4] Der Zusammenhang ist dort das Abendmahl.

Der Heilige Geist stiftet den Glauben

Wenn nun allein der Glaube uns Anteil an Christus und allen seinen Wohltaten gibt, woher kommt solcher Glaube? (Frage 65)

Der Heilige Geist wirkt den Glauben in unseren Herzen durch die Predigt des heiligen Evangeliums und bestätigt ihn durch den Gebrauch der heiligen Sakramente.

Die erste wesentliche Tat des Heiligen Geistes ist es, dem Menschen den Glauben zu schenken. Glaube ist nicht zunächst eine Entscheidung des Menschen, die er aus sich selbst heraus produzieren könnte. Sondern Glaube ist geistgewirkt. Das heißt nicht, dass der Glaube nicht menschlich ist: Für den Vollzug des Glaubens, der im dritten Kapitel mit Erkennen, Zustimmen und Vertrauen beschrieben wurde, haben Christen und Christinnen eine deutliche eigene Verantwortung. Aber Glaube entsteht nicht, weil Menschen sich dazu aus eigener Kraft entschließen, sondern weil der Heilige Geist Herzen aufschließt, Vertrauen schenkt. Im Katechismus sind eine Menge an Formulierungen vorhanden, die dieses grundlegende Ereignis reflektieren: Gott macht mich durch den Heiligen Geist des ewigen Lebens gewiss (Frage 1), der Heilige Geist ist der Urheber der Wiedergeburt (Frage 8), er schenkt das Vertrauen zu ihm (Frage 21), er gibt Anteil an Christus (Frage 79). Der Glaube ist eine von uns zu gestaltende Wirkung des Heiligen Geistes – übrigens wird im Katechismus unsere Glaubenstätigkeit nie als Bedingung für die Gültigkeit der Gabe verstanden.

Dass der Heilige Geist den Glauben wirkt, hat Auswirkungen auf unseren Umgang mit Menschen – sowohl mit denen, die ihren Glauben bekennen, wie auch mit denen, die ihn nicht bekennen. Wem Gott den Glauben geschenkt hat, können wir von außen nicht erkennen. Und deswegen ist es nicht möglich, in jedem Falle Rückschlüsse vom Vorhandensein eines wahrnehmbaren Glaubensbekenntnisses auf das Wirken des Geistes zu vollziehen. Hier hat beispielsweise Johannes Calvin ein problematisches Urteil getroffen. Aus der Wahrnehmung, dass nicht alle Menschen glauben, hat er gefolgert: Also hat Gott nur einigen den Glauben geschenkt – Calvin hat aber glücklicherweise nie einzelne Menschen als Glaubende oder Nichtglaubende identifizieren wollen; ihm ging es um den Grundsatz. Aber diese Folgerung verwechselt zwei Ebenen. Denn einerseits ist es ja richtig, dass nur Gott im Heiligen Geist Glauben schenkt. Aber Calvins Verfahren ist andererseits spekulativ, weil er von irdischen Gegebenheiten aus auf Gottes Handeln folgert. Der Heidelberger Katechismus war sehr weise, keine sogenannte doppelte Prädestinationslehre zu entwickeln, nach der Gott die einen erwählt und die anderen verwirft (so wie das deutlich von Calvin, aber auch von Luther vertreten wird; Letzteres wissen übrigens viele nicht). Der Heilige Geist schenkt den Glauben – mehr kann man nicht sagen. Das heißt aber auch, dass der Glaube anderen Menschen nicht aufgezwungen oder eingeredet werden kann; vom Glauben kann man auch nicht einfach andere Menschen durch die besseren Argumente überzeugen. Das entlastet, weil dadurch der Druck auch von meinen Schultern fällt, wenn ich meine, dass das Heil anderer von meinem Einsatz abhinge. Es gibt aber auch manche missionarisch Tätigen, die diesen Eindruck vermitteln und dadurch ihr Handeln mit dem des Heiligen Geistes zu verwechseln scheinen. Mission ist keine Überzeugungsveranstaltung, sondern bedeutet, dass Gott Menschen sendet, die frohe Botschaft zu verkünden, sie zu erklären und zu bezeugen. Letztlich aber bezeugt sich Jesus Christus im Heiligen Geist selber, so dass Glaube entsteht. Unsere Aufgabe ist es dann, auf Gottes Zusage hinzuweisen.

Weil aber der Glaube Wirken des Heiligen Geistes ist, kann auch ich nicht einfach vom „Dasein“ meines Glaubens ausgehen. Nicht nur Martin Luther kannte Glaubenszweifel. Zweifel stehen nicht im Gegensatz zum Wesen des Glaubens, sondern gehören unbedingt dazu. Ich kann deshalb nicht auf das Vorhandensein meines Glaubens setzen, der zuweilen ein „Kleinglaube“ ist – das jedenfalls sagte Jesus zu den zweifelnden Jüngern, als sie im Boot auf stürmischer See zu verzweifeln drohten. Wenn der Glaube geistgewirkt ist, dann ist der Geist Garant für meinen Glauben – und nicht der Glaube selber. Gerade Zweifelnde haben es darum nötig, dass ihr Blick auf den gerichtet ist, dessen Geist Glauben wirkt, und dass sie ihr Ohr dem leihen, der vom Evangelium kündet. Denn der Glaube ist unser Zugang und nicht schon die Sache selber.

Der Heilige Geist als Gabengeber

Der Heilige Geist stiftet den Glauben. Aber der Katechismus geht auch von der bleibenden Wirkkraft des Heiligen Geistes aus. Wie schon in der oben angeführten Frage 53 erkennbar ist, gibt uns der Heilige Geist Anteil an den Wohltaten Christi. Welche das genau sind, wird nicht explizit formuliert. Aber im gesamten Vollzug des Katechismus ist erkennbar, dass hier die Erneuerung des Lebens der Christen und Christinnen thematisiert wird. Der neue Mensch, der wir in Christus bereits sind, wird uns im Glauben zuteil. Aber das Ziel des christlichen Glaubens ist nicht allein eine das Innere des Menschen berührende und für die Außenwelt nicht existente Beziehung zwischen Gott und Mensch. Sondern der Katechismus setzt darauf, dass die Beziehung Gott – Mensch auch im irdischen Leben Konsequenzen trägt. Deshalb nimmt das Thema der Heiligung im Katechismus auch so einen breiten Raum ein, deshalb sind die Auslegungen der zehn Gebote und des Unser Vaters so wichtig: der neue Mensch drängt zur Erneuerung des alten Menschen. Der Katechismus ist nicht so idealistisch, dass er davon ausginge, dass der alte Mensch zum neuen werden könnte. Vielmehr geht die Bewegung umgekehrt: Der neue Mensch strahlt aus in den alten.

> Was heißt, mit dem Blut und Geist Christi gewaschen sein? (Frage 70)
>
> Es heißt, Vergebung der Sünde von Gott aus Gnade haben um des Blutes Christi willen, das er in seinem Opfer am Kreuz für uns vergossen hat. Es heißt ferner, durch den Heiligen Geist erneuert und zu einem Glied Christi geheiligt sein, so dass wir je länger je mehr der Sünde absterben und ein Leben führen, das Gott gefällt.

In der Frage 70, die hier die Bewegung des Heiligen Geistes thematisiert, wird aber wieder einmal deutlich: Das Handeln Christi und das Handeln des Geistes können nicht voneinander getrennt werden. „Mit Blut und Geist Christi gewaschen zu sein“ bindet das Kreuzesgeschehen eng mit dem auch gegenwärtig handelnden Geist zusammen. Es gilt also nicht die Reihenfolge: Vor 2000 Jahren gab es das Kreuz und heute transportiert der Geist die Bedeutung in unsere Gegenwart. Dieses wäre viel zu sehr mit dem Maßstab unseres Zeitverständnisses gedacht. Der auferstandene Jesus Christus ist uns heute gegenwärtig und deshalb ist auch die Vergebung der Sünde nicht ein Ereignis der Vergangenheit, sondern der Gegenwart: Das Kreuz Jesu Christi ist in der Zeit geschehen und doch „überzeitlich“. Der Geist Jesu Christi schenkt uns den Glauben, aber er erneuert unser Leben auch.

Und wie sieht die Erneuerung durch den Heiligen Geist aus? Auch hier gibt der Katechismus mehrere Antworten: Er gibt uns die Kraft, zu suchen, was droben ist (Frage 49): Der Maßstab für unser Verhalten darf auch im Alltag gerade nicht von den Maßstäben bestimmt sein, die hier in der Welt gelten. Damit ist eine grundlegend kritische Haltung zu allem vorprogrammiert, was in unserer Welt als in sich ruhende Wahrheit gilt. Auch alle Werte, auch die sogenannten christlichen, sind von hier aus in den Blick zu nehmen und immer wieder darauf zu befragen, inwiefern sie die liebende Treue Gottes und Barmherzigkeit und Gerechtigkeit zum Ausdruck bringen.

Insbesondere in der Auslegung der zehn Gebote ist die Gnade des Heiligen Geistes von großem Belang. Warum? Geht es in den zehn Geboten denn nicht um unser Tun, um unseren Gehorsam? Doch die Betonung des Handelns Gottes im Geist und unser Handeln sind für den Katechismus keine Gegensätze, von denen gelten würde: Entweder handelt Gott – oder wir tun es. Der Katechismus sieht hier, dass der Mensch in seiner Schwachheit zum Handeln immer wieder neu die Kraft des Heiligen Geistes braucht. Deswegen sind die zehn Gebote auch nicht allein dafür da, eine Erkenntnishilfe unserer Schwachheit und Sünde zu liefern, sondern sie wollen uns auch einen Hinweis geben, wie der neue gottentsprechende Mensch handelt. Und der Heilige Geist bringt den neuen Menschen zum alten und heiligt ihn, indem er ihm die Kraft gibt, zumindest ansatzweise entsprechend der Gebote zu leben. Dass der Mensch über einen Ansatz nicht hinauskommt, weiß auch der Katechismus – die Welt, so wie sie ist, vor allem aber der Mensch selber, so wie er lebt, widerstreben dem.

Der Grundgedanke, der in der ganzen Reformation hier geltend gemacht wird, ist der der Ebenbildlichkeit Gottes. Der Mensch wurde zum Ebenbild Gottes geschaffen, hat durch die Sünde seine Ebenbildlichkeit eingebüßt und wird, so auch der Katechismus, in diesem Leben stückweise und in der Ewigkeit endgültig (wieder) zum Ebenbild Gottes werden. Diese Lesweise der Gottebenbildlichkeit ist biblisch so nicht ganz haltbar. Denn von einem Verlust dieser spricht die Bibel nicht. Im Neuen Testament wird Jesus Christus als Gottes wahres Ebenbild beschrieben, in das die Christen in Gottes Herrlichkeit verwandelt werden sollen (vgl. 2 Kor 3). Diesen zweiten Gedanken nimmt auch der Katechismus auf, wenn er in Frage 115 davon spricht, dass „wir unaufhörlich uns bemühen und Gott um die Gnade des Heiligen Geistes bitten, dass wir je länger, je mehr zum Ebenbild Gottes erneuert werden, bis wir nach diesem Leben das Ziel der Vollkommenheit erreichen“. Typisch ist auch hier das nahtlose Miteinander von „unaufhörlich uns bemühen“ und „Gott um die Gnade des Geistes bitten“: Der Katechismus nimmt hier keine problematische Alternative vor.

Und schließlich noch ein letzter Akzent, der später im Zusammenhang des Nachdenkens über die Kirche eine wichtige Rolle spielt. In Frage 55, die dort behandelt wird, heißt es, dass alle Glaubenden Gemeinschaft an dem Herrn Christus und an allen seinen Schätzen und Gaben haben. Hier ist zunächst wieder beides zu erkennen: Gemeinschaft an Christus zu haben ist zunächst der Hinweis auf den Glauben. Und Anteil an seinen Schätzen und Gaben geht darüber hinaus. Man könnte jetzt davon ausgehen, als seien die Schätze und Gaben Christi die übernatürlichen Gnadengaben und diese dann nur auf die Sündenvergebung beziehen. Aber gerade so denkt der Katechismus nicht. Unser natürliches Leben ist einbezogen in das Handeln Gottes. Und die Schätze und Gaben sind die „zum Wohl und Heil“ (ebenfalls Frage 55) unserer Mitmenschen einzusetzenden

Gaben. Mit „Wohl und Heil“ sind eben beide Ebenen involviert: Das Heil nimmt die Verantwortung auf, die wir Menschen haben, um anderen Menschen den Weg in die Gemeinde und in die Gemeinschaft mit Gott zu ermöglichen. Und das „Wohl“ nimmt auch die Not der Menschen hier auf Erden auf und fragt sehr deutlich danach, die Gaben für andere einzusetzen. Es wird in Frage 55 nicht explizit der Heilige Geist benannt, aber aus dem Zusammenhang wird deutlich, dass eben dieser als Erneuerer des Menschen fungiert und so dem Menschen beisteht, wenn er seine Gaben lebt.

Das Wirken des Heiligen Geistes – ist zu glauben

Eingangs dieses Kapitels ist darauf verwiesen worden, dass es deutliche Tendenzen gibt, außergewöhnliche Erfahrungen des Glaubens mit dem Heiligen Geist in Verbindung zu bringen. Der Heidelberger Katechismus sperrt sich nicht gegen außergewöhnliche Erfahrungen, aber setzt doch deutlich weiter und gleichzeitig präziser an. Denn das Wirken des Geistes ist nicht auf ungewöhnliche Ereignisse beschränkt, sondern der Glaube jedes Menschen und die Kraft jedes Menschen, hier auch kleine Schritte im Glauben und das heißt im gottentsprechenden Leben gehen zu können, führt der Katechismus auf das Wirken des Heiligen Geistes zurück und also auf Gott. Wer hingegen nur außergewöhnliche Dinge mit dem Geist in Verbindung bringt, trennt gedanklich schon und hält das „normale Leben“ für „natürlich“, dem Geist werden dann nur die außergewöhnlichen und gleichsam „übernatürlichen“ Dinge zugeschrieben. Diese Trennung ist aber letztlich eine Beschränkung des Handelns Gottes und wohl nur auf den irrige Meinung des Menschen zurückzuführen, dass da, wo er etwas erklären kann, Gott nicht mehr nötig sei – Gott wird dann zum Lückenbüßer des Noch-Nicht-Erklärbaren. Der Katechismus geht vom Wirken des Heiligen Geistes aus, der zwar weht, wann und wo er will – aber von dem die Verheißung gilt, dass er bei den Glaubenden ist, weil er in Jesus Christus ist.

Deswegen ist der Heilige Geist auch kein Fluidum, sondern der Geist Jesu Christi und genau von dort auch zu verstehen. Der wahre Mensch Jesus Christus ist vom Geist gesalbt – und darum sind auch wir als „Mitgesalbte“ vom Heiligen Geist berührt. Auch wenn wir das nicht sehen oder als unsere Erfahrung bezeugen könnten, so ist das – manchmal sogar gegen Augenschein und Erfahrung – zu glauben. Der auch in „normalen“ evangelischen Kirchen beheimatete Lobgesang ist deshalb zwar nicht als besonderes Charakteristikum des Heiligen Geistes zu kennzeichnen. Wohl aber als Ausdruck der Freude darüber, dass Gott die Menschen nicht loslässt, sondern ihnen mit seinem Heiligen Geist nahe bleibt. Und vielleicht hilft das auch, wieder mehr vom Heiligen Geist zu reden – vielleicht so selbstverständlich, wie es für den Heidelberger Katechismus ist.

Kapitel X
Die Kirche glauben – oder: Gabenorientiert leben

Sichtbare und unsichtbare Kirche

Ein Zitat des amerikanischen Schriftstellers Frederick Buechner verdeutlicht vielleicht die Spannung, in der ein theologisches Nachdenken über die Kirche steht:

> „Die sichtbare Kirche besteht aus all den Menschen, die von Zeit zu Zeit im Namen Gottes zusammenkommen. Wer sie sind, kann man herausfinden, indem man selber hingeht und nachschaut.
>
> Die unsichtbare Kirche besteht aus all den Menschen, die Gott als seine Hände und Füsse in dieser Welt gebrauchen will. Wer dazu gehört, weiss niemand außer Gott selbst.
>
> Stell dir diese beiden Kirchen als zwei Kreise vor. Der Optimist sagt, sie seien konzentrisch, der Zyniker sagt, dass sie sich nicht einmal berühren, der Realist hingegen meint, dass sich die beiden Kreise gelegentlich überschneiden."[1]

Buechner setzt ein mit der Gegenüberstellung von sichtbarer und unsichtbarer Kirche. Auch wenn das Zitat den Akzent der sichtbaren Kirche auf den Gottesdienst lenkt, steht dieser doch für die gesamte empirische Wahrnehmung von Kirche. Daneben steht die andere Sicht von Kirche – die „unsichtbare". Damit ist eine Spannung benannt, die in der Geschichte der Kirche immer

---

[1] Frederick Buechner, Wunschdenken. Ein religiöses ABC, Zürich ^{2}2009, 69.

wieder zu produktiven Herausforderungen wie auch problematischen Identifikationen geführt hat.

„Kirche" ist auf der einen Seite eine von allen wahrnehmbare Größe. Sie ist in Deutschland in zwei großen Konfessionen (römisch-katholisch und evangelisch) vertreten. Fast in jedem Ort gibt es ein oder mehrere Gebäude, die vielfach auch sehr repräsentativ und ortsbildend wirken. Zu den Kirchen gehören in Deutschland ungefähr 63 Prozent der Bevölkerung (Stand 2008), also eine deutliche Mehrheit. Ein Großteil der Bevölkerung lässt sich taufen, kirchlich trauen und kirchlich bestatten und nutzt so kirchliche Dienstleistungen. In den meisten Kirchen werden sonntags Gottesdienste veranstaltet, an denen im Schnitt knapp eine Million Menschen teilnehmen. An fast jeder Schule wird Religionsunterricht erteilt. Die kirchlichen Sozialdienste Diakonie und Caritas gehören zu den größten Arbeitgebern Deutschlands. Diese Aufzählung könnte mühelos weitergeführt werden und steht für die Institution Kirche, die zu organisieren ist.

Daneben steht eben die Sicht auf die nicht sichtbare Kirche, in der die von Gott bewegten Menschen tätig sind, die aber als solche nicht direkt erkennbar sind: Nur Gott weiß, so Buechner, wer dazu gehört. Von dieser unsichtbaren Kirche könnte man vielleicht sagen, dass sie der Leib Jesu Christi ist – und als Auferstandener ist ja auch Jesus Christus nicht mehr in dieser Welt sichtbar.

Sobald aber die „unsichtbare Kirche" thematisiert wird, ist eine Infragestellung der sichtbaren Kirche gegeben. Ist sie „nur" eine empirische Größe oder hat sie auch „geistliche" Qualität? Im 19. und 20. Jahrhundert gab es mehrere Versuche, die wahrnehmbare Kirche zumal in ihrer großinstitutionellen Form sehr kritisch zu sehen. So formulierte der Kirchenrechtler Rudolf Sohm: „Die rechtlich verfasste sichtbare Kirche im Sinn des heutigen Kirchenrechts ist als solche nicht die Kirche Christi, sondern ein Teil der Welt … ein weltlich gearteter Verein"[2]. Solch eine Position kann nur auf evangelischem Boden entstehen, weil aus römisch-katholischer Sicht die Institution Kirche letztlich

---

[2] Zit. nach Karl Kupisch, Quellen zur Geschichte des deutschen Protestantismus, München 1965, 228.

göttlich ist. Und die evangelische Kirche entstand ja, weil die Reformatoren theologische Kritik an der bestehenden Organisation der mittelalterlichen Kirche übten. Ist es deshalb evangelisch, theologisch allein auf die unsichtbare Kirche zu setzen?

Wann und wie existiert die Kirche?

„Denn es weiß, gottlob, (schon) ein Kind von sieben Jahren, was die Kirche sei, nämlich die heiligen Gläubigen und die Schäflein, die ihres Hirten Stimme hören."[3] So knapp sagt es Martin Luther in den Schmalkaldischen Artikeln. Und wo hören die Schäflein ihres Hirten Stimme? Im Gottesdienst. Für Martin Luther ist der Gottesdienst der Mittelpunkt der Gemeinde – und das Augsburger Bekenntnis betont, dass rein zu lehren und die Sakramente recht auszuteilen die entscheidenden Kennzeichen der Kirche seien: Auch hier ist der Gottesdienst zentral, denn dort wird gepredigt und finden Taufe und Abendmahl statt. Manchmal hat diese Konzentration dafür gesorgt, dass die christliche Gemeinde nur am Sonntag zum Gottesdienst zwischen zehn und elf Uhr vorhanden war. Es gab sie zwar in Form der zu ihr gehörenden Gemeindeglieder auch die ganze Zeit über, aber faktisch existierte sie unter der Woche nur in Gestalt des Pastoren.

Zwei problematische Eigenarten vieler deutscher evangelischer Gemeinden sind zwar nicht allein, aber doch zu erheblichen Teilen davon beeinflusst. Einmal waren viele evangelische Gemeinden in der Zeit des Nationalsozialismus weder in der Lage noch bereit dazu, ein kritisches Wort auch zur Vereinnahmung der Kirche durch den Staat zu sagen. So wollte Adolf Hitler das Führerprinzip auch in die Kirche übertragen – und viele Evangelische sahen darin kein Problem, sofern ohne Einschränkungen Gottesdienst gefeiert werden könne. Das andere Problem ist aktueller: Viele evangelische Gemeinden (sowohl lutherisch wie reformiert) leben faktisch mit einer Pastoren- und Pastorinnendominanz. Das steht in einer deutlichen Spannung zur Ab-

[3] Martin Luther: Die Schmalkaldischen Artikel (1537) in: Martin Luther: Luther deutsch, hg. v. Kurt Aland, Göttingen 1991, Bd. 3, 366.

schaffung des geweihten Priesteramtes in der ganzen evangelischen Kirche. Zwar bilden auf evangelischer Seite die Pastoren und Pastorinnen rechtlich keinen eigenen Stand, faktisch aber sind sie in einer prinzipiellen Sonderrolle. Und diese hat zwei Gesichter: Einerseits sind sie faktisch vielfach unkündbar und dürfen sich nicht verweigern, den Vorsitz in einem Presbyterium zu übernehmen. Andererseits sind sie vielfach auch genötigt, sehr viel Verwaltungs- und Organisationstätigkeiten zu übernehmen, obwohl sie dafür gar nicht ausgebildet wurden. Auch dadurch ist vielerorts die Zentralstellung des Gottesdienstes nicht mehr gegeben. Vielmehr ist es eine unter mehreren Veranstaltungen geworden, und rein zahlenmäßig vielfach eine kleinere, die nur von einem bestimmten oft allein im Seniorenalter befindlichen Teil der Kirchengemeinde besucht wird.

Es dürfte dann nicht mehr so einfach sein, in Luthers scheinbar sehr einfache Beschreibung von Kirche einzustimmen. Denn die sichtbare Kirche jedenfalls scheint oft dem nicht zu entsprechen …

Ich … glaube die Kirche

Der Heidelberger Katechismus behandelt das Verständnis der Kirche nur in zwei knappen Fragen. Beide legen je einen Satz des Apostolischen Glaubensbekenntnisses aus. Das Apostolikum formuliert: „Ich glaube an den Heiligen Geist, die heilige allgemeine christliche Kirche …“ Es heißt dort nicht – obwohl dies vielfach gedacht wird: „Ich glaube *an* die heilige, allgemeine christliche Kirche“, sondern: „Ich glaube die Kirche.“ Es mag sein, dass die römisch-katholische Kirche hier etwas anders akzentuiert. Nach evangelischem Verständnis kann man nicht „an“ die Kirche glauben, weil sie nicht mit Gott verwechselt werden darf. Aber gleichzeitig heißt es auch nicht, dass wir die Kirche als solche „sehen“ könnten. Kirche ist also ein Glaubensgegenstand. Und hier kommen jetzt bereits die beiden anfangs genannten Ebenen zueinander: Die unsichtbare und die sichtbare Kirche. Weder das Apostolikum noch der Heidelberger Katechismus sehen beide getrennt. Sondern „Kirche glauben“ bedeutet: Die sichtbare Kirche ist nicht nur Verein, nicht nur menschliche Institution, sondern tatsächlich gottgewirkt. Dieser Glaube bedeutet nicht, dass alles, was ich in der oder als Kirche wahrnehme, göttlich ist – das würde eine völlige Überhöhung der Gemeinde und eine Vereinnahmung Gottes bedeuten. Kirche glauben heißt: „Auch die Gemeinde, in der ich lebe, ist der Leib Jesu Christi." In der Regel wird diese Aussage gerade gegen den Augenschein gesagt werden müssen, weil sich unsere Kirchengemeinden nur selten als reine Erfolgsmodelle darstellen: „Ich glaube, dass die Gemeinde, zu der ich gehöre, Leib Jesu Christi ist – obwohl sie so ist, wie sie ist."

Was glaubst du von der „heiligen allgemeinen christlichen Kirche"? (Frage 54)

Ich glaube, dass der Sohn Gottes aus dem ganzen Menschengeschlecht sich eine auserwählte Gemeinde zum ewigen Leben durch seinen Geist und Wort in Einigkeit des wahren Glaubens von Anbeginn der Welt bis ans Ende versammelt, schützt und erhält und dass auch ich ein lebendiges Glied dieser Gemeinde bin und ewig bleiben werde.

Der Grund dafür, dass Kirche zu glauben ist, benennt der Heidelberger Katechismus mit dem Hinweis, dass Jesus Christus seine Gemeinde sammelt, schützt und erhält. Das Nachdenken über die Kirche beginnt für den Heidelberger Katechismus also nicht mit einem Blick in die vorfindliche Situation unserer Kirchen oder mit einem Nachdenken darüber, was Menschen bewegt, sich zu einer Kirche zusammen zu schließen, sondern mit einer Verheißungsaussage: Kirche gibt es, weil Jesus Christus verheißen hat, Menschen zu sammeln, zu schützen und zu erhalten.

Erwählte Gemeinde

Der Begriff der Erwählung ist umstritten, weil er – auch aufgrund des Verständnisses in der reformierten Tradition – mit Vorherbestimmung identifiziert werden kann. Aber um die Frage, ob jemand zum ewigen Heil vorherbestimmt ist oder nicht, geht es hier bei der Aussage, dass Jesus Christus sich seine Gemeinde erwählt, allenfalls im Hintergrund. Im Vordergrund steht die Aufgabe der Zweckbestimmung, also der Erwählung zu einer Aufgabe. Die Kirche gibt es darum, weil Jesus Christus einen Auftrag für sie hat, weil Gott sie gebrauchen will. Erwählung ist also funktional zu verstehen. Es gibt die Kirche in dieser Welt, weil Gott mit ihr etwas vorhat, weil Gott durch sie seine Herrlichkeit kundmachen will. Die Kirche ist nicht für sich selber da, sondern nur darum, weil Gott sie gebrauchen will. Dieses Verständnis von Erwählung entspricht übrigens dem biblischen Gesamtzeugnis der Erwählung Israels. Gott hat sein Volk erwählt, damit es seinen Bund allen Völkern gegenüber bezeugt. Im Blick auf die Erwählung Israels bei der Herausführung aus Ägypten hat Martin Buber treffend geschrieben, dass die Erwählung Israels nur dann recht verstanden sei, wenn sie als Bestimmung verstanden wird: Israel „soll aus dem Dienst der Bedrücker in den Dienst des Befreiers treten.“[4]

Der Heidelberger Katechismus nimmt hier dieses Verständnis von Erwählung auf: Die Kirche ist von Jesus Christus erwählt, weil er sie gebrauchen will. Die entscheidende Frage also lautet in diesem Zusammenhang: „Wozu ist die Kirche da?“ Wenn man den gesamten Duktus des Katechismus wahrnimmt, so könnte man wohl sagen: Um Menschen zum Leben in der Gemeinschaft mit Christus zu befähigen und zu stärken.

Übrigens hat die Theologie im 20. Jahrhundert in der Missionstheologie hier einen deutlichen Fortschritt erzielt. Statt die Kirche als Subjekt der Mission zu denken, wonach die Kirche

---

[4] Martin Buber, Die Erwählung Israels, in: ders., Werke. Zweiter Band. Schriften zur Bibel, München 1964, 1037 – 1051, 1046. Vgl. auch das schöne Büchlein von Schalom Ben-Chorin, Die Erwählung Israels. Ein theologisch-politischer Traktat, München 1993.

selber sendet (Mission heißt ja „Sendung"), ist – auch auf Vorüberlegungen von Dietrich Bonhoeffer und Karl Barth hin – verstanden worden, dass die Kirche selber Teil der Mission Gottes ist.

Versammelte Gemeinde

Der frühere Göttinger Theologe Otto Weber hat 1949 ein Büchlein verfasst, das auch heute noch lesenswert ist. Es trägt den Titel „Versammelte Gemeinde" und nimmt direkt Bezug auf unseren Text aus dem Heidelberger Katechismus. Im Neuen Testament findet sich das Wort *ekklesia* für Kirche – und dieses knüpft an die Gottesgemeinde im Alten Testament an: *qahal.* Und sowohl qahal wie auch ekklesia bedeuten zunächst einfach „Versammlung", ursprünglich übrigens ohne jeden religiösen Bezug. Die Gemeinde versammelt sich „an einem konkreten Ort zu einer konkreten Zeit"[5]. Bereits im Neuen Testament finden wir viele Versammlungen an verschiedenen Orten angesprochen; aber das Neue Testament hat zunächst die Notwendigkeit nicht gesehen, das Miteinander dieser verschiedenen Versammlungen rechtlich zu fixieren (sie stehen wohl in deutlich engem Kontakt zueinander) noch haben die Gemeinden sich davon abbringen lassen, sich als die eine Kirche Jesu Christi zu verstehen. Warum versammelt sich eine Gemeinde bzw. wird eine Gemeinde versammelt? Etwas knapp gesagt: Um Gottesdienst zu feiern, um sich um Wort und Sakrament zu scharen. Hier treffen sich die oben erwähnte lutherische und auch die reformierte Theologie: Die versammelte Gemeinde lebt im Gottesdienst als ihrer Mitte. Aber diese theologische Aussage deckt sich in vielen Gemeinden nicht mit der erlebten Realität. Denn vielerorts ist der Gottesdienst zu einer Nischenveranstaltung mit einem ausgewählten meist älteren Publikum geworden, von dem im Regelfall nicht viel erwartet wird. Die theologische Aussage, dass die evangelische Kirche eine Kirche des Wortes ist und deshalb von der Predigt her ihre Gestalt

---

[5] Otto Weber, Versammelte Gemeinde. Beiträge zum Gespräch über Kirche und Gottesdienst, Neukirchen 1949, 33.

gewinnt, ist zumindest bei vielen Pastoren und Pastorinnen und auch bei vielen Gemeindegliedern keine deutlich vorhandene Erwartung. Dieser Diskrepanz kann mit unterschiedlichen Strategien begegnet werden. Die eine besteht darin, die Erwartungen zu reduzieren und sich mit der Situation abzufinden – und entscheidende Energien im Gemeindeleben andernorts zu investieren. Eine andere besteht darin, der Predigt und dem Gottesdienst insgesamt höhere Aufmerksamkeit zu geben und – möglichst auch im Miteinander der in der Gemeinde vorhandenen Gaben – ihn als Gestaltungsaufgabe ernst zu nehmen. Dass das vielfach nicht ohne pastorale Entlastung an anderen Stellen funktionieren kann, liegt auf der Hand: Eine gute Predigt braucht Zeit zur Vorbereitung. Etwas einseitig im Blick auf die Predigenden, aber in der Sache wohl zutreffend beschreibt Christian Möller den Sachverhalt im Blick auf die Predigt:

> „Ungeschrieben steht am Anfang oft die Entschuldigung, daß überhaupt noch gepredigt wird. Ist etwa die Mutlosigkeit das eigentliche Problem, daß nicht mehr riskiert wird, als in 10 – 15 Minuten mit der Predigt über die Runden zu kommen? Auf diese Weise entsteht um die Predigt ein Teufelskreis, der immer enger wird: Wurde den Studenten eingeredet, daß seine Predigt ohnehin kaum mehr erwartet werde und nur noch geringe Wirkung habe, steigt der Vikar bereits flügellahm auf die Kanzel und hält eine noch lahmere Predigt. Die enttäuschte Gemeinde zieht sich daraufhin noch mehr zurück, was wiederum dem jungen Theologen bestätigt, daß seine Predigt anscheinend nicht mehr gebraucht wird.“[6]

Nun wird die jeweilige Erwartung nicht alles verändern. Aber theologisch begründet ist jedenfalls die Erwartung, dass die mit der Predigt nicht identische, aber immer auf sie verweisende lebendige Stimme Jesu Christi Grund der versammelten Gemeinde ist.

---

[6] Christian Möller, Seelsorglich predigen. Die parakletische Dimension von Predigt, Seelsorge und Gemeinde, Göttingen 1983, 15 f.

Geschützte und erhaltene Gemeinde

Der Heidelberger Katechismus rechnet damit, dass die Gemeinde geschützt werden muss. Ob mehr vor Angriffen von außen oder vielleicht doch eher von innen, wird explizit nicht deutlich. Jedenfalls drohen Gefahren. Sie drohen von außen, weil die Gewalt gegen Christen im 20. und 21. Jahrhundert ungeahnte Ausmaße angenommen hat, so dass manche mit guten Gründen sagen, dass die Christenheit die am meisten bedrängte Religion ist. Aber es drohen auch immer wieder Gefahren von innen. Diese werden aber oft sehr unterschiedlich gesehen. Der eine sieht die Säkularisation mit der Folge, dass die Gemeinde sich mehr nach innen wendet, als größte Bedrohung der Kirche. Eine andere fürchtet vielleicht die Harmlosigkeit der Verkündigung. Wenn nun der Katechismus mit guten biblischen Gründen davon ausgeht, dass Jesus Christus seine Gemeinde schützt und erhält, dann ist auch das eine Glaubensaussage, die das eigene Engagement im Einsatz gegen die Gefahren nicht ausschließt. Das hieße wiederum, das göttliche und das menschliche Handeln als Alternative zu verstehen. Ein Grundsatz der reformierten Kirche lautet seit mehreren Jahrhunderten: „ecclesia semper reformanda" – Die Kirche ist immer neu zu reformieren. Die Reformation ist also kein abgeschlossener Akt. Und deswegen gehören Reformprozesse zum genuinen Anliegen der evangelischen Kirche und sind Ausdruck geistlicher Verantwortung. Wenn Jesus Christus seine Gemeinde schützt und erhält und durch das Wort erbaut, sind Reformüberlegungen als solche kein Problem. Sie sind aber im Blick auf ihre Ziele genau zu erwägen. Und sie werden nicht in der Lage sein, das Schiff der Kirche zu retten – hier hofft die Kirche allein auf Jesus Christus.

Ich gehöre dazu

Die Frage 54 hat einen beeindruckenden Schluss: „dass auch ich ein lebendiges Glied dieser Gemeinde bin und ewig bleiben werde." Die Kirche als Leib Jesu Christi ist von Jesus Christus durch seinen Heiligen Geist erwählt, versammelt, geschützt und erhalten – und ich gehöre auch dazu. Dieser Satz kann verschiedene Klangfarben annehmen. Er kann erstaunt klingen: Dass ich als Mensch, der Gott nichts vorzuweisen hat, zum Leib Jesu Christi gehören darf, ist gar nicht selbstverständlich. Aber ich darf dazugehören ... Aber der Satz kann auch trotzig klingen und sich dann gegen solche Auffassungen wenden, die die Zugehörigkeit am Leib Jesu Christi von bestimmten Auffassungen oder Verhaltensweisen abhängig machen wollen: Ohne Bedingungen gehöre ich dazu, lautet dann das Glaubensbekenntnis. In beiden Fällen aber wird deutlich, dass der einzelne Christenmensch sich nicht isoliert verstehen kann und also eine individualistische Gottesbeziehung zumindest aus der Sicht des Heidelberger Katechismus eine Verkürzung darstellt.

Und schließlich ein Hinweis zum „lebendig". Dass es nichtlebendige Christenmenschen gebe, ist aus Sicht des Katechismus nicht vorstellbar. Die Lebendigkeit kann deshalb auch nicht an einem bestimmten Grad an Aktivität innerhalb der Gemeinde abgelesen werden, sondern ist in der Neuschöpfung des Menschen begründet – und damit vor aller menschlichen Reaktion. Aber auch hier gilt natürlich die grundsätzliche Einsicht des Katechismus, dass den Zuspruch des Lebendigseins auch der Anspruch begleitet, zu leben.

Die begabte Kirche

> Was verstehst du unter der „Gemeinschaft der Heiligen"? (Frage 55)
>
> Erstens: Alle Glaubenden haben als Glieder Gemeinschaft an dem Herrn Christus und an allen seinen Schätzen und Gaben. Zweitens: Darum soll auch jeder seine Gaben willig und mit Freuden zum Wohl und Heil der anderen gebrauchen.

Und genau dieser Thematik widmet sich die Frage 55. Denn der Akzent der Auslegung des Satzes „Ich glaube die Gemeinschaft der Heiligen" liegt auf dem Leben in der sichtbaren Gemeinde.

Von den Heiligen, einem Synonym für die Christenmenschen, ist zunächst auszusagen, dass sie Gemeinschaft mit Jesus Christus haben. Das ist entscheidend für das Kirche-Sein. Aber das wird sofort konkretisiert: Es bedeutet nämlich, Gemeinschaft an allen Schätzen und Gaben Christi zu haben. Was heißt das? Ausgangspunkt ist, dass Christen als neue Menschen bezeichnet werden, weil sie in Jesus Christus existieren: Sie sind nicht mehr Sünder, sondern gerecht. Und da sie in Jesus Christus existieren, haben sie Gemeinschaft mit allem, was Jesus Christus auszeichnet – und eben auch an seinen Schätzen und Gaben. Zu überlegen wäre, worin denn diese Schätze und Gaben bestehen? Aus dem zweiten Satz wird deutlich, dass der Katechismus selber eine enge Verbindung zwischen den Schätzen und Gaben Christi und den vorhandenen Gaben jedes einzelnen Menschen zieht und die Gaben nicht allein auf innere (und vielleicht nur geistlich zu benennende) Schätze reduziert: Die „natürlichen" Gaben und Fähigkeiten und damit die bei jedem Menschen in unterschiedlicher Weise vorhandenen Begabungen werden geistlich verstanden.

Damit ist zunächst ein interessanter Blick auf den Menschen vorhanden. Denn anders als ein dem Katechismus zuweilen unterstelltes am Defizit orientiertes Verständnis des Menschen (der Mensch als Sünder) setzt der Katechismus hier positiv ein: Jeder Mensch ist als in und von Christus begabter Mensch zu verstehen. Die Frage ist nicht, ob Menschen begabt sind, die Frage ist eher: Worin besteht die Begabung?

Nicht auf den ersten Blick ist immer deutlich, worin die Gaben eines Menschen bestehen – anderen nicht und ihm oder ihr auch nicht. Dass Menschen ihre Gaben und die ihrer Mitmenschen nicht kennen, liegt nicht daran, dass sie keine hätten, sondern dass sie ihnen noch nicht bewusst geworden sind. Übrigens wird hier keine Ausnahme gesetzt, so dass gemeindepädagogisch selbst die angeblich schwächsten Glieder sehr wichtig sind.

Gabenorientiert als Gemeinde leben

Wenn in der evangelischen Kirche von den gemeindlichen Tätigkeiten neben dem Pfarramt gesprochen wird, wird meistens der auf Martin Luther zurückgehende Begriff „Priestertum aller Gläubigen" oder „Priestertum aller Getauften" aufgenommen. Vor allem im Großen Katechismus und in der Schrift „An den christlichen Adel deutscher Nation" hat Luther mit diesem aus dem 1. Petrusbrief stammenden Ausdruck deutlich gemacht, dass kein Priester zwischen Gott und Mensch steht, dass vielmehr jeder Christenmensch hier gleiche und uneingeschränkte Vollmacht zum Dienst an Wort und Sakrament hat, dass jeder im Dienst der Sündenvergebung steht. Die Schwäche dieses Begriffs besteht darin, dass er das Priestertum als Maßstab hat und sich in gewisser Hinsicht als antihierarchisch versteht, selbst aber keinen gestaltenden Horizont hat. Die reformierte Tradition hat aus guten Gründen nicht auf diesen Begriff rekurriert, sondern von den vielfältigen Gaben gesprochen, mit denen Christus seine Gemeinde begabt. Diese Orientierung an den „Charismen" (das griechische und bei Paulus verwendete Wort) macht von vornherein auf die Pluralität der in der Gemeinde nötigen Aufgaben und Tätigkeiten aufmerksam. Auffällig ist, dass im Heidelberger Katechismus kein Amt besonders benannt wird, weder die Pastoren noch die Diakone noch die Presbyter. Das ist anders als etwa bei Johannes Calvin. In der den Katechismus begleitenden Pfälzer Kirchenordnung, die ebenfalls 1563 veröffentlicht wurde, wird dann allerdings sehr wohl auch von konkreten Aufgaben geredet. Der Katechismus tut das nicht, weil die konkrete Ausgestaltung in verschiedenen Gemeinden unterschiedlich sein kann.

Gaben einsetzen zum Wohl und Heil der anderen

Nun ist es aber dem Katechismus wichtig, dass die Gaben nicht als solche relevant sind, sondern dass sie zum Wohl und Heil der anderen eingesetzt werden. Beide Dimensionen, Wohl und Heil, werden bewusst genannt, weil sowohl die Gottesbeziehung wie die Beziehung der Menschen untereinander konstitutiv und beide unverzichtbar sind. Und nur dann, wenn in einer Gemeinde die gottesdienstliche und die diakonische Tätigkeit im Blickpunkt des Interesses stehen, ist sie gesund. Dass es nicht nur um die Existenz der Gaben geht, wird bereits bei Paulus deutlich. Er betont im 1. Korintherbrief, dass entscheidend ist, dass die Gaben zum Aufbau und zum Nutzen der Gemeinde da sind. Gaben können sogar sehr störend sein, wenn sie zum Eigennutz eingesetzt werden. Dann können sie sogar verhindern, dass Gemeinde wächst. Es ist also entscheidend, die Gaben auch als Aufgaben zu sehen – aber eben als solche, die „willig und mit Freuden" angegangen werden.

Nun ist aber auch zu sehen, dass diese „Idealbeschreibung" der gelebten Gaben vielfach der vorhandenen Situation der evangelischen Gemeinden nicht entspricht. So ist zu fragen, ob das gegenwärtig in Deutschland verfasste Pfarramt nicht vielfach der Gabenvielfalt der Gemeinde im Wege steht. Einmal werden die Pfarrer und Pfarrerinnen zum Teil aufgrund des eigenen Wollens, mehr noch aber aufgrund der Strukturen und Erwartungshaltungen zu Allroundmanagern, die für alles verantwortlich sind – und dann oft für den Gottesdienst, die Lehre und also den Unterricht und die Seelsorge nur begrenzt Zeit und Kraft haben. Vielfach sind es Pastoren und Pastorinnen auch nicht gewohnt, dass Mitarbeitende in den Gemeinden selbständig Aufgabenbereiche übernehmen. Daneben gibt es in vielen deutschen Presbyterien (bzw. Kirchenräten, wie sie in anderen Kirchen genannt werden) zunehmend mehr Menschen, die in ihrem beruflichen Leben bisher nicht in gleicher Weise Verantwortung ausgeübt haben wie das Presbyter und Presbyterinnen in früheren Jahren getan haben und sich deshalb oft schwerer tun, Leitungsaufgaben zu übernehmen. Neben dieser auf den ersten Blick eher formalen Schwierigkeit mit einem dominanten Pfarramt schwindet in vielen Gemeinden die Zahl derer, die auskunftsfähig sind, wenn es um den christlichen Glauben geht.

Wenn man den Heidelberger Katechismus ernst nimmt, so sind drei grundlegende Einstellungen notwendig, damit eine Gemeinde es lernt, mit ihren Schätzen und Gaben einander zugewandt zu leben. Einerseits ist es wichtig, dass es Gemeindeglieder gibt, die mit den vorhandenen Gaben rechnen und danach Ausschau halten. Die sich fragen, welche Gabe für die Arbeit in der Gemeinde „willig und mit Freuden" genutzt werden könnte – und dazu ist es nötig, dass Menschen einander kennen. Und das zweite ist die grundsätzliche Ausgangslage: Nur als versammelte Gemeinde und also nur als Gemeinde „unter dem Wort" kann sie davon ausgehen, dass sie das lebendige Wort Jesu Christi vernimmt, das ihr nötige Handlungsrichtungen benennt. Und schließlich gehört dazu eine grundlegende Bildung, auch sprachlich über die Grundlagen des eigenen Christseins Auskunft geben zu können. Der Konfirmandenunterricht orientiert sich in vielen Gemeinden zunehmend dahingehend, den Jugendlichen eine intensivere Kontaktaufnahme mit der Kirchengemeinde zu ermöglichen; das führt aber aufgrund des Alters und des Interesses der Konfirmanden und Konfirmandinnen und der begrenzten Zeit dazu, die inhaltlichen Anteile zu reduzieren. Und weitere Bildungsangebote nutzt oft leider nur ein kleiner Teil der Gemeinde.

Geglaubte Gemeinde

Die im Anfangszitat dieses Kapitels vorgestellte Spannung von unsichtbarer und sichtbarer Kirche weist auf zwei Ebenen der Kirche hin, die nicht getrennt werden dürfen. Der Heidelberger Katechismus hat deshalb gut daran getan, sich auf diese Alternative gar nicht erst einzulassen. Ihm geht es immer um die sichtbare Gemeinde, die in dieser Welt lebt – und die zu gestalten ist, so dass sie, wie es die Barmer Theologische Erklärung in These 3 benennt, „mit ihrem Glauben wie mit ihrem Gehorsam, mit ihrer Botschaft wie mit ihrer Ordnung mitten in der Welt der Sünde als die Kirche der begnadigten Sünder" Jesus Christus bezeugt. Dass die sichtbare Kirche sich aber als Leib Jesu Christi versteht, ist ihr von außen nicht anzusehen – und deshalb bleibt die Kirche als sichtbare Kirche ein Glaubensgegenstand.

Kapitel XI
Taufe und Abendmahl – oder: Vergewissert leben

Glaube braucht Vergewisserung

„Der Glaube ist – jeden Morgen neu! – eine Geschichte. Er darf also mit ‚Gläubigkeit' nicht verwechselt werden."[1] Der Glaube ist kein Zustand, den man ein für alle Mal hätte. Ja, genau gesehen: Man ‚hat' den Glauben nicht. Denn wenn er uns so geschenkt ist, dass wir nicht darüber verfügen können, dann ‚haben' wir ihn nicht. Deswegen kann man den Satz „Ich glaube" immer nur mit der Bitte sagen: „Ich glaube, Herr, hilf meinem Unglauben." Dieses bereits einmal im dritten Kapitel zitierte Wort Karl Barths beschreibt schön, dass der Glaube nicht ein habitueller Bestandteil des Menschen ist. Vielmehr wird es jedem Menschen so gehen, dass sein Glaube von Höhen und Tiefen durchsetzt ist, dass der Glaube zwar wachsen kann, aber ebenso auch abnehmen. Der Zweifel ist integraler Bestandteil des Glaubens – und wie gerne hätte man nicht etwas in der Hand, was die Gültigkeit des Glaubens belegen könnte.

Für manche evangelischen Christen ist die römisch-katholische Kirche hier durchaus faszinierend. Sie legt auf fast allen ihren Gestaltungsebenen viel Wert auf die äußere Form – sei es, wie das Papstamt öffentlich und medial inszeniert wird, seien es die farbenfrohen und ritualreichen Messen, dem gegenüber die evangelischen und zumal die reformierten Gottesdienste deutlich zurücktreten. Und die sichtbaren Sakramente fungieren im römisch-katholischen Leben deutlich höher als im evangelischen; auch die höhere Zahl von sieben Sakramenten ist hier

[1] K. Barth, Einführung in die evangelische Theologie, Zürich 1962, 83.

signifikant – in der evangelischen Kirche gibt es ja nur zwei. Johann Wolfgang von Goethe bemerkte an dieser Stelle deshalb auch ein Defizit: „Fehlt es dem protestantischen Kultus im ganzen an Fülle, so untersuche man das einzelne, und man wird finden, der Protestant hat zu wenig Sakramente, ja er hat nur eins, bei dem er sich tätig erweist, das Abendmahl: denn die Taufe sieht er nur an andern vollbringen, und es wird ihm nicht wohl dabei."[2] Es scheint, so zumindest Goethe, dem evangelischen Christentum an sichtbaren Zeichen und Handlungen zu fehlen, an denen man sich mit seinem Glauben aufrichten könnte.

Die Geschichte der Sakramente ist diffus

Der Heidelberger Katechismus legt den Akzent darauf, dass die Sakramente zur Vergewisserung des Glaubens da sind. In der Geschichte der Sakramente haben diese aber oft genau das Gegenteil bewirkt, weil sie zur Verwirrung beigetragen haben. So gab es schon in der Alten Kirche die Frage, ob die Taufe auch dann gültig sei, wenn sie vielleicht sogar von einem Irrlehrer gespendet worden sei. Die in der Kirche bis heute geltende Antwort ist: Ja, sie gilt trotzdem. Die Frage, wie viele Sakramente es gibt, ist auch umstritten. Heute sind es in der römisch-katholischen Kirche sieben und in der Evangelischen Kirche zwei. In der mittelalterlichen Kirche aber gab es bis zu dreißig – und Luther schwankte, ob nicht die Beichte hinzuzunehmen sei, und Calvin, ob nicht die Handauflegung bei der Einführung von Pastoren und Ältesten dazuzuzählen sei. In der Reformationszeit konnten sich bekanntlich Martin Luther und Ulrich Zwingli nicht einigen, welches das richtige Abendmahlsverständnis sei, warum es deshalb auch heute mehrere evangelische Kirchen gibt. Ebenfalls in der Reformationszeit begann im Umfeld der Zürcher Reformation die Diskussion, ob die Kindertaufe angemessen sei – und die sogenannten Täufer bestritten dies vehement (die Baptisten und andere Freikirchen, die jeweils keine Kinder taufen, beziehen sich zum Teil auf sie). Und heute noch wird zwar die Taufe zwischen

[2] Johann Wolfgang von Goethe, Dichtung und Wahrheit II,7.

der römisch-katholischen und der evangelischen Kirche anerkannt; aber gemeinsame Abendmahlsfeiern sind leider immer noch nicht möglich. In manchen (vor allem reformierten) Regionen gibt es geradezu eine „Abendmahlsscheu“, weil Menschen dort Sorge haben, dass sie nicht würdig genug seien, zum Abendmahl zu gehen – und für den Fall, dass sie doch gingen, würden sie damit ihre eigene Würdigkeit betonen und auf diese Weise hochmütig erscheinen.

Die vielen Diskussionen deuten an, dass den Sakramenten in der Kirche zu allen Zeiten eine hohe Rolle eingeräumt wurde, denn über Nebensächlichkeiten hätte man sich vermutlich auch nicht in der gleichen Heftigkeit gestritten. Heute findet eine Diskussion über die unterschiedliche konfessionelle Bedeutung der Sakramente fast nur noch unter Theologen und Theologinnen statt. Daraus folgt aber nicht, dass jedem Gemeindeglied immer schon vor Augen stünde, was Taufe und Abendmahl bedeuten und warum es hilfreich für ihr Leben sein kann. Der Heidelberger Katechismus ist bei den Sakramenten (auch wegen der heftigen Diskussionen zwischen Lutheranern und Reformierten in der Reformationszeit) sehr ausführlich und atmet mehr noch als in anderen Passagen den Geist der damaligen Zeit. Aber die Grundlinien können auch dem Menschen des 21. Jahrhunderts noch hilfreich sein.

Sakramente helfen, das Evangelium zu verstehen

Wozu sind Sakramente da? So fragt letztlich schlicht der Katechismus und antwortet: Sie sollen „durch ihren Gebrauch den Zuspruch des Evangeliums besser verständlich machen“, so heißt es in der neuen deutschen Fassung; der ältere deutsche Text ist hier deutlicher: durch ihren Gebrauch sollen sie „die Verheißung des Evangeliums desto besser zu verstehen“ geben. Die Textabänderung von „verstehen“ zu „verständlich“ schwächt unnötig ab, denn der Katechismus zielt tatsächlich darauf, dass wir im Vollzug der Sakramente das Evangelium besser verstehen. Wenn das Evangelium sich durch sinnenfällige Dinge wie vergossenes Wasser, gegessenes Brot und getrunkenem Wein „zu verstehen" gibt, dann ist dieses mehr als nur ein kognitiver Akt, bei dem nur der Kopf beteiligt ist. Wir verstehen die Verheißung des Evangeliums mit vielen Sinnen. Diesen Grund der Sakramente hat Johannes Calvin schon sehr stark gemacht; mit ihm könnte man von einer „göttlichen Pädagogik" sprechen: Gott zielt wie ein guter Lehrer auf mehrere Sinne ab, damit das Evangelium tiefer in uns eindringt und wir es nicht nur äußerlich, sondern gleichsam innerlich aufnehmen – auch durch „Begreifen". Indirekt wird hier auch die erste Frage und Antwort aufgenommen, weil dort der Mensch „von Herzen" und also in seinem Inneren willig und bereit ist, als Nachfolger Jesu Christi zu leben. Übrigens wird deutlich, dass es nicht um die Elemente „Wasser", „Brot" und „Wein" als solche geht; entscheidend für den Katechismus ist, dass das Verstehen erst „im Gebrauch" geschieht. Etwas überspitzt und modern gesprochen könnte man hier also fast von „Erlebnispädagogik" sprechen: Das Verstehen geschieht hier nicht theoretisch, sondern eigentlich erst im Vollzug – und deswegen ist auch der hier vorgetragene Versuch, das „Ganzheitliche" der Sakramente mit einem Text zu beschreiben, nur als einladende Aufforderung zu verstehen: „Geh und erlebe selber!"

Das Evangelium – erleben und verstehen

> Was sind Sakramente? (Frage 66)
>
> Es sind sichtbare heilige Wahrzeichen und Siegel. Gott hat sie eingesetzt, um uns durch ihren Gebrauch den Zuspruch des Evangeliums besser verständlich zu machen und zu versiegeln: dass er uns auf Grund des einmaligen Opfers Christi, am Kreuz vollbracht, Vergebung der Sünden und ewiges Leben aus Gnade schenkt.

Allerdings sind die Sakramente im Heidelberger Katechismus nur dann in rechtem Gebrauch, wenn es nicht darum geht, sie selber zu verstehen, sondern wenn sie als Wahrzeichen, als Siegel verstanden werden – wenn sie in ihrem Hinweischarakter ernst genommen werden. Damit ist ein erster Aspekt im Blick auf die Streitigkeiten um die Sakramente schon genannt: Sakramente sind nicht mehr und nicht weniger als Hinweise. Sie sind nicht zu verwechseln mit dem, auf das sie verweisen. Indem der Heidelberger Katechismus so argumentiert, grenzt er sich aber von anderen Sakramentsverständnissen in der Kirche ab. Nach der Lehre der römisch-katholischen Kirche handelt Gott selber immer dort, wo ein Sakrament in der Kirche gespendet wird. Das Ehesakrament beispielsweise, das übrigens die Ehepartner sich gegenseitig spenden, bringt mit sich, dass Gott selbst durch dieses Sakrament wirkt, weshalb die Ehe nach römisch-katholischem Verständnis auch nicht durch eine menschliche Scheidung zu beenden ist. Dieses Verständnis teilt der Katechismus nicht: Die von Menschen durchgeführten Sakramente sind menschliche Handlungen und bringen Gottes Handeln nicht automatisch mit sich. Gleichzeitig begnügt sich aber der Katechismus auch nicht damit, sie einfach als „Zeichen" zu verstehen – das wäre ihm zu wenig: Schließlich stehen sie unter der Verheißung, dass der Heilige Geist den Glauben durch sie „bestätigt" (so in Antwort 65): der Katechismus geht also davon aus, dass zwar die Wirksamkeit der Sakramente nicht zu garantieren ist, aber dass gleichwohl damit zu rechnen ist, dass Gott durch sie erfolgreich handelt. Dieses „erfolgreiche" Handeln Gottes ist nach dem Verständnis des Katechismus dann geglückt, wenn der Verweis positiv gelingt, wenn also tatsächlich Vergewisserung des Glaubens geschieht. Da der Glaube aber nicht etwas „an sich" ist, sondern Ausdruck der Beziehung von Gott und Mensch, sind die Sakramente dann gelungene Sakramente, wenn durch sie das Ja des Menschen zu dem, was Gott für sie getan hat, gestärkt wird. Und deshalb wird der Katechismus auch nicht müde, immer wieder deutlich zu machen, dass die Sakramente auf die Vergebung der Sünden verweisen, die uns zugute am Kreuz geschehen ist – in vierzehn der sechzehn Fragen und Antworten wird das aufgenommen. Die Sakramente haben also nicht die Aufgabe, die Sünden zu vergeben. Aber sie sollen die Christen und Christinnen darin vergewissern, dass ihnen ihre Sünden durch Christi Opfer am Kreuz vergeben wurden, dass sie gerecht geworden sind, dass sie neue Menschen geworden sind. Und der Katechismus traut den Sakramenten zu, dass sie dabei helfen, weil Gott sie dazu gebraucht. Die Funktion der Sakramente ist also dieser „göttliche“ Hinweischarakter. Sie sind deshalb auch kein Selbstzweck.

Häufig wird heute insbesondere die Kindertaufe als Feier des geschenkten Lebens verstanden und manchmal auch das Abendmahl als Hinweis auf Gottes schöpferische Güte, weil er uns zu essen und zu trinken gibt. Der Katechismus tut das nicht, sondern er versteht die Neuwerdung des Menschen durch den Glauben als entscheidenden Akt. Ist der Katechismus darin antiquiert – oder sind manche Veränderungen im gegenwärtigen Sakramentsverständnis auch als problematische Relativierung des Kreuzesgeschehens zu verstehen? Wo der Katechismus die Mitte sieht, ist jedenfalls deutlich.

Vom Nutzen der Taufe

Ist denn das äußerliche Wasserbad selbst die Abwaschung der Sünden? (Frage 72)

Nein; denn allein das Blut Jesu Christi und der Heilige Geist reinigt uns von allen Sünden.

Die Frage 69 im Heidelberger Katechismus beginnt – zumindest auf den ersten Blick – merkwürdig. Die Frage lautet nämlich: „Wie wirst du in der heiligen Taufe erinnert und gewiss gemacht, dass das einmalige Opfer Christi am Kreuz dir zugute kommt?“ Naheliegend zu denken wäre, dass die Frage so zu verstehen ist, dass gefragt wird: „Wie wirst du in *deiner* heiligen Taufe erinnert und gewiss gemacht …“ – und dann wäre die Frage an einen Täufling gerichtet, der auf diese Frage selbst eine Antwort geben könnte. Wenn man aber die Frage so verstünde, wäre allein die Taufe von auskunftsfähigen Menschen im Blick – und dann würde sich der Katechismus gegen die Kindertaufe aussprechen. Aber das geschieht nicht. Ausführlich begründet der Katechismus etwas später, dass er für die Kindertaufe eintritt. Wie ist aber dann, vorausgesetzt der Katechismus hat keinen Widerspruch eingebaut, die Frage zu verstehen? Die Antwort ist nur möglich, wenn der Täufling hier nicht selber im Blick ist, sondern die Gemeinde, die an der Taufe Anteil nimmt. Die Taufe nützt also zunächst einmal nicht dem Täufling, sondern der Gemeinde. Denn die Gemeindeglieder werden daran erinnert, dass auch sie getauft sind, dass das jetzt am Täufling vollzogene äußerliche Wasserbad auf das am Kreuz geschehene Reinwaschen von allen ihren Sünden hinweist. Und auch hier erkennt man die eigenständige Verortung des Heidelberger Katechismus. Die römisch-katholische Theologie lehrt, dass durch die Taufe die Erbsünde und alle bis zur Taufe vergangenen Sünden getilgt werden – und für die nach der Taufe begangenen Sünden gibt es die Beichte und die Vergebung des Priesters. Aber auch im lutherischen Bereich wird der Handlung der Taufe mehr zugetraut. Im Kleinen Katechismus antwortet Martin Luther auf die Frage, was die Taufe gibt oder nützt: „Sie wirkt Vergebung der Sünden …“[3] Das kann der Heidelberger Katechismus nicht sagen, weil die Taufe nicht in Konkurrenz zum Kreuzesgeschehen zu denken ist und Gottes Freiheit nicht durch menschliche Handlungen eingeschränkt werden darf; das aber könnte passieren, wenn der Taufe selber sündenvergebende Kraft zugetraut wird. Deswegen steht die Taufe als Verweis auf das eigentliche Geschehen – und hat das Ziel, die Glaubenden mit all ihren Sinnen darauf hinzulenken. Freilich gelingt das nicht durch das Sakrament selber, vielmehr nur dann, wenn der Heilige Geist die Sakramente gebraucht, um Christen ihrer Vergebung gewiss zu machen.

Die Kindertaufe

In der Reformationszeit hatten die sogenannten Täufer die Kindertaufe abgeschafft und Gemeinden gegründet, die sich von ihrer Umwelt z. T. heftig abgrenzten. Und in Münster kam es 1534/35 zum Täuferreich, in dem es zu heftigen Exzessen kam. In der Folge fand eine zum Teil gnadenlose Verfolgung der Täufer statt – und

[3] Martin Luther, Kleiner Katechismus, in: Unser Glaube. Die Bekenntnisschriften der evangelisch-lutherischen Kirche, Gütersloh 1986, 551.

der Zürcher Reformator Ulrich Zwingli, der sich anfangs gegen die Kindertaufe ausgesprochen hatte, revidierte diese Auffassung wieder, weil er den Exklusivismus der täuferischen Gemeinden als nicht mit dem Evangelium vereinbar ansah. Dabei zeigt es sich, dass die täuferische Bewegung ein theologisches Problem angeschnitten hat, dessen Spuren wohl auch im Katechismus zu finden sind: Das Verhältnis von Glaube und Taufe. Der römische Katholizismus kennt das Problem insofern nicht, weil die Taufe dort keinen Bezug zum Glauben des einzelnen Menschen hat. Martin Luther „löste" das Problem u.a. dadurch, dass er einen Kinderglauben annahm – bei der Taufe sprechen die Paten stellvertretend für das Kind den Glauben des Kindes aus, da es ja selbst noch nicht sprechen kann.[4] Heute wird in fast allen evangelischen Gemeinden die Kindertaufe damit begründet, dass Gottes Gnade ohne Gegenleistung erfolgt und deswegen in der Taufe eines Menschen, der nichts zum Heil beitragen kann, am besten zum Ausdruck kommt. Diese erst um 1900 entstandene Auffassung[5] hat das Problem, dass der Glaube hier mehr als menschliches Werk denn als Geschenk verstanden wird.

Soll man auch die kleinen Kinder taufen? (Frage 74)

Ja; denn sie gehören ebenso wie die Erwachsenen in den Bund Gottes und seine Gemeinde. Auch ihnen wird, nicht weniger als den Erwachsenen, in dem Blut Christi die Erlösung von den Sünden und der Heilige Geist, der den Glauben wirkt, zugesagt. Darum sollen auch die Kinder durch die Taufe, das Zeichen des Bundes, in die christliche Kirche als Glieder eingefügt und von den Kindern der Ungläubigen unterschieden werden, wie es im Alten Testament durch die Beschneidung geschehen ist, an deren Stelle im Neuen Testament die Taufe eingesetzt wurde.

---

[4] So etwa im Taufbüchlein von 1529.

[5] Hermann Cremer, Wiedergeburt und Kindertaufe in der Kraft des Heiligen Geistes, Gütersloh 1900.

Der Heidelberger Katechismus begründet in der Tradition Zwinglis und Calvins die Kindertaufe anders. Ebenso wie im Judentum mit der Beschneidung der Jungen deutlich wird, dass die Verheißung auch für dieses dem jüdischen Volk zugehörende Kind gilt, so bezeichnet die Taufe, dass auch die Kinder der Christen bereits zum Bund Gottes gehören; Hintergrund ist hier eine Stelle aus dem 1. Korintherbrief 7,14, wo Paulus (ohne Bezug auf die Taufe) schreibt, dass auch die Kinder der Gläubigen heilig sind. Auch wenn die hier nicht abgedruckte Analogie zur Beschneidung nicht ganz glücklich ist (sie ist im Neuen Testament nicht zu finden, auch werden ja keine Mädchen beschnitten), so wird man doch sagen müssen: Hier findet sich die plausibelste theologische Begründung zur Kindertaufe. Zur Zeit des Neuen Testaments wurden noch keine Kinder getauft, weshalb sich dort keine Begründung finden lässt. Der Katechismus argumentiert vom Bund Gottes her – und in ihn gehören sowohl die Alten als auch die Jungen, weil beiden die Erlösung der Sünden zugesagt wird. Gut daran ist, dass auch die Kinder schon zur Gemeinde gehören und die Aktivität Gottes vor der des Menschen betont wird. Dass aber die Taufe mit dem Bund Gottes begründet wird, ist explizit vorher nicht behandelt – und dass der Heilige Geist in den Sakramenten den Glauben bestätigt, wird man eben im Blick auf die Kinder nicht sagen können. Wenn man wie in Frage 69 den Täufling gar nicht (oder doch nur später) als Adressaten und Nutznießer der Taufe sieht, mag das stimmen. Aber wenn die Sakramente die Aufgabe haben, den Glauben durch die Taufe zu bestätigen, wird man in erster Linie an den je eigenen Glauben denken – und dann wäre im Heidelberger Katechismus ein Rest jener Spannung zu spüren, die von den Täufern ausgegangen ist.

„... zu meinem Gedächtnis“

Warum nennt denn Christus das Brot seinen Leib und den Kelch sein Blut oder nennt den Kelch den neuen Bund in seinem Blut, und warum spricht Paulus von der Gemeinschaft des Leibes und Blutes Jesu Christi? (Frage 79)

Christus redet so nicht ohne große Ursache. Er will uns damit lehren: Wie Brot und Wein das zeitliche Leben erhalten, so sind sein gekreuzigter Leib und sein vergossenes Blut die wahre Speise und der wahre Trank unserer Seele zum ewigen Leben. Darüber hinaus will er uns durch dieses sichtbare Zeichen und Pfand gewiss machen, dass wir so wahrhaftig durch seinen Heiligen Geist an seinem Leib und Blut Anteil bekommen, wie wir diese heiligen Wahrzeichen mit unserem Mund zu seinem Gedächtnis empfangen. All sein Leiden und sein Gehorsam sind uns so gewiss zugeeignet, als hätten wir selbst das alles gelitten und vollbracht.

Luther und Zwingli konnten sich 1529 auf dem Marburger Schloss nicht einigen, weil beide ein unterschiedliches Verständnis der Einsetzungsworte zum Abendmahl hatten. Wenn Jesus dort beispielsweise sagte, als er das Brot nahm: „Das ist mein Leib“, dann nahm Martin Luther das „ist“ besonders ernst. Er sah die Gefahr, dass der, der an dieser Stelle nicht glauben kann, dass Jesus Christus zu Brot werden kann, auch nicht sicher sein könne, dass Jesus Christus Mensch geworden sei. Ulrich Zwingli meinte stattdessen vielmehr, dass hier ein Vergleich gemacht wird und es heißen müsse: Das Brot steht für den Leib Christi. Schließlich gebe es auch andere Worte Jesu über sich selbst, die als Bild verstanden werden müssten („Ich bin der gute Hirte“) – und außerdem müsse gesehen werden, dass in den Einsetzungsworten immer auch stünde: „Das tut zu meinem Gedächtnis.“ Im Laufe der Geschichte ist Zwingli (und mit ihm die Reformierten) nun immer wieder missverstanden worden – und als reformiertes Kennzeichen sei das Abendmahl als Erinnerungsmahl zu verstehen: Die Feiernden erinnern sich eines vergangenen Ereignisses, sie denken an den Tod Jesu. Aber so

einfach haben das weder Zwingli noch Calvin noch der Heidelberger Katechismus verstanden. Das Wort „Gedächtnis" ist nämlich alttestamentlich-jüdischerseits mehr als nur ein „Sich-erinnern" – „sachar" / gedenken ist im Judentum bis heute zentral für die Beziehung der Gegenwart zur Geschichte Gottes mit dem jüdischen Volk. Am deutlichsten wird das im jüdischen Passahmahl. Auch wenn heute noch in jüdischen Familien Pessach gefeiert wird, dann wird aus dem Deuteronomium gelesen (5, 21–23):
„Wenn dich nun dein Sohn morgen fragen wird: Was sind das für Vermahnungen, Gebote und Rechte, die euch der HERR, unser Gott, geboten hat?, so sollst du deinem Sohn sagen: Wir waren Knechte des Pharao in Ägypten, und der HERR führte uns aus Ägypten mit mächtiger Hand; und der HERR tat große und furchtbare Zeichen und Wunder an Ägypten und am Pharao und an seinem ganzen Hause vor unsern Augen und führte uns von dort weg, um uns hineinzubringen und uns das Land zu geben, wie er unsern Vätern geschworen hatte."[6] Entscheidend ist hier das „uns" und das „wir". Denn diejenigen, die des Pessachfestes gedenken, verstehen sich selber auch nach vielen tausend Jahren in die Geschichte Gottes mit dem Volk Israel einbezogen. „Wir sind dabei gewesen, es ist für uns, ja an uns passiert". Das ist mehr als sich nur zu erinnern. Denn diejenigen, die das Pessachfest so begehen, bekennen damit: „Zu Gott, der das Volk Israel aus Ägypten geführt hat, der seine Hand über das Volk Israel bis heute hält, gehöre ich. Er hat auch mich befreit." Und daraus folgt: „In jeder einzelnen Generation ist ein Mensch verpflichtet, sich selbst so zu betrachten, als ob er aus Ägypten gezogen sei."[7] Diejenigen, die in den jüdischen Familien Pessach feiern, verstehen sich selbst als Teil dieser Geschichte Gottes mit seinem Volk.

Anders als im Judentum, durch das man durch die Geburt hineinkommt, wird man im Bereich des Christentums durch

---

[6] Nach der Lutherbibel 1984 zitiert.

[7] Mischna Pesachim, zitiert nach Yosef Hayim Yerushalmi: Sachor – Erinnere Dich. Jüdische Geschichte und jüdisches Gedächtnis. Aus dem Amerikanischen von W. Heuss. Berlin 1988, 57.

Taufe und Glaube Glied der christlichen *Gemeinde.* Deshalb sind die Sakramente, die nach Auffassung des Heidelberger Katechismus „Gedächtnisfeiern" sind, auch Gemeindefeiern. Schon bei der Taufe und bei den Sakramenten allgemein ist zum Ausdruck gekommen, dass nach dem Heidelberger Katechismus die Feier des Abendmahls nicht die Vergebung der Sünden bewirkt. Sichtbare und nicht sichtbare Dinge möchte der Katechismus nicht verwechseln. Aber das, was sichtbar ist – die Feier des Abendmahls –, ist ein Pfand, ein Zeichen, ein Versprechen Gottes, dass die Gemeinschaft zwischen Gott und Mensch vorhanden und intakt ist, auch wenn wir diese mit unseren natürlichen Augen nicht sehen können. Und am Schluss der (abgedruckten) Frage 79 ist zu sehen, wie sehr die Erlösung oder Rechtfertigung auch hier zentral steht: Das, was Christus gelitten hat, das haben die Menschen in ihm und mit ihm erlitten – in ihm sind sie neue Menschen: Luther spricht an dieser Stelle vom fröhlichen Wechsel. Das Abendmahl zielt auf die Gewissheit, dass Menschen verstehen, dass der Tod Jesu Christi zwar grausam war, aber ihnen zugute geschehen ist. Gedächtnis ist also mehr als Erinnerung, und das Abendmahl deshalb mehr als Erinnerungsmahl.

Wenn nun das Abendmahl als Gedächtnisfeier verstanden wird, dann ist Folgendes zu erwarten: Der Heilige Geist nutzt das Abendmahl, um zu den Menschen zu gelangen und ihnen Gemeinschaft mit Jesus Christus zu schenken. Und wenn die Abendmahlsfeier das erreicht hat, dass nämlich der Glaube erinnert und vergewissert wird, dann hat sie ihre Aufgabe gut erfüllt, dann hat der Geist gewirkt. Und der Katechismus geht davon aus, dass der Geist genau das tut – er argumentiert hier nicht skeptisch, sondern erwartungsfroh.

„mehr und mehr vereinigt werden"

Der Blick bei den Sakramenten ist der Blick aufs Kreuz und auf die Auferstehung Jesu Christi, weil dort das Entscheidende, auch für uns, geschehen ist – so lautet der durchgehende Ton in den Sakramentspassagen des Heidelberger Katechismus. Er wehrt sich heftig gegen alle Auffassungen, die den Elementen mehr zutrauen – und eine Frage (Nr. 80) ist sogar ausgesprochen konfessionspolemisch geraten und ist erst ab der zweiten Auflage auf ausdrücklichen Wunsch des Kurfürsten eingefügt worden. Man wird dieser Frage 80 trotz heute nicht akzeptabler Wortwahl in der Verunglimpfung der mittelalterlichen Kirche durchaus zugestehen müssen, dass sie berechtigte Anfragen aufgreift, die auch im gegenwärtigen ökumenischen Dialog noch nicht vollständig geklärt sind.

Aber im Mittelpunkt des Abendmahlsverständnisses steht im Heidelberger Katechismus nicht die Abwehr des römisch-katholischen oder lutherischen Abendmahlsverständnisses, sondern die Betonung der gegenwärtigen Gemeinschaft mit Christus. Und in Frage 76 ist bereits eine ökumenische Dimension zu erkennen, die – für mich jedenfalls – beinahe aufsehenerregend und prophetisch ist. Zunächst liegt der Akzent wieder einmal darauf, dass das Abendmahl uns der Vergebung der Sünden vergewissern will. Dann kommt aber auch – charakteristisch für das Verständnis des Menschen im Katechismus – das „sondern auch“: Es bleibt nicht bei der Vergebung der Sünden, beim Absterben des alten Menschen, sondern es zielt auf das Auferstehen des neuen Menschen, also auf den, der nach dem Willen Gottes zu leben versucht. „Mehr und mehr“, so erwartet der Katechismus, werden die Christen bereits auf der Erde mit dem Auferstandenen vereinigt werden, wächst die Gemeinschaft mit Christus. Und dann folgt der ökumenische Akzent: Der Katechismus spricht davon, dass der irdische Leib Jesu Christi – und das ist ja ein bekannter Begriff für die Kirche – einer ist und durch einen Geist ewig lebt und regiert wird. Vor Augen stand dem Katechismus damals die Zersplitterung der Konfessionen. Und die ökumenische Vision der Kirche, die eigentlich erst im 20. Jahrhundert neu entdeckt wurde, wird hier perspektivisch aufgenommen: Die Kirche Jesu Christi ist ein Leib und wird von einem Geist regiert.

Erst 410 Jahre nach dem ersten Erscheinen des Katechismus ist diese Vision der Kirche im Blick auf das Abendmahl teilerfüllt worden: Die lutherischen, unierten und reformierten Kirchen haben mit der Leuenberger Konkordie von 1973 gegenseitige Abendmahlsgemeinschaft erklärt – und der Akzent der Argumentation liegt ganz auf der Gemeinschaft der Christen mit

Christus – und befindet sich damit in sachlicher Kontinuität zum Katechismus.

Was heißt, den gekreuzigten Leib Christi essen und sein vergossenes Blut trinken? (Frage 76)

Es heißt nicht allein, mit gläubigem Herzen das ganze Leiden und Sterben Christi annehmen und dadurch Vergebung der Sünde und ewiges Leben empfangen, sondern auch, durch den Heiligen Geist, der zugleich in Christus und in uns wohnt, mit seinem verherrlichten Leib mehr und mehr vereinigt werden, so dass, obgleich er im Himmel ist und wir auf Erden sind, wir doch ein Leib mit ihm sind und von einem Geist ewig leben und regiert werden.

Allerdings ist damit noch nicht aller Streit um die Sakramente ausgestanden. Es bleibt noch manches zu tun, um die Gemeinschaft mit Christus, um die es in den Sakramenten geht, auch unter den Christen und Christinnen und unter den Kirchen zu leben.

Wenn es nach dem Heidelberger Katechismus geht, sind Taufe und Abendmahl göttliche Angebote, Christusgemeinschaft zu leben. Und die Christusgemeinschaft geht über die Gemeinschaft des einzelnen mit Christus hinaus: Der über alle Orts- und Zeitgrenzen existierende eine Leib Jesu Christi möchte Gestalt gewinnen, je mehr und mehr. Ökumene ist nämlich – hoffentlich – mehr als nur das schiedlich-friedliche Nebeneinander-Her-Leben, es ist die Freude am Zusammensein.

Die aber ist nicht immer erlebte Realität, weil es auch in der Kirche einiges Nebeneinander und auch Gegeneinander gibt. Die Sakramente sind darum Hoffnungszeichen, die auf die in Jesus Christus schon vorhandene Einheit hinweisen. Und so können sie dem einzelnen Christenmenschen und der Kirche helfen, vergewissert zu leben – im Blick auf ihre eigene Gerechtigkeit und in der Hoffnung auf die Einheit der Kirche.

Kapitel XII
Das Gebet – oder: Lehre uns beten

In vielen Religionen wird gebetet

Ein Nachdenken über das Gebet könnte beginnen mit der Beobachtung, dass Menschen beten. Sie tun das nicht allein im Bereich des christlichen Glaubens, sondern in fast allen Religionen auf der Erde wird gebetet. Teilweise sind die Formen des Betens in anderen Religionen zumindest auf den ersten Blick von der Art und Weise, wie Christen und Christinnen beten, nicht weit entfernt. Aber mancherorts ist die Art des Betens doch ganz anders, beispielsweise bei den fernöstlichen Religionen (etwa im Hinduismus).

Wer so mit dem Thema „Gebet“ anfängt, setzt ganz bestimmte Fragestellungen in Gang: „Was bewegt Menschen, dass sie beten? Was erwarten sie vom Gebet? Wie oft beten Menschen? Und beten sie nur in sakralen Räumen oder auch im Privaten? Und wie sieht ihre Gebetshaltung aus?“

Und als Ergebnis wird man Gemeinsamkeiten und Unterschiede zwischen Religionen und Kulturen erkennen können. Dazu gehört es auch, wie unterschiedlich Gebetsformen in den verschiedenen Ausprägungen des Christentums aussehen und wie nah sich bestimmte Weisen des Gebets beispielsweise zwischen Islam und Christentum kommen.[1] Andererseits werden

[1] Es gibt es eine schöne Sammlung islamischer Gebete von Annemarie Schimmel, in denen beeindruckende Parallelen von muslimischen und christlichen Gebeten deutlich werden. Annemarie Schimmel, Dein Wille geschehe: Die schönsten islamischen Gebete, Lymphia (Zypern) 5. Auflage 2004.

auch grundlegende Differenzen zu erkennen sein; dazu gehört beispielweise, ob das Gebet als ein Dialog verstanden wird oder nicht.

Wer aber bei der Faktizität des menschlichen Gebets im Allgemeinen einsetzt, fragt im eigentlichen Sinne noch nicht theologisch, sondern eher religionswissenschaftlich. Und Theologie ist etwas anderes als Religionswissenschaft. Während die Religionswissenschaft von außen fragt und deswegen natürlich auch alle von ihr wahrgenommenen Religionen gleichrangig sieht, fragt die Theologie anders. Sie setzt das Sich-in-Beziehung-Befinden voraus, von dem der Heidelberger Katechismus von Anfang an bewegt ist. Wer also das Thema „Gebet" losgelöst von der geglaubten Beziehung zwischen dem dreieinigen Gott und dem befreiten Menschen reflektiert, bekommt dementsprechend auch eher allgemeine Aussagen.

Ist das Gebet denn überhaupt Thema der christlichen Lehre?

Es könnte aber auch gefragt werden, ob denn das Thema Gebet überhaupt in die christliche Lehre hineingehört. Und ein Blick in viele Lehrbücher christlicher Theologie behandelt diese Thematik wenn überhaupt dann am Rande. Damit muss das Beten nicht für unwichtig erklärt werden, sondern es macht deutlich, dass es beim Beten eher um das geht, was bei jedem und jeder unterschiedlich aussieht, was eben ins Private gehört – und auch in die Gestaltung des Gottesdienstes. Aber nicht in den engeren Bereich der Theologie.

Diese Anfrage ist berechtigt. Denn Leben und Lehre sind nicht identisch und die Art und Weise, wie Menschen beten, ist sehr unterschiedlich. Hinzu kommt aber auch, dass das Beten in besonderer Weise einen privaten Charakter hat, weil es vielfach im Verborgenen geschieht. Jesus hat seine Jünger bewusst davor gewarnt, das Gebet zum Demonstrationsobjekt ihrer Frömmigkeit verkommen zu lassen und ihnen geraten: „Wenn du aber betest, so geh in dein Kämmerlein und schließ die Tür zu und bete zu deinem Vater, der im Verborgenen ist" (Matth 6,6).

Theologie fragt danach, inwiefern etwas geschieht. Theologie begründet nicht den christlichen Glauben, sondern fragt danach, was eigentlich geschieht, wenn Christen glauben. Und deswegen ist das Gebet sehr wohl ein wesentlicher Bestandteil christlicher Lehre. Und zugleich weist das Gebet stärker noch als manche anderen theologischen Themen über die Theologie, über die Lehre im engeren Sinne hinaus. So kann auch deutlich werden, dass die Theologie nicht um ihrer selbst willen geschieht, sondern einen Nutzen haben soll – für das Leben der Kirche und der einzelnen Christenmenschen. Dazu gehört es auch, Fragen ernst zu nehmen und zu bedenken, die beim Thema „Beten" entstehen.

Fragen …

Eine immer wiederkehrende Frage beim Thema Gebet lautet: „Hat Gott es eigentlich nötig, dass wir beten? Weiß er nicht schon alles?" Damit ist eine sehr rational verständliche Überlegung zum Ausdruck gebracht. „Müssen wir Gott sagen, was wir von ihm erbitten, damit er es erfährt? Kann Gott nicht auch Gedanken lesen? Und wenn ja – ist dann das Gebet als ein spezifischer Akt nicht überflüssig?" Wer so fragt, hat zwei bestimmte Prämissen gesetzt: Einerseits wird das Gebet als Informationsweitergabe an Gott verstanden. Und andererseits ist nicht im Blick, ob es nicht auch relevant für die Betenden ist. Darüber hinaus zeigt die Frage an, dass im Blick auf Gott etwas unterstellt wird: Gott weiß alles und das auch im Vorhinein. Aber ist diese Voraussetzung wirklich sachgemäß oder ist sie nicht vielmehr einer Gottesvorstellung geschuldet, die besagt: Ein Gott muss eben alles wissen? Und dann wäre es wieder der Versuch, mit Mitteln menschlicher Logik Gottes Eigenschaften zu bestimmen.

Eine andere Frage lautet: „Können wir Gottes Plan durch unser Gebet verändern?" Auch diese Frage zeigt eine Voraussetzung an, weil sie davon ausgeht, dass Gott einen festen Plan hat, nach dem das ganze Weltgeschehen abläuft. Das aber – so viel ist hier zu sagen – entspricht nicht dem, was die biblische Botschaft vom Handeln Gottes bezeugt. Gott lässt sich nämlich umstimmen (das wird beispielsweise deutlich bei Abraham, als er mit Gott um das

Schicksal von Sodom und Gomorrha verhandelte oder auch bei Jesus, als ihn eine nichtjüdische Frau um die Heilung ihrer Tochter bittet und Jesus ihre Bitte erst nach dem beharrlichen Eintreten der Frau erfüllt).

Und eine dritte Frage lautet: „Darf ich um alles bitten – oder sind manche Bitten nicht zu egoistisch?“ Hier kommen zwei Dinge zum Ausdruck. Einerseits die Selbstaussage, dass nicht jedes Gebet von lauteren Motiven geprägt ist und betende Menschen nicht automatisch moralisch anständiger handeln als andere. Und andererseits, dass Gott nicht als Erfüllungsgehilfe eigener Wünsche verstanden oder missbraucht werden soll. Beide Überlegungen sind wichtig, ohne dass damit die Frage verneint werden müsste. Aber die Frage macht eben auch deutlich, dass es nötig ist, das Thema Gebet auch theologisch zu reflektieren.

Das Gebet als menschliches Handeln

Der Heidelberger Katechismus beschäftigt sich in vierzehn Fragen und Antworten mit dem Gebet, wobei der Großteil eine Auslegung des Unser Vaters ist. Der Umfang macht bereits deutlich, dass es für den Katechismus wichtig ist, sich dieser Thematik ausführlich anzunehmen. Und der Ort im Katechismus ist ebenfalls sprechend: Es steht nicht nur am Ende gleichsam als Höhepunkt der Darlegungen, sondern vor allem im dritten Teil des Katechismus, der mit „Von der Dankbarkeit“ überschrieben ist. Gesamtthematik dieses dritten Teils ist das menschliche Handeln, deshalb ist auch die Interpretation der zehn Gebote wesentlicher Bestandteil dieses Abschnitts.

> Warum ist den Christen das Gebet nötig? (Frage 116)
>
> Weil es die wichtigste Gestalt der Dankbarkeit ist, die Gott von uns fordert und weil Gott seine Gnade und seinen Heiligen Geist nur denen geben will, die ihn herzlich und unaufhörlich darum bitten und ihm dafür danken.

Aber mit dieser Verortung wird auch deutlich, dass für den Katechismus eine Alternative von Gebet und Handeln nicht besteht. Es kann also nicht darum gehen, das Gebet an die Stelle menschlichen Einsatzes für das Wohl und Heil der Mitmenschen zu setzen, sondern das Gebet ist wesentlicher Bestandteil des Vollzuges. Ja, es gibt sogar Anfragen an den Katechismus[2], ob dieser nicht zu sehr bei der Auslegung des Unser Vaters das Handeln des Menschen betont und das Handeln Gottes damit zu klein schreibe. Aber für den Katechismus sind diese beiden Teile nicht zu trennen.

Bereits in der Frage 116, mit der der Katechismus den Abschnitt beginnt, wird deutlich, dass die Frage, ob Gott das Gebet denn nötig hat, kritisch benannt: Nicht Gott hat das Gebet nötig, sondern der Christ und die Christin. Aber anstelle eines Nachdenkens und Psychologisierens über mögliche therapeutische Wirkungen des Betens, die die Notwendigkeit des Gebets mit direkten aus dem Vollzug des Betens erwachsenden Folgen begründen könnte, argumentiert der Katechismus theologisch und also von Gott her: Gott hat erstens das Beten geboten und er gibt zweitens nur denen seine Gnade und seinen Heiligen Geist, die ihn bitten und ihm für die beiden Gaben danken.

Mindestens auf den ersten Blick klingt das „nur denen geben" exklusiv und nicht einladend – und könnte auch so als Tauschgeschäft verstanden werden, bei dem das menschliche Gebet die Bedingung für den Empfang der Gnade und des Heiligen Geistes sind. Das aber stünde mit dem Grundgedanken des Katechismus im Widerspruch. Gnade und Heiliger Geist stehen für die Beziehungsdimensionen zwischen Gott und Mensch. Diese Beziehung ist einseitig von Gott gestiftet – ein bekannter und im Katechismus immer wieder kehrender Grundgedanke: Aber der Mensch als Beziehungspartner ist keine Marionette. Er ist zur Antwort befähigt. Und diese Fähigkeit zur Antwort wird im Gebet am deutlichsten sichtbar. Der Katechismus spricht sogar davon, dass das Gebet die wichtigste Gestalt der menschlichen Antwort an Gott ist.

---

[2] So etwa Alfred Rauhaus, Den Glauben verstehen, Wuppertal 2003, 281.

Lehre uns beten

Das Unser Vater ist im Matthäusevangelium Jesu Antwort auf die Bitte seiner Jünger: „Lehre uns beten!“ Diesen Hinweis nimmt der Katechismus auf und legt in der Folge das Herrengebet aus. Das Unser Vater ist wesentlicher Bestandteil in den meisten Gottesdiensten in der Christenheit und vielen ein vertrauter Begleiter im Leben geworden. Allerdings gibt es auch die Sorge mancher Christen und Christinnen, das Unser Vater könnte zu einem „heruntergeleierten“ Text werden. In der Folge verzichten manche Freikirchen darauf, im Gottesdienst das Unser Vater zu gebrauchen – zu groß ist ihnen die Gefahr des Missbrauchs. Und an die Stelle treten dann im Regelfall freie Gebete, die aufgrund einer vermuteten größeren Authentizität höher eingeschätzt werden.

Die Gefahr in dieser Diskussion besteht nicht im Vorhandensein der verschiedenen Akzente, sondern in ihrem Anspruch auf Exklusivität. Es ist sicher nicht gut, wenn das Unser Vater zum einzigen Gebet wird und es dabei verlernt wird, in eigenen Worten zu beten, wie ungelenk diese auch immer sein mögen. Und es kann nicht darum gehen, die Worte des Unser Vaters nur zu wiederholen, sondern auch darum, sie zu verstehen. Andererseits ist die Qualität eines Gebets nicht allein daran zu erkennen, ob Menschen es von Herzen und spontan tun. Aber kann man überhaupt von einer Qualität des Gebets sprechen? Der Heidelberger Katechismus tut es anscheinend, wenn er in der Frage 117 erwägt, was zu einem Gebet gehören muss, damit es Gott gefällt und von ihm erhört wird. Im lateinischen Text der Vorfassung von Zacharias Ursinus steht das Wort „qualis“ (=wie), das in unserem deutschen Wort Qualität aufgenommen wurde. Wenn die Frage isoliert wird, muss sie als hochmütig verstanden werden. Denn dann könnte gemeint sein, dass der Katechismus genau wüsste, welche Gebete von Gott erhört werden – und welche eben nicht. Aber damit würde sich der Katechismus an die Stelle Gottes setzen. Die Frage kann deshalb nicht von der Antwort im Katechismus losgelöst verstanden werden – und eben auch nicht von der oben benannten Bitte der Jünger Jesu. Die Frage formuliert aber insofern missverständlich, als dass damit ein Urteil über solche Gebete gesprochen werden könnte, die diesen Qualitätskriterien nicht genügen. Das wäre fatal.

> Was gehört zu einem Gebet, damit es Gott gefällt und von ihm erhört wird? (Frage 117)
>
> Erstens, dass wir allein den wahren Gott, der sich uns in seinem Wort geoffenbart hat, von Herzen anrufen um alles, was er uns zu bitten befohlen hat. Zweitens, dass wir unsere Not und unser Elend gründlich erkennen, um uns vor seinem göttlichen Angesicht zu demütigen. Drittens, dass wir diesen festen Grund haben, dass er unser Gebet trotz unserer Unwürdigkeit um des Herrn Christus willen gewiss erhören will, wie er uns in seinem Wort verheißen hat.

Was aber gehört dann zur Qualität des Gebets? Wer die Antwort auf die Frage 117 betrachtet, wird schnell sehen, dass die im ganzen Katechismus genannte Beziehung zwischen Gott und Mensch hier noch einmal knapp aufgenommen wird. Das Gebet ist eben nicht allein eine religiöse menschliche Handlung wie sie in allen möglichen Religionen vorhanden sein kann. Sondern sie ist die spezifische menschliche Antwort innerhalb der von Gott gestifteten Beziehung zwischen Gott und Mensch. Das erste Qualitätsmerkmal eines Gebets ist die Erkenntnis, dass Gott sich zu erkennen gegeben hat. Der Adressat des Gebets ist also nicht ein numinoses Etwas, sondern der, der in seinem Sohn Jesus Christus zu den Menschen gesprochen hat, der den Menschen erlöst hat. Das zweite Qualitätsmerkmal besteht in der Selbsterkenntnis des Menschen, der weiß, dass er immer nur mit leeren Händen vor Gott steht und keine Leistung vorweisen kann. Und das dritte Qualitätsmerkmal besteht darin, das Gebet wirklich ernst zu nehmen, weil es nicht allein ein Selbstgespräch des Menschen ist, sondern es mit der Zusage zu hören ist, dass Gott seiner Schöpfung treu bleibt und sie nicht sich selber überlässt. Und deshalb betet der richtig, der weiß, mit wem er es im Gebet zu tun hat.

Gott und seine Eigenschaften

Gott hat sich als der zu erkennen gegeben, der er wirklich ist. Und – so beschreibt es der Katechismus – vor allem im Kommen Jesu Christi ist zu sehen, wie Gott ist. Da ist zu verstehen, wie Gottes Gerechtigkeit ist – und wie seine Allmacht. Gottes Gerechtigkeit ist barmherzig, und seine Allmacht ist die der Liebe, sich seiner Schöpfung zuzuwenden. Das Gebet wendet sich an Gott im Glauben an dessen Eigenschaften. Der niederländische Theologe Jan Koopmans schreibt, dass der Katechismus in der Erklärung des Unser Vaters

> „eine Reihe von Eigenschaften aufzählt, wo wir viel zu oft viel zu formal sprechen. Wir bedenken dann zu wenig, dass Gott einer ist, und dass wir, während wir über seine Gerechtigkeit sprechen, längst über seine Barmherzigkeit sprechen. Es gibt Gebetssituationen, in denen Gottes Allmacht unser ganzes Denken bewegt. In anderen Momenten, wo wir nicht weiter wissen, Gottes Weisheit. Und kommen Momente wirklicher Dankbarkeit, dann Gottes Güte. Und wenn die Welt grausam ist, rufen wir nach Gottes Gerechtigkeit. Schämen wir uns tief über uns selber, dann bitten wir um Gottes Barmherzigkeit.“[3]

So beten kann freilich nur die oder der, der um die Geschichte Gottes mit der Welt weiß, der sich selber als in der Beziehung Gottes mit uns Menschen geborgen wissen darf. Damit sind alle anderen oft auch stammelnden Gebete, in denen der Mensch nicht weiß, wie er beten soll, keineswegs disqualifiziert. Und es wird auch nicht verlangt, dass nur solche Gebete von Gott erhört würden, in der lehrmäßig korrekte Vorstellungen eingebracht werden würden. Sondern Ziel ist es, beten zu lernen – und also das Gebet als Teil der Beziehungsgeschichte ernst zu nehmen. Deswegen gehört die ganze christliche Lehre auch hinein in das Verständnis des Gebets. Aber ebenso ist das Gebet wesentlicher Bestandteil christlicher Theologie. Denn wenn ich davon ausgehen darf, dass ich nicht mir selber gehöre, sondern mich als in-

---

[3] Jan Koopmans, De tien Geboden. Toelichting op de Heidelbergse catechismus Zondag XXXIV – XLIV, 2. Auflage Franeker o. J., 48.

tegralen Bestandteil der Geschichte Jesu Christi verstehen darf, dann ist die Möglichkeit, von Gott her alles zu erwarten, lebensrettend. Statt von den Eigenschaften Gottes könnte man auch von Gottes Qualitäten sprechen – und ein Gebet ist dann qualitativ hoch einzuschätzen, wenn es Gott bei seinen Qualitäten ernst nimmt.

Für den Katechismus ist es nun aber wichtig, dass die Betenden ihr Leben nach dem ausrichten, um was sie bitten. Dass das Gebet also auch Auswirkungen in den Alltag hinein hat. Es geht nicht darum, das Gebet zu einer Motivation für irdisches Handeln zu degradieren. Sondern vielmehr darum, dass der Betende Orientierung von Gottes Handeln her bekommt. Exemplarisch soll das anhand der Auslegungen zweier Sätze des Unser Vaters gezeigt werden.

Dein Reich komme

Die zweite Bitte des Unser Vaters lautet: „Dein Reich komme". In der gegenwärtigen Exegese wird darunter zunehmend verstanden, dass Gott seine eschatologische Herrschaft errichtet, die ohne Zutun des Menschen kommen wird. Und auch der Katechismus geht davon aus, dass Gott am Ende der Zeiten seine endgültige Herrschaft errichten wird, ohne dass der Mensch daran seinen Anteil hat. Diese Herrschaft Gottes wird, so formuliert es die Offenbarung des Johannes, ohne Tränen und Schmerzen sein. Im Vertrauen darauf, dass Gottes Herrschaft vollkommen sein wird, sieht der Katechismus in dieser Bitte aber auch die gegenwärtige Situation der Welt, der Kirche und jedes einzelnen Menschen umfangen. Der Beter bittet Gott um seine jetzige Herrschaft (und das erinnert an das Amt Jesu Christi als König). Zunächst kommen die einzelnen Menschen in den Blick (aber wie fast immer als „wir" formuliert, weil es ja nicht nur das Gebet eines Einzelnen ist): Dass Gott regiert, heißt in der Sprache des 16. Jahrhunderts, dass wir je länger desto mehr Gott gehorchen. Etwas gefälliger formuliert heißt es, dass Gottes und unser Wille immer gleichförmiger werden mögen, dass also Gottes

Gerechtigkeit und Barmherzigkeit, dass Gottes Menschenfreundlichkeit auch je länger desto mehr unser Handeln bestimmen.

Was bedeutet die zweite Bitte: „Dein Reich komme“? (Frage 123)

Damit beten wir: Regiere uns durch dein Wort und deinen Geist, dass wir dir je länger, je mehr gehorchen. Erhalte und mehre deine Kirche und zerstöre die Werke des Teufels und alle Gewalt, die sich gegen dich erhebt, und alle Machenschaften, die gegen dein heiliges Wort erdacht werden, bis die Vollendung deines Reiches kommt, in dem du alles in allen sein wirst.

Die Bitte um Gottes gegenwärtiges Regieren beinhaltet auch die Kirche, die erhalten werden soll, ja die wachsen soll. Hier wird die im zehnten Kapitel angesprochene Frage 54 aufgenommen, denn wenn darauf vertraut wird, dass Gott seine Kirche sammelt, schützt und erhält, dann will Gott gerade darin ernst genommen werden, dass er darum gebeten wird. Und schließlich kommt die ganze Welt in den Blick, wenn um die Zerstörung der Mächte des Bösen gebeten wird, die die ganze Welt, aber auch die Kirche und jeden einzelnen bedrohen. Gott ist der alleinige Adressat und das Gebet wird auch nicht zum heimlichen Appell an die Betenden. Aber die Betenden bitten eben auch für sich selber, ihr Handeln nach dem auszurichten, was Gott tut. Gottes Herrschaft ist in Jesus Christus eine gnädige Herrschaft. Und deshalb gehört zur Bitte um Gottes Regieren auch, dass das menschliche Handeln erfüllt sein möge von dieser göttlichen Qualität.

Anders als etwa im 19. Jahrhundert, wo man weitgehend unter der Herrschaft Gottes eine rein irdische Größe verstand, hat der Katechismus hier eine über die Diesseitigkeit hinausreichende Perspektive. Aber das Jenseits blendet das Diesseits nicht aus.

Unser tägliches Brot gib uns heute

Noch deutlicher als in der zweiten Bitte wird diese doppelte Dimension in der bekannten Bitte um das tägliche Brot deutlich. Zunächst wird diese Bitte ganz wörtlich aufgenommen, wobei das Brot als Teil für alles Lebensnotwendige verstanden wird. In einem zweiten Schritt wird deutlich, wie sehr der Katechismus auf die Eigenschaften Gottes Bezug nimmt: Die Betenden sollen in Gottes Zuwendungen erkennen, dass Gott der Ursprung alles Guten ist. Das ist nicht zu verstehen als Versuch, eine Gotteserkenntnis aus den Erfahrungen dieser Welt her zu konstruieren. Sondern so wird aufgenommen, dass die guten Gaben Gottes den wiedererkennen lassen, der seiner Schöpfung treu ist. Der dritte und vierte Aspekt zielt dann auf die Ausrichtung menschlichen Handelns. Zunächst ist sich der Katechismus bewusst, dass ohne den göttlichen Segen kein Ding auf Erden gelingt. Übrigens ist es die einzige Stelle im gesamten Heidelberger Katechismus, in der das Wort „Segen" vorkommt. Segen ist also ein Handeln Gottes, das nicht in der kirchlichen Verfügungsgewalt steht, es ist Gottes eigenes souveränes Begleiten seiner Schöpfung. Und es ist interessant zu sehen, dass auch die göttlichen Gaben (und dazu gehört auch das Brot) den Segen Gottes nötig haben, um zu nutzen – der Katechismus denkt das Wirken Gottes auch in allen natürlich ablaufenden Prozessen und nicht nur in denen, die der Mensch nicht erklären kann; übrigens ist Segen hier auch nicht einfach mit „Glück" zu identifizieren. Aus allen diesen Überlegungen folgert der Heidelberger mit einem „deshalb". Die Betenden bitten Gott darum, dass er ihnen beisteht, ihr Vertrauen nicht auf die Geschöpfe, sondern auf Gott allein zu setzen: Sie bitten um den rechten Glauben. Es droht die Gefahr, auf sich selbst oder andere alles zu setzen, auf Positionen oder Ideologien zu vertrauen, Überzeugungen oder Werte oder Systeme für letztlich lebensstützend zu halten. Nein, setzt der Katechismus dagegen: Letzte Gewissheit gibt nicht das irdische Leben, sondern alleine der Glaube. Wiederum geht es nicht darum, das irdische Leben und den Glauben gegeneinander auszuspielen. Sondern die Bitte um das tägliche Brot ermöglicht es, im Leben keine falschen Prioritäten zu setzen.

Was bedeutet die vierte Bitte: „Unser tägliches Brot gib uns heute“? (Frage 125)

Damit beten wir: Versorge uns mit allem, was für Leib und Leben nötig ist. Lehre uns dadurch erkennen, dass du allein der Ursprung alles Guten bist und dass ohne deinen Segen unsere Sorgen und unsere Arbeit wie auch deine Gaben uns nichts nützen. Lass uns deshalb unser Vertrauen von allen Geschöpfen abwenden und es allein auf dich setzen.

Amen – oder: mehr als Erfahrung

Die letzte Frage im Heidelberger Katechismus ist dem Schlusswort des Unser Vaters gewidmet, dem „Amen“. Das Wort stammt aus dem Hebräischen und steht in Verbindung zum Wortfeld der Treue – der Katechismus interpretiert es als „wahr und gewiss“. Das Unser Vater sei, so ist zuweilen zu hören, eigentlich ein jüdisches Gebet, das von Jesus gebetet wurde. Und in der Tat lassen sich alle einzelnen Sätze des Unser Vaters losgelöst von der vom Neuen Testament bezeugten Geschichte Jesu Christi lesen und also unabhängig vom für uns geschehenen Tod Jesu Christi und seiner Auferstehung verstehen. Aber man wird diesem Text letztlich nicht ausreichend gerecht, wenn man mit dem Hinweis auf den jüdischen Charakter des Gebetes alle anderen „christlichen“ Interpretationen und damit auch die des Heidelberger Katechismus kritisiert. Der Hinweis auf den jüdischen Horizont bringt die Verbundenheit der neutestamentlichen Zeugnisse mit dem Alten Testament zum Ausdruck – und auf die im Alten Testament bezeugten Taten Gottes wird mit dem Unser Vater geantwortet. Aber das Unser Vater hat seinen Ort im Matthäusevangelium und im Neuen Testament insgesamt gefunden. Und insbesondere das Matthäusevangelium legt den Akzent auf Jesus Christus, der als Gottes Sohn Sündenvergebung gewährt. Und weil *er* Unser Vater spricht, ist es nach Matthäus nicht einfach die Übernahme eines jüdisch bekannten Textes und einer üblichen Anrede Gottes, sondern deutlich vom Vater Jesu Christi her zu verstehen. Weil Gott der Vater Jesu Christi ist, dürfen wir als Geschwister Jesu Christi auch Vater sagen. Damit ist der jüdische Ort des Gebetes nicht relativiert, sondern theologisch verortet.

Was bedeutet das Wort: „Amen“? (Frage 129)

Amen heißt: Das ist wahr und gewiss! Denn mein Gebet ist von Gott viel gewisser erhört, als ich in meinem Herzen fühle, dass ich dies alles von ihm begehre.

Jesus lehrt seine Jünger beten, indem er sie hineinnimmt in sein eigenes Gebet und damit auch in die Gewissheit der Erhörung. Nicht selten zweifeln Betende an der Erhörung ihrer Gebete. Sei es, weil nicht das eintrifft, was sie erbeten haben. Sei es, dass sie ihren eigenen Glauben für nicht stark genug erachten. Beides nimmt der Heidelberger Katechismus auf. Denn ausschlaggebend für die Erhörung des Gebets ist nicht die Erfahrung des Eintretens. Und auch nicht die Innigkeit des eigenen Gebetslebens. Der Katechismus macht deutlich, dass die Gewissheit der Erhörung nicht im menschlichen Inneren gebildet wird; das würde zu einem „Frömmigkeitsdruck“ führen, der die Qualität des Glaubens zum ausschlaggebenden Faktor der Erhörung macht. Nein, sagt der Katechismus, Gott erhört unser Gebet – nur vielleicht anders als wir es erwarten oder erhoffen.

„Hat Gott es nötig, dass wir beten?“ lautete eine Frage – und die Antwort darauf muss jetzt lauten: Nein, aber wir brauchen das Gebet – für unser Leben. „Und können wir Gott durch das Gebet beeinflussen?“, die zweite Frage. Die Frage ist nicht zu beantworten, sie ist falsch gestellt. Gott begleitet seine Geschöpfe und steht ihnen bei. „Und darf man um alles bitten?“ lautete die dritte Frage. Auch hier wäre ein einfaches Ja richtig und doch nicht zutreffend. Nicht die Grenzen des Gebets thematisiert der Katechismus, sondern das Zentrum – und das wird im Unser Vater deutlich. Der Heidelberger Katechismus ist übrigens konsequent, weil er alle Aussagen in der ersten Person Plural macht und damit bereits einen Hinweis gibt, dass das gemeinsame Gebet der entscheidende Ort ist. Und also die versammelte Gemeinde. Dass dort gemeinsam das Unser Vater gebetet wird, ist ein guter Brauch, weil es in das Leben der Gemeinde Jesu Christi und jedes und jeder Einzelnen ausstrahlt. Entscheidend ist aber, dass gebetet wird und nicht, dass das Gebet reflektiert wird. Und eine Reflexion des Unser Vaters ist nur dann gut, wenn sie in das (auch gemeinsame) Gebet führt. Letztlich sind wir alle angewiesen, in den Satz der Jünger einzustimmen: „Lehre uns beten."

Kapitel XIII
Dankbarkeit – oder: Mit Lust und Liebe gute Werke tun

Zwei nicht einfach zueinander passende Aussagen bestimmen vielfach die Erwartungshaltung gegenüber den Kirchen im Blick auf ethische Themen. Einerseits erwarten viele Menschen wegweisende Worte und Orientierungsmaßstäbe für individuelles und gesamtgesellschaftliches Verhalten. Andererseits aber ist auch zu hören, dass die Kirche erstens über nicht mehr Sachverstand als andere verfüge. Und schließlich kommt auch der Einwand, dass keine Kirche das Recht habe, sich in ethischen Fragestellungen über das Gewissen der Menschen zu stellen.

Alle Aussagen haben in der theologischen Tradition ihren Ursprung. Diejenigen, die von der Kirche ethische Wegweisung erwarten, gehen davon aus, dass der Glaube sich nicht allein auf eine Innerlichkeit beschränkt, sondern Konsequenzen im Leben zeitigt – individuell und im sozialen Miteinander. Die zweite Position fragt nach der Möglichkeit theologischer Urteilsbildung. So wird gefragt, ob denn eine auf die Bibel bezogene Theologie beispielsweise in der medizinischen Ethik Substantielles aussagen könne – die Bibel kenne halt durch neuzeitliche Techniken geschaffene Situationen nicht. Der dritte Akzent betont das Gewissen, dem keine Instanz irgendeine definitive Anweisung geben könne, weil jeder Mensch unmittelbar vor Gott stehe – und auch die Kirche nicht dazwischen.

Bevor aber darüber nachgedacht werden kann, ob es kirchlich ethische Empfehlungen geben kann, ist zunächst danach zu fragen, wie überhaupt das Handeln theologisch zu bedenken ist. Oder – in der Sprache der Reformation, die auch unseren Heidelberger Katechismus prägt – wie es zu „guten Werken" kommt.

Ein guter Baum bringt gute Früchte

In der Reformation war es vor allem die Theologie Martin Luthers, die mit ihrer Betonung der Rechtfertigung aus Gnaden zu sehr pointierten Aussagen hinsichtlich der guten Werke gekommen ist. Die mittelalterliche Theologie hatte in ihrer Praxis noch mehr als in ihrer Lehre vertreten, dass das Tun guter Werke zu einer Minderung der Sünde und also zu einer Aufbesserung des Verhältnisses von Gott und Mensch führe. Der Ablasshandel, in dem durch Geldzahlungen Sünden abgelöst werden konnten, ist ein beredter Hinweis, der Luther herausforderte. Seine Theologie kreist in all ihren Facetten letztlich um ein Thema: Gott spricht den Sünder gerecht, ohne dass dieser dafür irgendeine Gegenleistung zu erbringen hat. Aber, so wurde dann schon früh gefragt: Sind die Gebote, von denen es in der Bibel ja nicht wenige gibt, dann nicht überflüssig, wenn ich sie nicht befolgen muss, weil Gott ja auch ohne mein gutes Handeln gnädig ist? Luther betont im Laufe der Zeit immer deutlicher: „Die Gebote sind dazu da, dass ich erkenne, dass ich Gott nicht gefalle. Denn ich halte kein einziges Gebot." Die Gebote in der Bibel und auch die zehn Gebote sind dazu da, dass ich mich als Sünder verstehe – Luther nannte dies die überführende Funktion (usus elenchticus) der biblischen Gebote. Warum betont Luther nur diese eine Funktion so stark? Weil er Sorge hatte, dass dann, wenn Menschen meinen, sie würden ein Gebot oder mehrere Gebote Gottes ein bisschen befolgen, sehr schnell der Gedanke aufkommen könnte, dass Menschen sich vor Gott rühmen würden, dass sie auf ihre eigene Stärke bauen würden – vielleicht auch im Unterschied zu anderen Menschen.

Aber sind dann die guten Werke nach Luther nicht wichtig? Ist Luther das gute Miteinander einerlei? Keineswegs! Nur ging er von der Voraussetzung aus, dass ein guter Baum gute Früchte bringt. Christenmenschen tun gute Werke, weil sie eben Christenmenschen sind, so betonte Luther immer wieder. Wichtig ist für Luther die „Freiheit eines Christenmenschen", so der Titel seiner vielleicht schönsten Schrift. Weil die Menschen frei sind in der Beziehung zu Gott, sind Gebote hier irrelevant. Es ist in der Forschung aber umstritten, ob Luther trotz seiner grundsätzlichen Ablehnung der Geltung der Gebote für die Christenmenschen zuweilen nicht doch anders argumentiert hat, weil seine Auslegung der zehn Gebote und der Bergpredigt über die Sündenerkenntnis weit hinausgehen.

Wie und warum ethisch handeln?

In der Geschichte der Theologie und Philosophie hat es auf diese grundlegende Frage sehr verschiedene Antworten gegeben. Zwei grundlegende Alternativen werden oft als einander gegenüberstehend beschrieben.

Das erste Modell, das man deontologisch (nach dem griechischen Wort deon = Pflicht) nennt, sagt, dass grundsätzlich feststeht, was gut ist. Es muss also keine Auseinandersetzung darüber geben, was denn richtiges Handeln ist, es steht fest. Ein klassisches Beispiel für dieses Modell ist das Tötungsverbot: Es ist verboten, jemanden zu töten – das steht fest.

Wenn jemand so argumentiert, stellen sich immer zwei Fragen. Die erste: Woher kommen diese allgemein gültigen Grundsätze? Und die zweite: Wie sind sie zu erkennen? Manche sagen nun, dass ganz bestimmte Grundsätze von Gott kommen und bereits in der Natur erkannt werden können. Und dann sind die zehn Gebote nicht etwas, wozu eine Kenntnis Gottes unbedingt nötig ist, weil sie allgemein plausibel und also vernünftig sind. Manchmal nennt man diese Argumentation auch „Gesinnungsethik", weil die erste Frage nicht lautet, welche Konsequenzen mein Handeln hat, sondern nach welchen Grundsätzen ich handle.

Dieser Form des ethischen Urteilens steht eine andere ganz entgegen – und die wird Verantwortungsethik genannt. Entscheidend sind hier nicht irgendwelche Grundsätze, sondern im Vordergrund steht die Frage: „Was bewirkt mein Handeln?" Ob irgendetwas gut gemeint ist, wird hier unwichtig, sondern wichtig ist, ob das Ergebnis meines Handelns gut oder schlecht ist. Ob es nützt oder schadet. Ich kann mich hier also nicht auf überkommene Grundsätze verlassen, sondern habe immer zu fragen, was mein Handeln bewirkt – auch für die Folgen bin ich verantwortlich.

Die Stärke dieses Modells besteht fraglos darin, dass sie nicht nur ethische Grundsätze bedenkt, sondern viel stärker zeitbezogen ist. Ich kann hier nicht einfach nach festgesetzten Normen handeln, sondern muss abwägen und entscheiden – die Verantwortungsethik ist anspruchsvoller. Aber es ist auch zu fragen, ob sie Menschen nicht auch überfordern kann. Denn nicht immer kann man die Folgen seines Handelns überblicken. Und wenn ich nicht weiß, was aus bestimmten Einsichten folgt: Was soll ich dann tun?

Diese beiden hier sehr grob und allgemein skizzierten Modelle wollen auf eine Grundproblematik hinweisen: Ist mir das, was ich als Christ oder Christin Gutes tun soll, von außen vorgegeben, so dass ich einfach guten Geboten zu folgen habe? Oder ist das, was ich als Christenmensch zu tun habe, eher die Frage, was ich als richtig zu tun erkenne, weil nur ich selber die Folgen meines Handelns abschätzen kann. Noch schlichter formuliert: Ist Gott derjenige, der mir sagt, was zu tun ist? Oder muss ich mit meiner Vernunft selber abwägen, was richtig ist?

Dankbarkeit

> Macht aber diese Lehre die Menschen nicht leichtfertig und gewissenlos? (Frage 64)
>
> Nein; denn es ist unmöglich, dass Menschen, die Christus durch wahren Glauben eingepflanzt sind, nicht Frucht der Dankbarkeit bringen.

Der Heidelberger Katechismus geht in der grundlegenden Frage des christlichen Handelns einen eigenen Weg. Er nimmt einerseits deutlich die Warnungen Martin Luthers auf, der die guten Werke von der Rechtfertigung ganz trennt. Andererseits aber geht er nicht an den zahlreichen biblischen Aussagen zu den guten Werken vorbei, sondern bringt beides zusammen. Die Schlüsselvorstellung ist dabei der Begriff der „Dankbarkeit“. Die

Frage 64 bringt zunächst die Nähe zu Luther zum Ausdruck. Hatte Luther davon gesprochen, dass ein guter Baum gute Früchte trägt, dass also die guten Werke den Christenmenschen gleichsam natürlich zu eigen sind, ist dies im Heidelberger Katechismus mit den Begriffen „unmöglich“ und „Frucht“ aufgenommen. Dass Christen eine Affinität zu einem gottgefälligen Leben haben, ist theologisch selbstverständlich. Aber schon hier wird der als Überschrift des dritten Teils des Katechismus fungierende Begriff „Dankbarkeit“ eingeführt. Und dass der Katechismus diesem Thema dann 44 Fragen und Antworten widmet, verdeutlicht die Relevanz.

Da wir nun aus unserm Elend ganz ohne unser Verdienst aus Gnade durch Christus erlöst sind, warum sollen wir gute Werke tun? (Frage 86)

Wir sollen gute Werke tun, weil Christus, nachdem er uns mit seinem Blut erkauft hat, uns auch durch seinen Heiligen Geist erneuert zu seinem Ebenbild, damit wir mit unserem ganzen Leben uns dankbar gegen Gott für seine Wohltat erweisen und er durch uns gepriesen wird. Danach auch, dass wir bei uns selbst unsers Glaubens aus seinen Früchten gewiss werden und mit einem Leben, das Gott gefällt, unsern Nächsten auch für Christus gewinnen.

Die grundlegende theologische Argumentation nimmt die Grundgedanken des Katechismus auf und zeigt so eine hohe Konsistenz. Ausgangspunkt ist die Gerechtwerdung des Menschen: Christen sind durch Jesu Christi stellvertretendes Sterben und Auferstehen neue Menschen geworden. Dadurch hat der Mensch seine Gottebenbildlichkeit zurück gewonnen; das ist der dem Menschen vom Heiligen Geist geschenkte Glaube. Hier übrigens befindet sich der Katechismus wieder in etwas sichererem Fahrwasser im Blick auf die biblische Begründung als beim Verlust der Ebenbildlichkeit:[1] Das Neue Testament redet von Jesus Christus als dem Ebenbild Gottes, in das die Christen ver-

[1] Vergleiche dazu Kap. IV.

wandelt werden.[2] In der Wirklichkeit des Glaubens leben die Christen und Christinnen als neue Menschen in Übereinstimmung mit Gott. In dieser Welt aber leben die Christen durchaus nicht so, sondern erfahren immer wieder ihre Entfremdung in der Gottesbeziehung: sie leben nicht nur als Liebende, sondern auch als Gott und die Mitmenschen nicht Achtende, nicht als Gerechte, sondern als solche, die den Eigennutz vor den Gemeinnutz stellen. Das Ziel ist es jetzt aber, dass eine Bewegung vom neuen Menschen ausgeht und den alten immer mehr erfasst – und das nennt der Katechismus „Erneuerung". Und wie geschieht diese Erneuerung des alten Menschen? Indem wir „uns dankbar gegen Gott für seine Wohltat erweisen".

Es stellt sich dann aber die Frage, ob diese Dankbarkeit als immer wiederkehrende Begründung für christliches Handeln aufzufassen ist. Das hieße nämlich, dass ich jedes gute Werk mit einem gedanklichen Nachweis versehen würde und müsste, um es vor mir selber oder sogar nach außen als „christlich" zu qualifizieren. Aber das ist nicht das Ziel des Katechismus; das wäre eher eine intellektuelle Überhöhung. Im Blick hat der Katechismus einen Lebensprozess, der die grundlegende Orientierung an den göttlichen Geboten nicht als Entfremdung, sondern als Lebenserfüllung versteht. Nicht die ständige erneute Begründung eines christlichen Verhaltens ist deshalb nötig, sondern das Verständnis der Gebote als Hilfestellung, die Dankbarkeit zu leben. Dabei weiß der Katechismus sehr genau, dass „auch die Allerheiligsten, solange sie in diesem Leben sind, nur einen geringen Anfang" (Frage 114) im Befolgen der Gebote zu leben vermögen.

---

[2] Allerdings ist die Verwandlung in Gottes Ebenbild bei Paulus wohl etwas stärker eschatologisch zu verstehen als im Heidelberger Katechismus.

Gewissheit aufgrund des Handelns?

Eine Formulierung in der eben zitierten Frage 86 hat zu Missverständnissen Anlass gegeben und zu einer problematischen Wirkungsgeschichte geführt: „dass wir bei uns selbst unsers Glaubens aus seinen Früchten gewiss werden". Bedeutet dieser Satz, dass man einen Rückschluss vom christlichen Handeln auf den Glauben vollziehen kann? Und da der Glaube ja ein Geschenk Gottes ist, also darauf, dass ich von Gott erwählt bin? Nicht selten ist diese Vorstellung, die als „syllogismus practicus" (Rückschluss aus der Praxis) bekannt geworden ist, gerade im reformierten Bereich vertreten worden, auch wenn sie bereits bei Luther zu finden ist. Und das konnte dazu führen, dass der göttliche Segen anhand äußerer Merkmale zu erkennen ist – nämlich am guten christlichen Handeln oder sogar am durch viel Arbeit erreichten irdischen Wohlstand – und viel zu arbeiten wurde und wird ja vielfach als christliche Tugend angesehen. Wahrscheinlich meint der Katechismus etwas Schlichteres: Wenn Gott Menschen anrührt, dann kommt es bei ihnen auch zu offensichtlichen Wirkungen und auch Veränderungen. Und vielleicht gelingt es dann auch, dass das Leben zum einladenden Glaubenszeugnis für andere wird. Das alles sieht der Katechismus nicht als eigenes Verdienst an, sondern eher im Zutrauen auf die Wirksamkeit des Handelns Gottes: Er sorgt dafür, dass diejenigen, denen er den Glauben geschenkt hat, in der Welt nicht wirkungslos bleiben. Man wird aber zumindest den Formulierungen dieses Satzes aufgrund seiner Missverständlichkeit kritisch gegenüber bleiben müssen.

Lust zu den guten Geboten Gottes haben

Die Dankbarkeit äußert sich nach Auffassung des Heidelberger Katechismus, indem die Gemeinde und alle Christenmenschen Gottes Gebote als Grundlage der guten Werke nutzen.

Dieses Verständnis des Gebots macht bereits grundsätzlich deutlich, dass es zu wenig ist, im Gebot nur erkennen zu können, dass man es nicht erfüllen kann. Denn das Neue Testament redet in sehr verschiedenen Passagen von guten Werken und auch das Gesetz hat nicht nur die Bedeutung, uns unser Nicht-Vermögen vor Augen zu halten. Das Doppelgebot der Liebe ist nicht als Ablösung der alttestamentlichen Gebote zu verstehen, sondern als ihre Zusammenfassung und Zuspitzung. Deshalb sind die Gebote auch eher als „Weisung" zu verstehen – so die Übersetzung von „Thora", dem hebräischen Wort für Gebot/Gesetz. Das Ziel ist also nicht, einem fremden und heteronomen Gesetz zu folgen und damit sich selbst entfremdet zu leben. Sondern sich selbst gerade in der Befolgung der Weisung als eigentlich lebend erkennen und verstehen.

Was heißt Auferstehen des neuen Menschen? (Frage 90)

Herzliche Freude in Gott durch Christus haben und Lust und Liebe, nach dem Willen Gottes in allen guten Werken zu leben.

Und auch wenn man damit rechnet, eine positive Deutung der Gebote zu bekommen, so überrascht doch die emotionale Sprache im Katechismus: Freude, Lust und Liebe. Das klingt nicht nach Entfremdung und auch nicht nach vernünftig notwendiger Pflichterfüllung, sondern nach Selbstverständlichkeit. Wäre es aber dann nicht naheliegend, auf die positive Deutung der Gebote zu verzichten? Denn eine äußere Gebotserfüllung ist ja gerade nicht das, was im Sinne des Katechismus liegt. Aber dieser Einwand setzt voraus, dass Gebote immer als nicht von innen kommend und also als Einschränkung der Selbstentfaltung verstanden werden. Der Katechismus möchte mit seinem Hinweis auf die Lust an den Geboten auf die befreiende Dimension hinweisen, die dem Gebot Gottes prinzipiell zu eigen ist. Denn weil es Gebote des menschenzugewandten Gottes sind, dürfen sie auch nicht als knechtende Gesetze verstanden werden.

Es ist deshalb wichtig, dass der Katechismus keine Kurzfassung des ersten Gebotes genommen hat, so wie das beispielsweise in Luthers Kleinem Katechismus der Fall ist. Heißt es dort nur: „Ich bin der Herr, dein Gott, du sollst keine anderen Götter neben mir haben", formuliert der Heidelberger Katechismus: „Ich bin der HERR, dein Gott, der ich dich aus Ägyptenland, aus der Knechtschaft geführt habe. Du sollst keine anderen Götter haben neben mir." Der Verweis auf die Befreiung aus Ägypten ist kein nur für das jüdische Volk geltender Hinweis. Er ist auch nicht allein als Erinnerung an Gottes Befreiung zu verstehen, um die menschliche Motivation zum Befolgen der Gebote zu steigern. Vielmehr ist es vor allem ein Hinweis darauf, dass die folgenden Gebote den Charakter der Befreiung in sich tragen, weshalb man sie auch als die „zehn großen Freiheiten"[3] bezeichnen kann.

Da ebenso wie im letzten Kapitel eine ausführliche Würdigung aller Auslegungen den Rahmen sprengt, werden hier nur zwei Gebotsauslegungen knapp vorgestellt.

Lebendige Predigt statt stummer Götzen

> Dürfen denn nicht die Bilder als „der Laien Bücher" in den Kirchen geduldet werden? (Frage 98)
>
> Nein - denn wir sollen uns nicht für weiser halten als Gott, der seine Christenheit nicht durch stumme Götzen, sondern durch die lebendige Predigt seines Wortes unterwiesen haben will.

Das zweite Gebot, das Bilderverbot, spielt in der Geschichte und Gestaltung der reformierten Kirchen eine große Rolle - bis heute sind die meisten reformierten Kirchen bilderlos. Anders als die Mehrzahl der Kirchen, die sich den Beschluss der Synode von Nicäa von 787 zu eigen gemacht haben, die Gottesabbildungen für legitim erklärt hat, hat die reformierte Kirche die alttestamentlich-jüdische Tradition fortgeführt und das zweite Gebot hochgehalten. Die Befürworter von Gottesabbildungen sehen in der Menschwerdung Gottes in Jesus Christus die Erlaubnis, Gott abzubilden, weil Menschen ja abbildbar sind. Der Katechismus begründet die Bilderlosigkeit selber nicht, sondern zitiert nur das

---

[3] Vgl. Ernst Lange, Die zehn großen Freiheiten, Gelnhausen 15. Auflage 1982.

Gebot selber. Das macht immerhin deutlich, dass er sich nicht in einer Verteidigungsposition sieht. Karl Barth hat in einem Vortrag 1935 deshalb durchaus konsequent gefragt:

> „Wir werden also nicht leicht davon lassen können, auch unsere lutherischen Brüder gelegentlich immer wieder zu fragen: mit welcher Erlaubnis oder auf Grund welchen Gebotes eigentlich sie nun doch ein von Händen gemachtes Bild unseres Herrn und Heilands durchaus auf ihren Altären sehen wollen?"[4]

Es fällt jedenfalls insgesamt auf, dass der Katechismus eine der Vernunft einleuchtende Erklärung für die Notwendigkeit des Bilderverbots nicht gibt. Macht sich der Katechismus damit die Sache aber nicht zu einfach? Wirkt dabei das Gebot nicht als externe Vorgabe, der man nur gehorchen, die man aber nicht verstehen muss? Für heutige Menschen reicht jedenfalls die Begründung im Katechismus wohl nicht mehr aus. Deshalb ist die bleibende Bedeutung des Bilderverbots zu verdeutlichen: Es schützt davor, Gott mit einem Bild festzulegen. Michael Weinrich hat darauf hingewiesen, dass sich das Bilderverbot in der Bibel auf die räumlich erkennbaren Bilder bezieht, wohingegen „Wort-Bilder" auch in der Bibel fraglos existieren und notwendig sind – diese aber geben Raum für Interpretationen und fixieren Gott nicht.[5] Der Katechismus greift diese Denkrichtung auf, wenn er sich gegen die im Mittelalter häufig vorzufindenden Bilder in den Kirchen wendet, die als Bibel der Armen (biblia pauperum) zu verstehen seien. Letztlich wichtig ist für die Kirche nämlich, dass Gott das lebendige Wort statt des stummen Götzen eines Bildes nutzt. Die Bewegung von Gott zum Menschen wird in der lebendigen Predigt deutlich, weil es Ansprache ist. Ein Bild hingegen ist statisch – und kann dann eben dazu führen, Gott festzulegen.

---

[4] Karl Barth, Predigt zu Exodus 20,4–6, in: ders., Predigten 1921–1935, Zürich 1998, 428–440, 431.

[5] Vgl. Michael Weinrich, Die Wahrheit des Bilderverbots. Historische und theologische Aspekte, in: Von den Bildern befreit zum Leben. Wahrheit und Weisheit des Bilderverbotes, hg. v. Jörg Schmidt (Reformierte Akzente 6), Wuppertal 2002, 17–42.

Mit dieser Akzentsetzung geht der Katechismus immerhin einen deutlichen Schritt weiter als eine reformierte Tradition, die eine Befolgung des zweiten Gebots allein mit der Existenz kahler Kirchen belegen möchte. Denn hinter dem Verbot steht immer ein Anspruch: Wenn eine lebendige Predigt auch als Unterweisung verstanden wird, brauchen Predigende wie die ganze Gemeinde ein Mindestmaß an allgemeiner und theologischer Bildung. Wer also für das Bilderverbot eintritt, macht sich zugleich für die Bildung der Gemeinde stark. Predigten wollen und müssen verstanden werden – und zielen gleichzeitig darauf ab, die Bibel und damit auch Gott und sich selbst besser zu verstehen. Von Anfang an haben die evangelischen Kirchen die Allgemeinbildung wie auch die christliche Lehre als wesentliche Aufgabe seit der Reformation auf ihre Fahnen geschrieben: Sie haben Schulen gegründet und Bildung für alle gefördert und sie haben das Mündig-Werden aller Christenmenschen z. B. durch Katechismen gestärkt. Allerdings wird man vor allem im Blick auf den letzten Aspekt dies weniger als Zustandsbeschreibung der deutschen Kirchen benennen können, sondern als notwendiges Desiderat.

Nicht töten

Haben wir das Gebot schon erfüllt, wenn wir unseren Nächsten nicht töten? (Frage 107)

Nein. Indem Gott Neid, Hass und Zorn verdammt, will er, dass wir unseren Nächsten lieben wie uns selbst, ihm Geduld, Frieden, Sanftmut, Barmherzigkeit und Freundlichkeit erweisen, Schaden, so viel uns möglich, von ihm abwenden, und auch unseren Feinden Gutes tun.

Das in der Zählung des Heidelberger Katechismus sechste Gebot ist das Tötungsverbot. In Aufnahme der Verschärfung des alttestamentlichen Gebots durch Jesus in der Bergpredigt weitet es der Katechismus auch auf Gedanken aus und fasst auch schmähen, hassen und beleidigen (Frage 105) sowie Neid, Hass, Zorn und Rachgier (Frage 106) darunter. Ebenso wie beim Bilderverbot ist hier aber noch deutlicher zu sehen, wie sehr die Gestaltungsaufgabe die eigentliche Absicht der Gebote ist. Entscheidend ist nämlich nicht die möglicherweise spitzfindig zu verstehende Frage, wann denn ein Gebot erfüllt worden ist. Diese Anfrage lenkt den Blick auf ein abzuarbeitendes Raster. Darauf zielen die Gebote aber nicht, sondern auf ein fried- und vertrauensvolles Miteinander in allen Ebenen der Gesellschaft: Das Tötungsverbot wird konkret in der Nächstenliebe. Und diese wird konkret durch Geduld, Frieden, Sanftmut, Barmherzigkeit und Freundlichkeit sowie dem Versuch, Schaden vom Nächsten fernzuhalten. Das Tötungsverbot ist also ein deutlicher Anspruch, im irdischen Leben dem Handeln Gottes zu entsprechen – denn es ist nicht schwer, alle genannten Begriffe von Gottes Handeln her zu verstehen: Gottes Geduld ist Maßstab für ein mitmenschliches Verhalten. Und hier zeigt sich, dass Gottes Geduld nicht einfach heißt, den anderen in Ruhe zu lassen und abzuwarten, sondern dass Geduld auch ein aktives Sich-Einsetzen für den Nächsten impliziert. Gleichzeitig ist deutlich, dass das Ernstnehmen des Gebotes viel Kraft und Phantasie erfordert und freisetzt.

Übrigens ist es spannend, dass im Katechismus nur hier die Aufgabe des Staates explizit thematisiert wird: „Darum hat auch der Staat den Auftrag, durch seine Rechtsordnung das Töten zu verhindern“, so heißt die neue sprachliche Fassung; in der älteren heißt es: „Darum auch die Obrigkeit, dem Totschlag zu wehren, das Schwert trägt.“ (Frage 105) Die ältere Fassung macht vielleicht noch deutlicher, dass hier eine Begrenzung des Staates vor Augen steht: Er hat das Gewaltmonopol nur, um der Gewalt zu wehren. Oder in moderner Terminologie gesagt. Das Ziel ist der gerechte Frieden, weil Gewalt als solche nicht legitimierbar ist.

Die Gebote sind Hilfen, die eigene Verantwortung zu leben

Der eingangs geäußerten Alternative von Geboten, die uns fremdbestimmt ein bestimmtes Verhalten aufnötigen, und der Vernunft, mit der wir immer wieder neu abwägen müssen, worin das richtige Handeln besteht, stimmt der Heidelberger Katechismus keineswegs zu. Er sieht zwischen den göttlichen Geboten und der eigenen Vernunft keinen Widerspruch.

> Warum lässt uns Gott denn die zehn Gebote so eindringlich predigen, wenn sie doch in diesem Leben niemand halten kann? (Frage 115)
>
> Erstens sollen wir unser ganzes Leben lang unsere sündige Art je länger, je mehr erkennen und umso begieriger Vergebung der Sünden und Gerechtigkeit in Christus suchen. Zweitens sollen wir unaufhörlich uns bemühen und Gott um die Gnade des Heiligen Geistes bitten, dass wir je länger, je mehr zum Ebenbild Gottes erneuert werden, bis wir nach diesem Leben das Ziel der Vollkommenheit erreichen.

Einmal ist das daran zu sehen, dass auch die Auslegung der Gebote keine konkreten Situationen benennt, in denen ein bestimmtes Verhalten vorgeschrieben werden würde. Deshalb geben die zehn Gebote und noch mehr das Doppelgebot der Liebe die Richtung an, in der ein gottgemäßes Verhalten zu gestalten ist. Diese Gestaltung ist immer von Einzelnen und Gemeinden situationsbezogen auszuleben. Deutlich ist aber, dass es aus Sicht des christlichen Glaubens vernünftig ist, sowohl die Gottes- als auch die Nächstenliebe zu üben – weil Gott selber so gehandelt hat.

Zum zweiten ist zu sehen, dass der Katechismus in der Frage 90 von der Lust spricht, nach Gottes Willen gute Werke zu tun. Lust meint hier nicht nur eine mögliche Gesinnung, sondern zielt auf die Freude am Gebot Gottes. Das Judentum kennt das Fest „Simchat Thora“ (Freude an der Thora), das fröhlich und ausgelassen gefeiert wird: Gebote sind nicht als Entfremdung und Zwang, sondern als freudiges Einstimmen und hilfreiche

Einweisung in die im Evangelium schon verwirklichte neue Lebenswirklichkeit zu verstehen.

Und schließlich weiß auch der Katechismus, dass es nie mehr als kleine Schritte auf diesem Wege sein werden, die auch Christenmenschen zu gehen imstande sind. Mehr als ein Anfang ist es nicht, auch wenn der Katechismus damit rechnet, dass es kleine Fortschritte geben kann, ohne Rückschritte auszuschließen.

Aber auch diese kleinen Anfänge sind in einem größeren Horizont zu verstehen – sie weisen nämlich bereits über sich selbst hinaus auf das Ziel, das in diesem Leben nicht erreicht werden kann.

Kapitel XIV
Hoffnung – oder: Der Zukunft Gottes heute vertrauen

Vertröstung oder Trost

Der Heidelberger Katechismus beginnt in der ersten Frage gleich mit dem in der Geschichte der Christenheit nicht unverdächtigen Wort „Trost“: „Was ist dein einziger Trost im Leben und im Sterben?“ Vielfach ist nämlich der christliche Glaube als Vertröstungsreligion gelebt worden – und dann war die entscheidende Botschaft nicht die, wie es auf Erden zugeht oder zuzugehen hat. Sondern dann ist die zukünftige Welt das Erhoffte, das Jenseits, das Paradies. Dann steht nicht die Gestaltungsaufgabe im Mittelpunkt, sondern die Hoffnung auf einen späteren Ausgleich, vielleicht auch für hier erlittenes Unrecht und Leid. Manchmal ist sogar – z. B. von Karl Marx – betont worden, dass eine solche Vertröstung ins Jenseits hinein geradezu stabilisierend im Blick auf irdische Ungerechtigkeiten wirken kann, weil alles Diesseitige nur als vorläufig gesehen wird. Ja, manchmal wird sogar das Himmelreich als Ausgleich für Ungerechtigkeiten empfunden, so dass es dort der oder die am besten haben, der oder die hier am meisten leiden. Und dann kann die Botschaft vom zukünftigen Jenseits auch zur Vertröstung werden, oder genauer: missbraucht werden. Denn wenn die Erwartung einer zukünftigen Vollkommenheit dazu führt, die Welt nicht mehr aktiv gestalten zu wollen, wenn sie also zur Weltflucht führt, dann verkehrt sich der Trost in Vertröstung. Wer dem Heidelberger Katechismus bis hierher gefolgt ist, wird aber auch nicht auf die Idee kommen, ihm dieses zu unterstellen. Und anders als die Darstellung hier endet der Katechismus nicht mit dem Hinweis auf die kommende „heile“

Welt, sondern mit dem Gebet auch um gerechte Lebensverhältnisse hier auf Erden.

Angst als Lebensgefühl in der Reformationszeit

Vor allem am Weg Martin Luthers ist zu erkennen, wie sehr die Angst vor dem zukünftigen göttlichen Gericht sein Leben, aber auch seine Zeit bestimmte. Es herrschte allgemein große Sorge, vor dem kommenden Gericht Gottes nicht bestehen zu können, weil die Zahl der (womöglich nicht gebeichteten) Sünden als Negativfaktor ins Gewicht fiel. Viele Messen für Tote wurden gelesen, um hier ausgleichend zu wirken – und auch der Ablasshandel entfaltete genau deshalb seine enorme Wirkung, weil hier auf sehr nachvollziehbare Weise ein Sündenerlass erkauft werden konnte. Gesellschaftlich relevant waren die vorhandenen Ängste, nicht in das Paradies gelangen zu können – oder genauer: Im Gericht Gottes nicht bestehen zu können, sondern verurteilt zu werden. Die Lehre von der kommenden Welt Gottes, vom Jüngsten Tag, war deshalb für viele keine „Frohbotschaft", sondern eher eine „Drohbotschaft".

Mit der Betonung, dass Gott allein aus Gnaden rettet und kein christliches Handeln als verdienstlich für das Erreichen des Himmels verstanden werden darf, suchte die Reformation die Angst vor dem drohenden Gericht zu nehmen: Gott ist in Jesus Christus gnädig – und das kann nur im Glauben erkannt und angenommen werden; so argumentiert die reformatorische Theologie immer wieder. Aber sie tut das im Bewusstsein der auch das zukünftige Leben bedrohenden Sünde, die sich im Tod manifestiert. Manchmal ist sogar gefragt worden, ob nicht die ganze reformatorische Theologie mit ihrer Gnadenbetonung einem Weltbild verpflichtet (und damit vielleicht auch verhaftet) bleibt, das von dieser Zukunftsangst geprägt ist. Wenn das so wäre, so wäre natürlich konsequent zu fragen, ob nicht auch die Botschaft von der Rechtfertigung zeitgebunden bleibt. Ergebnis in der reformatorischen Theologie ist jedenfalls die Entängstigung und damit die Relativierung der apokalyptischen Perspektive.

„Das eschatologische Büro ist meist geschlossen"

Wenn auch kontrovers diskutiert wird, inwiefern Martin Luther selber einem Weltverständnis verhaftet blieb, das von naher Weltuntergangserwartung geprägt ist, so lässt sich als Wirkung der Reformation insgesamt beschreiben, dass mehr und mehr die eschatologische Perspektive kleiner geschrieben wurde. Zwar gab und gibt es im Pietismus (vor allem im württembergischen) seit dem 18. Jahrhundert eine stark chiliastisch argumentierende Theologie, die von der Nähe der eintausendjährigen (=chiliastischen) Herrschaft Christi bestimmt war; allerdings setzte sich diese Haltung nicht in der Kirche generell durch. Und am wenigsten in der Theologie. Anfang des zwanzigsten Jahrhunderts konnte Ernst Troeltsch deshalb etwas bonmothaft aber zutreffend schreiben: „Das eschatologische Büro ist heutzutage meist geschlossen."[1] Er bringt damit zum Ausdruck, dass die Erwartung eines Eingreifens Gottes in die Geschichte der Welt (das nennt man kosmische Eschatologie) in der Theologie immer kleiner geschrieben wurde. Zwar rechneten die meisten Theologen weiterhin mit der sogenannten individuellen Eschatologie und also damit, dass mit dem menschlichen Tod nicht alles aus ist. Aber auch diese Vorstellung war bei den allermeisten Theologen nicht zentral. Der Theologe und Arzt Albert Schweitzer hat sogar behauptet, dass Jesus sich mit seiner Naherwartung definitiv getäuscht habe und man sich deshalb im christlichen Glauben von dieser Vorstellung zu lösen habe.

In Krisenzeiten ändern sich auch manche theologischen Konstellationen – und nach dem Ende des ersten Weltkrieges mehren sich die Stimmen derer, die nicht allein die menschliche Mitwirkung am Bau des irdischen Reiches Gottes betonen, sondern eine grundlegende Veränderung der Welt alleine im eschatologischen Eingreifen Gottes sehen. Seither hat das Nachdenken über die Bedeutung des zukünftigen Kommens Gottes die deutschsprachige evangelische Theologie stark beschäftigt, auch wenn es natürlich nie an Gegenstimmen gefehlt hat.

[1] Vgl. Ernst Troeltsch, Glaubenslehre, München/Leipzig 1925, 36.

Vertröstung oder Perspektive

Denn eine theologische Grundfrage beschäftigt alles Nachdenken über das endgültige Kommen: Wenn Gott die Erde so aufrichten wird, dass – wie es in der Offenbarung des Johannes heißt – keine Träne mehr auf Erden vergossen werden wird: Lohnt dann der Einsatz hier auf Erden noch? Ist es dann nicht sinnvoller, realistisch auf das Kommen Gottes zu setzen und darum zu beten? Ist dann nicht alle Mühe, die Erde gestalten zu wollen, von christlicher Seite aus gesehen überflüssig? Es gibt auch heute noch kirchliche Gruppierungen, die so denken und sich deshalb nicht einmal an demokratischen Wahlen beteiligen, weil das schon beinhalte, diese Welt als die endgültige anzusehen.

Andererseits gibt es das (wohl nicht von Luther stammende) Wort vom Apfelbaum, der gepflanzt werden kann, auch wenn am kommenden Tag die Welt unterginge. Auch die Theologie Johannes Calvins ist geprägt von einer starken Erwartung des Eingreifens Gottes und sieht deshalb die Missstände dieser Welt besonders kräftig. Dieses Urteil über die irdische Welt ist bei Calvin Ausdruck der grenzenlosen Herrlichkeit der kommenden Welt – dagegen ist alles hier nur düster. Auffälligerweise geht bei Calvin die starke Hoffnung auf Gottes kommende Welt nicht einher mit einer Passivität im Blick auf die Gestaltung der Zustände in Kirche und Welt. Vielmehr gibt ihm diese die Welt übergreifende Perspektive Mut und Kraft, die unvollkommene Schöpfung zu bejahen und zu gestalten.

Zu fragen ist im 21. Jahrhundert: Kann uns ein Text, der in einer Zeit der Erwartung des nahenden Weltendes geschrieben wurde, in einer Zeit also, die so ganz anders ist als die auf irdische Realitäten fixierte Gegenwart, Denkanstöße für ein Nachdenken über die Ewigkeit geben?

Doppelter Ausgang der Geschichte

Zunächst ist festzustellen, dass sich die Lehre von den zukünftigen Dingen nicht an zentraler Stelle befindet, ja, dass ihr kaum eigene Fragen und Antworten gewidmet sind. Nur dort, wo das

Apostolische Glaubensbekenntnis von der Wiederkunft Christi redet, wird es etwas ausführlicher.

> Werden denn alle Menschen wieder durch Christus gerettet, so wie sie durch Adam verloren gegangen sind? (Frage 20)
>
> Nein, sondern nur diejenigen, die durch wahren Glauben seinem Leib als Glieder eingefügt werden und alle seine Wohltaten annehmen.
> Er wird alle seine Feinde, die darum auch meine Feinde sind, in die ewige Verdammnis werfen (aus Frage 52)

Heißt das, dass die Eschatologie unwichtig war? Das wird man nicht sagen können, weil die Erwartung des zukünftigen Lebens wie selbstverständlich immer wieder benannt wird. Allerdings gilt die Erwartung des zukünftigen Lebens bei Gott nicht für alle, weil der Heidelberger Katechismus von einem doppelten Ausgang der Geschichte ausgeht. Die einen werden im Endgericht gerettet werden – und die anderen nicht. Deutlich erkennbar ist, dass diejenigen, denen der Glaube geschenkt wurde, nicht verloren gehen. Die schon an anderen Orten im Katechismus erkennbare und der ganzen Reformation wichtigen Lehre von der Prädestination, nach der die Menschen nicht aus eigenen Stücken glauben können, sondern ihnen die Beziehung zu Gott geschenkt wird, ist hier präsent. Allerdings – und das ist für den Katechismus wichtig – der Glaube führt nicht in die Passivität, sondern das „Annehmen" verweist darauf, dass der Katechismus nicht von Menschen als Marionetten ausgeht. Aber nur die Glaubenden werden das Himmelreich ererben – und die Feinde Gottes nicht. Wer das genau ist, wird im Katechismus nicht genau geklärt: es sind wohl die nicht glaubenden Menschen. Der Heidelberger Katechismus spart auch nicht mit Hinweisen darauf, dass auch im Neuen Testament dieser doppelte Ausgang gelehrt wird; exemplarisch sei auf die auch in Frage 52 angeführte Passage aus dem 1. Thessalonicherbrief verwiesen.

Allerdings wird man diesen Passagen des Katechismus nicht vorbehaltlos zustimmen können. Denn es ist zwar richtig, dass nicht wenige biblische Aussagen davon reden, dass die einen gerettet und die anderen verdammt werden. Gleichzeitig aber ist auch zu sehen, dass ebenfalls nicht wenige biblische Aussagen von einer Rettung aller Verlorenen ausgehen. So heißt es in 1 Kor 15,22: „Denn wie in Adam alle sterben, so werden in Christus auch alle zum Leben erweckt werden." Oder in Röm 11,32: „Denn Gott hat alle in den Ungehorsam eingeschlossen, um allen seine Barmherzigkeit zu erweisen." Diese leicht vermehrbaren Texthinweise sollen nur darauf hinweisen, dass der Heidelberger Katechismus nicht die Breite der biblischen eschatologischen Aussagen aufgenommen, sondern eine einseitige Auswahl vorgenommen hat. Nach meinem Dafürhalten sind die unterschiedlichen Vorstellungen in der Bibel auch nicht auf eine dogmatische Aussage herunterzubrechen; vielmehr geht es darum, eine Spannung zu halten, deren Lösung uns nicht zusteht. Der Heidelberger Katechismus wie ein Großteil der christlichen Tradition hat versucht, hier alle biblischen Aussagen auf eine Vorstellung hin zu reduzieren und verliert dabei die Perspektive der Hoffnung für alle. Dass es in der Christenheit immer wieder auch Versuche gegeben hat, eine Allversöhnungslehre als einzige christliche Erwartungshaltung zu implementieren, darf auch nicht verschwiegen werden – hier ist dann das gleiche einseitige Vorgehen wie im Heidelberger Katechismus zu monieren.

Ewigkeit

Der Begriff „Ewigkeit" wird landläufig häufig als unbegrenzte Ausdehnung der Zeit verstanden. In bestimmten christlichen Jargons hat sich darüber hinaus ein Verständnis eingebürgert, unter „Ewigkeit" die zukünftige Welt zu verstehen oder doch zumindest das Leben nach dem Tod – ewig ist dann nicht etwas, was im Diesseits zu verorten ist, weil im Diesseits ja alles vergänglich ist.

Der Heidelberger Katechismus geht mit beiden Begriffsbestimmungen nicht ganz konform – und interessanterweise mit der zweiten deutlich weniger als mit der ersten.

Warum heißt Jesus Christus „Gottes eingeborener Sohn“, da doch auch wir Kinder Gottes sind? (Frage 33)

Christus allein ist von Ewigkeit her seinem Wesen nach der Sohn Gottes. Wir aber sind um seinetwillen aus Gnade als Kinder Gottes angenommen.

So fange ich den ewigen Sabbat schon in diesem Leben an (aus Frage 103)

Mehrfach beschreibt der Katechismus Gott als ewig: Gott ist der ewige Vater und Christus und der Heilige Geist sind von Ewigkeit her Gott. Ist Ewigkeit hier einfach als Verlängerung der Zeit bis an den Anfang zu verstehen? Dann hieße es einfach: Gott ist immer schon der, der er ist. Er ist nicht geworden, so wie Menschen und die ganze Schöpfung geworden sind. Es stellt sich dann aber die Frage, ob die Zeit selber zu den geschaffenen Dingen gehört oder nicht. Diese Frage, die erst in der Neuzeit zu intensiven Diskussionen über das Verständnis der Zeit geführt hat, taucht im Katechismus selber nicht explizit auf. Immerhin ist in der Frage 79 von einem Gegenüber von zeitlichem und ewigem Leben die Rede, so dass hier deutlich werden könnte: Die Ewigkeit ist nicht einfach eine Verlängerung der Zeit bis ins Unendliche und damit quantitativ zu verstehen. Sondern „ewig“ ist eher eine qualitative Dimension und damit ein Hinweis auf Gott selber.

Diesem Grundgedanken entspricht es, dass die Ewigkeit nicht alleine futurisch zu verstehen ist. Der Katechismus nimmt hier vor allem Vorstellungen des Johannesevangeliums auf, wenn er immer wieder auch von der Präsenz ewigen Lebens spricht. Die Glaubenden erwarten nicht allein das ewige Leben nach ihrem Tod, sondern führen schon jetzt das ewige Leben, bei dem der Tod nicht mehr die letzte Grenze darstellt. Das ewige Leben beginnt also für die Glaubenden schon hier.

Allerdings wird man auch hier sagen müssen, dass der Katechismus in seiner Begrifflichkeit nicht immer ganz klar ist. Denn ewig ist für den Katechismus auch die Verdammnis derjenigen, die nicht das Himmelreich ererben werden – und hier ist die

Ewigkeit keine qualitative Aussage über die Verdammnis, sondern allenfalls ein Hinweis auf Qualität des göttlichen Urteils.

Unsterblichkeit der Seele? Nein: sondern Auferstehungshoffnung

Auch in vielen evangelischen Kreisen wird nicht selten die aus der griechischen Philosophie stammende Theorie gelehrt, dass der Mensch aus einem sterblichen Leib und einer unsterblichen Seele bestehe – und im Fall des Todes steigt die Seele in den Himmel bzw. kommt zu Gott. Diese Vorstellung aber ist in der Bibel sowohl im Alten wie im Neuen Testaments nicht enthalten, weil dort durchgehend der Mensch als sterblich verstanden wird. Im Laufe der Entstehung des Alten Testaments und dann zentral im Neuen Testament ist dann aber sehr wohl die Erwartung einer Existenz nach dem Tode deutlich vorhanden, weil auf eine Auferweckung aus den Toten gesetzt wird. Die mittelalterliche Kirche hat spätestens mit der die griechische Philosophie von Aristoteles sehr intensiv aufnehmende Theologie von Thomas von Aquin die Vorstellung einer unsterblichen Seele aufgenommen; bis heute prägt sie römisch-katholische Frömmigkeit und Theologie. Die Reformatoren (etwa Luther und Calvin) haben zuweilen Rudimente dieser Unsterblichkeitsvorstellung beibehalten, auch wenn sie deutlich uminterpretiert wurden. Unser Heidelberger Katechismus ist hier wohltuend klarer als etwa Calvin.

Was nützt uns die Auferstehung Christi? (Frage 45)

Erstens: Christus hat durch seine Auferstehung den Tod überwunden, um uns an der Gerechtigkeit Anteil zu geben, die er uns durch seinen Tod erworben hat. Zweitens: Durch seine Kraft werden auch wir schon jetzt erweckt zu einem neuen Leben. Drittens: Die Auferstehung Christi ist uns ein verlässliches Pfand unserer seligen Auferstehung.

Fast überall wird der nicht allzu häufig vorkommende Begriff der Seele begleitet vom Begriff des Leibes: der Mensch ist Leib und

Seele. Leib betont tendenziell das Äußere und Seele mehr das Innere des Menschen. Und beide sind von der ewigen Verdammnis bedroht – der ganze Mensch also. Aber gerade in der Passage, wo die Hoffnung der Auferstehung thematisiert wird, ist die Begrifflichkeit von Leib und Seele gar nicht vorhanden. Das Schweigen im Blick auf die „Seele“ ist hier sehr sprechend. Denn der Katechismus denkt letztlich an keine Aufteilung des Menschen in Leib und Seele. Vielmehr ist der Mensch ganz Leib und ganz Seele. Das ist aber keine naturphilosophische Spekulation, sondern, wie an der Frage 45 abzulesen ist, eine in der Auferstehung Jesu Christi gegründete Hoffnung. Anders gesagt: Die Aussagen über die Zukunft des Menschen sind nicht im Menschen selber zu finden, sondern der Orientierungspunkt ist für den Heidelberger Katechismus der Weg Jesu Christi. Seine Auferweckung lässt die Heilswirkung seines Todes deutlich werden: Wir werden in ihm zu neuen Menschen. Diese Neuschöpfung geschieht zwar für die Welt und ist vielleicht auch uns nicht sichtbar, hat aber Auswirkungen auf den alten Menschen, also auf uns in dieser Welt. Und schließlich: Seine Auferstehung ist der einzige Garant dafür, dass der Tod nicht das letzte Wort hat. Die Seele ist hier mit keinem Wort erwähnt – im Menschen selber findet sich letztlich kein Anhalt, über die Vergänglichkeit der Welt hinausblicken zu können.

Der Kommende ist der Gekommene

Der Heidelberger Katechismus ist nicht besonders aussagekräftig im Blick auf die zukünftige Welt. Eigentlich sind es nur einige wenige Hinweise, die gegeben werden: Der Tod hat nicht das letzte Wort, weil Jesus Christus auferstanden ist. Die Zukunft wird in der Gemeinschaft mit Gott bestehen, es wird dort ewige Seligkeit sein. Und die Geretteten werden mit Gott zusammen herrschen; es ist also keine reine Passivität, sondern aktive Lebendigkeit verheißen. Es wird dann alles vollkommen sein und Freude wird das Leben bestimmen. Weitere Aussagen finden sich nicht im Katechismus. Die neutestamentlichen in der Offenbarung des Johannes beschriebenen Bilder (z. B. neues Jerusalem) werden nicht ausgedeutet oder aufgenommen.

Was tröstet dich die Wiederkunft Christi, „zu richten die Lebenden und die Toten"? (Frage 52)

In aller Trübsal und Verfolgung darf ich mit erhobenem Haupt aus dem Himmel eben den Richter erwarten, der sich zuvor für mich dem Gericht Gottes gestellt und alle Verurteilung von mir genommen hat. Er wird alle seine Feinde, die darum auch meine Feinde sind, in die ewige Verdammnis werfen, mich aber mit allen Auserwählten zu sich in die himmlische Freude und Herrlichkeit nehmen.

In der Christenheit hat es immer wieder Phasen gegeben, wo entweder große Angst vor einem drohenden Weltuntergang oder Weltgericht oder eine sehr konkrete Zukunftserwartung dominierte. Der Heidelberger Katechismus ist hier nüchterner weil er biblischer ist. Im Mittelpunkt dessen, was die Zukunft bringen wird, steht letztlich nur eine eschatologische Aussage. Und diese lautet: Jesus Christus kommt wieder. Der kommende Richter ist kein anderer als der Gekommene, was uns und der Welt bevorsteht ist mit einem Buchtitel von Walter Kreck als die „Zukunft des Gekommenen"[2] zu benennen. Es ist also letztlich die Aufdeckung des gnädigen Gerichts in Jesus Christus zu erwarten, das Gericht bedeutet deshalb Rettung. Deshalb ist alle Rede vom Weltgericht in Konkurrenz oder als Überbietung der Geschichte Jesu Christi für den Heidelberger Katechismus nicht möglich, weil ja der gnädige Richter Recht spricht und gerecht macht.

Eine schon im Neuen Testament interessierende Frage ist die nach dem chronologischen Verhältnis von Auferstehung der Glaubenden und der Wiederkunft Christi: Findet die Auferweckung der Glaubenden bereits vor der Wiederkunft statt oder erst währenddessen? Und wenn erst dann: was passiert dann mit den Verstorbenen: Gibt es vielleicht einen Seelenschlaf (wie Luther es

---

[2] Walter Kreck, Die Zukunft des Gekommenen. Grundriß der Eschatologie, München 1961.

dachte und Calvin vehement ablehnte)? Nichts davon findet sich im Katechismus. Die Toten werden auferstehen, weil Christus auferstanden ist. Und bei der Wiederkunft Christi wird das deutlich werden. Auch hier ist das Schweigen aussagekräftig.

Mit aufrechtem Haupt und in Vorfreude hoffen

Ein schon in der ersten Frage des Heidelberger Katechismus auftauchender Begriff ist „Trost“. Und auch in der eben benannten Frage 52 geht es um die Frage, inwiefern die Hoffnung auf die Wiederkunft Jesu Christi tröstet. Dieser Trost ist aber keineswegs als Vertröstung zu verstehen – und der auffallende und beeindruckende Begriff „mit erhobenem Haupt“ macht das deutlich: Wer auf die Zukunft Gottes vertraut, ist kein Duckmäuser, der sich in dieser Welt verkriechen müsste. Vielmehr ist das erhobene Haupt als Hinweis auf den aufrechten Gang der Christenmenschen zu verstehen: Wer davon ausgeht, dass die letzte und aufrichtende Macht nicht in Menschenhand liegt, kann die Relativität menschlicher Herrschaft wahrnehmen und auch so etwas wie eine grundsätzliche Möglichkeit des Widerspruchs auch mächtigeren Einzelpersonen oder Institutionen gegenüber leben lernen. Diese grundsätzliche Möglichkeit des Widerspruchs oder gar Widerstands (den der Katechismus selber aber nicht formuliert) bedeutet aber nicht, dass sich die Glaubenden aus den vorhandenen Ordnungen dieser Welt lösen könnten. Vielmehr ist der Katechismus durchgehend von der aktiven Verantwortung für die Weltgestaltung geprägt – und auch das mit aufrechtem Haupt. Der Blick der Christenmenschen geht weiter – und was sie erwartet ist große Freude. Die Erwartung großer Freude lässt Vorfreude erwachsen, die das Leben schon hier durchdringen kann: Das neue Leben wirft sein Licht in die Gegenwart hinein – es beginnt schon hier. In der Theologie gibt es die Unterscheidung von futurischer und präsentischer Eschatologie: Futurisch ist das noch letztlich Ausstehende, präsentisch das Einwirken Gottes in diese Welt. Beides trennt der Heidelberger Katechismus nicht, sondern sucht es zusammen zu binden und zu halten.

Der Liedermacher Manfred Siebald hat einmal in einem Lied treffend davon gesprochen, dass vielen Christenmenschen vor allem in den saturierten Ländern die Bitte um das Kommen Jesu Christi eher halbherzig von den Lippen geht: „Wir beten laut, Herr komm doch wieder – und denken leise: Jetzt noch nicht!“[3] Diese Haltung zieht vor allem da ein, wo die irdische Wirklichkeit die meisten Lebenswünsche zu erfüllen scheint, wo die Sehnsucht nach einer vollkommenen Welt auch deshalb in den Hintergrund treten kann, weil dort möglicherweise die Privilegien der jetzigen Welt abgetan sein könnten. Ein solches Denken zeigt aber vor allem ein Verhaftet-Sein in materiellen Dingen, das die auch in den reichen Ländern vorhandenen Ungerechtigkeiten ausblendet. Gerade diejenigen, die um die Schattenseiten auch der westlichen Wohlstandsgesellschaften wissen, die auch die Armut von Beziehungen trotz oder wegen vorhandenen Reichtums kennen, werden die Hoffnung auf eine Welt ohne Tränen nicht als Beruhigung, sondern als Motivationsstärkung und Bekräftigung ihres Einsatzes für die Rechte der Entrechteten verstehen.

Gleichzeitig ist ein realistisches Wissen darum vorhanden, dass die menschlichen Möglichkeiten zur Rettung der Welt nicht ausreichen, sondern dass Gott alleine die Vollendung herbeizuführen imstande ist. Solche Vorstellung macht aber keine faulen Leute, sondern den Weg frei.

Schon hier – schon jetzt

Was tröstet dich die Verheißung des ewigen Lebens? (Frage 58)

Schon jetzt empfinde ich den Anfang der ewigen Freude in meinem Herzen. Nach diesem Leben aber werde ich vollkommene Seligkeit besitzen, die kein Auge gesehen und kein Ohr gehört hat und in keines Menschen Herz je gekommen ist, Gott ewiglich darin zu preisen.

---

[3] Aus dem Lied „Wir haben es uns gut hier eingerichtet“ von Manfred Siebald.

Auch wenn der Heidelberger Katechismus zurückhaltend in Wortwahl und Häufigkeit eschatologischer Sätze argumentiert, so ist er doch von einer realistischen Grundhaltung durchzogen, dass diese Zukunft den Glaubenden bevorsteht. Und dass eben diese Zukunft in die Gegenwart hinein wirkt. Das Leben auf der Erde wird in seinem Verhältnis zur kommenden Herrlichkeit bestimmt. Und jetzt könnte man vermuten, dass negative Aussagen den Katechismus bestimmen: Wir haben hier noch nicht Friede unter den Menschen, noch keine Ruhe in unseren Herzen, noch fließen Tränen und Menschen leben auf Kosten anderer. Im Reich Gottes wird alles anders sein. Der Katechismus könnte so argumentieren – und tut das manchmal auch. Und er wird seiner grundlegenden Linie dabei nicht untreu. Aber fast noch ausführlicher in eine andere Vokabel, die die Beziehung der vorläufigen und vergänglichen Zeit zu Gottes Herrlichkeit deutlich macht: „Schon". Das Wort „schon" taucht im Katechismus mehrfach auf und verdeutlicht: Das Leben hier steht bereits im Licht dessen, was kommt. „Schon jetzt" gibt es Vorfreude im Herzen – später wird sie noch größer sein. Oder in der Auslegung des Sabbatgebots heißt es: „So fange ich den ewigen Sabbat schon in diesem Leben an." (Frage 103)

Es gibt für den Katechismus nicht nur Diskontinuität im Leben hier und dort, sondern auch Kontinuität. Diese bleibende Dimension des Lebens ist aber nicht „natürlich" geprägt, sondern verdankt sich der Tiefenstruktur, dass der gekreuzigte und auferstandene Jesus Christus der Richter ist und das Leben von ihm her diesen Zusammenhang bekommt. Es steht bleibend in Beziehung zu ihm, weil er diese Beziehung gestiftet hat.

Theologie lässt sich nach dem Heidelberger Katechismus nur innerhalb dieser Beziehung sinnvoll betreiben. Theologie dient dem Leben und hat aufgrund der unvollkommenen Erkenntnis Teil am Stückwerk unseres Lebens. Aber wenn der Mensch in der Herrlichkeit Gott „ewiglich preisen" wird (so Frage 58), dann kann das auf Erden unvollkommen auch bereits geschehen. Und mit dem Ruf: „Maranatha" – „Komm Herr Jesus" endet das letzte Buch der Bibel. Die Bitte ist das höchste Lob Gottes, weil ihm zugetraut wird, sie zu erfüllen. Die Theologie ist recht verstanden keine Lehre, die man als Buch in eine Ecke stellen kann, sondern eine

Einweisung ins denkende Loben und Bitten. Der Heidelberger Katechismus ist, auch und gerade weil ihm widersprochen werden darf, darin ein Stück vorbildliche Theologie.